아마존강 횡단
남미대륙 기행

아마존강 횡단
남미대륙 기행

펴낸날 초판 1쇄 2018년 9월 10일

지은이 전운성
펴낸이 서용순
펴낸곳 이지출판

출판등록 1997년 9월 10일 제300-2005-156호
주 소 03131 서울시 종로구 율곡로6길 36 월드오피스텔 903호
대표전화 02-743-7661 팩스 02-743-7621
이메일 easy7661@naver.com
디자인 박성현
인 쇄 (주)꽃피는청춘

값 17,000원

ISBN 979-11-5555-096-0 03910

※ 잘못 만들어진 책은 바꿔 드립니다.

이 도서의 국립중앙도서관 출판예정도서목록(CIP)은 서지정보유통지원시스템 홈페이지(http://seoji.nl.go.kr)와 국가자료공동목록시스템(http://www.nl.go.kr/kolisnet)에서 이용하실 수 있습니다.(CIP제어번호: CIP2018027881)

이 책은 한국출판문화산업진흥원 2018년 우수출판콘텐츠 제작지원사업 선정작입니다.

전운성 교수의 세계농업문명 기행답사 4

아마존강 횡단
남미대륙 기행

전운성 강원대 명예교수

Amazon

아마존강 횡단과 남미대륙의 여운
콜럼버스 이후 526년의 남미대륙이 보인다

이지출판

여정은 끝이 없다

이 책은 세계농업문명 기행답사 시리즈를 기획하면서 펴낸《메콩강, 가난하나 위대한 땅》《북미대륙》그리고《인도차이나반도 남행》에 이은 또 하나의 결과물이다.

이는 오래전부터 가슴에 품어 왔던 남미대륙을 향한 출발이었다. 우리와는 지구 반대쪽에 위치하여 가보고 싶어도 쉽게 떠날 수 없는 머나먼 지역. 그곳은 단순히 지리상으로만 먼 것이 아니라, 지난 긴 세월 동안 서로 이해관계를 둘러싸고 직접 부딪칠 일이 없는 제3의 땅이었다. 그러나 막상 그곳에 가보니 우리와는 역사문화적으로나 사회경제적으로 아무 상관 없는 남이 아니었다.

문제는 그들이 우리를 잘 모르는 것만큼 우리도 그들을 잘 알지 못한 면이 많이 있음을 직감했다. 늦게나마 이곳을 둘러보며 이 지역에서 과거에 일어났던 역사적 사건이나 무진장한 자원, 자연지리적인 장엄함과 신비한 모습 등은 그냥 무심하게 지나칠 일은 아니었다.

이런 과제를 안고 두 번에 걸쳐 남미대륙를 답사했다. 짧은 시간에 북중미를 제외한 남미대륙 제일 북쪽의 콜롬비아를 비롯한 13개국과 쿠바를 중심으로 카리브해에 산재한 15개국을 충분히 답사할 수는 없었지만, 이 지역을 이해할 수 있을 정도의 여러 곳을 둘러보았다. 이는 콜럼버스가 이 땅에 발을 내딛은 이래 526년간의 역사는 같은 방향으로 흐른 공통된 사항이 많았기에 가능한 일이었다.

두 번째로 다녀온 세계 최장이자 최대인 아마존강을 정글의 도시 이키토스에서 출발하는 배를 타고 대서양과 아마존강이 합류하는 하구 벨렘까지 약 4,000km를 횡단하였다. 거대한 정글과 그곳에 살고 있는 원주민들을 만났다. 이는 말로만 듣던 거대한 자연과 정글 원주민의 원시성이 동시에 공존하고 있는 현장이었다. 그리고 아마존강 유역 탐방을 마치고 내륙의 수도인 브라질리아와 세계 3대 미항 중 하나인 리우데자네이루를 순행하는 버스 크루즈를 하면서 미래를 꿈꾸는 현대 문명인들을 만났다.

이보다 앞서 다녀온 아마존강을 뺀 나머지 남미대륙의 여러 나라를 주로 장거리 버스를 타고 대륙을 U자로 돌며 국경을 넘나들었다. 두 다리를 제대로 펴지 못할 정도의 좁은 공간이었지만, 차창 밖에 펼쳐진 광경은 늘 새로운 것으로 가득했다.

끝없이 펼쳐진 안데스산맥의 고원 농목지대와 태평양과 나란히 남쪽으로 뻗은 페루와 칠레 북부의 사막을 지났다. 이곳은 원주민 인디오들과 재물을 탐내 찾아 들어온 유럽인과의 조우 속에 만든 새로운 문명의 현장이었다. 그리고 칠레의 안데스산맥과 나란히 달리는 태평양 연안의 거대한 포도밭과 안데스 고개를 넘어 아르헨티나의 팜파스 대평원에 펼쳐진 밀밭과 소떼는 지평선 너머로 끝없이 이어지고 있었다. 세계 곡창지역을 접하는 순간이었다. 버스는 이어 브라질의 구릉과 밀림 사이의 또 다른 형태의 농업지대를 지났다.

이와 같은 여정을 통해 장대한 안데스의 잉카 문명과 광활한 팜파스의 풍요로움 그리고 카리브해의 진주라고 불리는 쿠바의 역사와 자연을 접하는 일은 여행 중 내내 기대와 흥분을 갖게 했다. 이 지역에 대해 문외한이었던 나는 안데스인들과 정글 속 원주민의 생활상, 그리고 산업화에 따른 그들의 변화된 의식과 자신들의 정체성을 지키려는 양면성을 보았다. 특히 남미대륙을 순행한 뒤 찾아 들어간 카리브해의 쿠바에서는 제2차 세계대전 이후 남미 전체를 휩쓸었던 제3세계 구세력에 대한 도전의 중심지였던 그들의 고뇌를 엿볼 수 있었다.

이렇게 광활한 대지를 달리면서 조선조 후기 정조 때의 실학자 박지원이 《열하일기》 도강록에서 중국의 요동 땅에 도착하여 광활한 벌판을 보고 한바탕 울고 싶다고 표현한 글을 이해할 수 있었다. 이는 슬퍼서 운 것이 아니라, 좁은 세상에 갇혀 살다가 갑자기 넓은 세상을 만난 기쁨이자 너무 늦게 깨우친 것에 대한 자탄의 소리였을 것이다. 그로부터 200년이 지난 지금, 그가 전하려고 했던 것이 무엇인지 곰곰이 생각해 보았다.

대양과 대륙을 순행하면서 거기에 사는 사람과 자연과의 관계를 농업이라는 구멍을 통해 뭔가를 캐내려고 한 유의미함도 있었다. 어떤 하나의 사실이나 현장을 바라볼 때 어떤 구멍을 통해 어떤 시각으로 바라보느냐에 따라 같은 사물이라도 다르게 보이기 마련이다. 그런데 농업이라는 구멍을 통해 문화, 사회, 역사, 정치와 관련되는 사항을 접하고자 노력했다. 이는 서로 떨어져 있는 것이 아니라 하나 속에 서로 얽힌 유기체이기 때문이다.

이제 남미대륙은 지리적으로 먼 대륙이 아니라 바로 우리와 이웃한 지역으로 서서히 가까워지고 있음을 직감했다. 즉 포르투갈어를 사용하는 브라질과 영어와 불어를 사용하는 일부 국가와의 언어 차이는 있었지만, 스페인어를 사용하는 대다수 국가들과의 대동소이한 역사를 지닌 이들 지역의 통합을 위한 노력을 보았다. 그러나 이 지역 역사의 간결성에도 불구하고 이곳을 이해하는 일은 만만치 않은 작업이었다.

그러면서 초등학교에 다닐 무렵인 1960년대 초, 모두 가난과 힘겹게 싸우고 있을 때의 일이 떠올랐다. 당시는 국가적인 빈곤을 벗어나기 위하여 우리 정부는 남미에 농업 이민을 장려했다. 이때 친한 친구가 아버지를 따라 이민을 떠난 뒤에 허전했던 마음을 기억하고 있다. 그 뒤 50년 가까운 세월이 흐르면서 그는 지금 어떻게 지내고 있을까 궁금했다. 그간의 엄청난 변화 속에 우리가 겪지 않은 새로운 패러다임 속에 들어가고 있었다.

최초의 인류 출현 장소로 여겨지는 동아프리카를 시작으로 전 지구적으로 퍼져 나간 이래 고대 문명은 나일강변의 이집트 문명, 티그리스 · 유프라테스강 유역의 메소포타미아 문명, 인도 인더스강 유역의 인더스 문명, 중국 황허 유역의 황허 문명을 4대 인류 문명의 발생지로 여기고 있다. 여기에 더하여 남미의 안데스 문명을 추가하여 생각한다는 것 자체는 또 하나의 흥분거리였다.

시카고대학 역사학 교수인 맥닐W. H. Mcneill은 《전염병과 인류의 역사 Plagues and Peoples》에서 600명도 채 안 되는 스페인 병사들이 몇백만이 넘는 중남미대륙을 군사적으로뿐만 아니라 정치적 · 문화적으로 어떻게 완전히 복속시킬 수 있었을까 하는 의문을 제기했다. 이러한 의문은 누구나 가지고 있었던 것으로, 그 이후의 전개 과정을 알아보기 위해서라도 몸으로 부딪치는 여정은 더욱 필요한 일임을 느꼈다.

더욱이 이 책은 문화체육관광부 산하 한국출판문화산업진흥원에서 주관한 2018년 우수출판콘텐츠 제작지원사업에 선정되는 영예를 안았다. 감사드리며, 앞으로 더욱 정진할 것을 다짐해 본다.

이제 새로운 여정을 위한 또 다른 여행을 위해 신발끈을 조인다. 그간 이 책이 나오기까지 도움을 아끼지 않은 여러분에게 고마운 마음을 전한다.

2018년 8월

춘천호변 신포리 우거에서

차례

아마존강 하구도시 벨렘

내륙의 수도 브라질리아와 아름다운 항구 리우데자네이루

제2부

안데스산맥과 팜파스 대평원의 농업문명

잉카의 나라 페루

지구 남쪽 끝과 닿은 칠레

대평원 팜파스의 나라, 남미의 백인 국가 아르헨티나

미래의 경제대국을 꿈꾸는 브라질

커피향이 좋은 콜롬비아

시가와 설탕의 나라 쿠바

아마존강 – 남미대륙 횡단 루트
멕시코
멕시코시티
유카탄반도
비날레스계곡
아바나
쿠바
도미니카공화국
푸에르토리코
안티구아 바부다
세인트 키츠네비스
과들루프
도미니카
마르티니크
세인트루시아
바베이도스
세인트빈센트 그레나딘
그레나다
트리니다드 토바고
자메이카
아이티
벨리스
과테말라
온두라스
엘살바도르
니카라과
코스타리카
파나마운하
파나마
베네수엘라
가이아나
수리남
프랑스령 기아나
보고타
콜롬비아
에콰도르
이키토스
마나우스
산타렘
벨렘
페루
리마
쿠스코
티티카카호수
아레키파
볼리비아
브라질리아
리우데자네이루
상파울루
파라과이
인구아수 국립공원
칠레
코르도바
산티아고
우루과이
아르헨티나
포클랜드 제도(영국령)
1차 남미대륙 답사 코스
2차 아마존강 유적 답사 코스

제1부

아마존강 횡단과 정글문명

정글 속의 섬

:: 열정이 식었을 때, 비로소 늙은 것이다

여름방학이 되자 나는 남미대륙의 아마존강 유역과 내륙지방을 돌아보기 위해 짐을 꾸렸다. 늘 그렇듯 긴 여행길을 나설 때마다 하는 일이 있다. 20여 년 전부터 가꾸어 온 배 과수원의 풀을 제거하는 작업이다. 땡볕 아래서 해야 하는 이 작업은 무척 힘든 일이다.

그런데 어느 시인은 '잡초는 추억'이라고 표현했다. 베어도 베어도 끊임없이 다시 자라는 잡초처럼 좋은 추억이나 기억하기 싫은 기억은 장소불문하고 자꾸 떠오르기 때문이라고 했다.

떠나기 며칠 전부터 예초기를 메고 잡초와의 전쟁을 벌였다. 떠나기 전날 비가 내리는 새벽에도 제초작업을 했다. 몸도 흠뻑 젖고 한 달 뒤에 돌아오면 잡초가 다시 무성하게 자라 있겠지만, 그 사이 배도 커져 있을 것이라 생각하니 뿌듯했다.

무더위가 한창인 2015년 7월 26일 아침 11시 춘천을 떠나 인천공항에 도착해서 아메리칸 항공기에 올랐다. 탑승 전 카운터 직원이 좌석이 만석이라며, 내일 탑승하면 이코노미에서 비즈니스석으로 올려주겠다고 유혹했지만 사양했다.

이륙 후 얼마쯤 지나자 바로 저녁식사를 제공하고 6시간 뒤에는 간식을, 그리고 착륙 90분 전에 간단한 식사를 서비스한다는 방송이 나왔다. 그런데 갑자기 의료 관련 면허증이나 자격증 있는 사람을 찾는다며 승무원들이 긴장된 얼굴로 왔다갔다하더니, 얼마 후 일이 잘 처리되었는지 미소를 되찾은 모습을 보여 안심이 되었다.

영화를 좋아하는 나는 10시간 이상의 비행 시간 동안 마음에 드는 영화를 보기 위해 채널을 돌렸다. 탐조가이자 모험가인 세 사람이 새를 따라 북미대륙을 횡단하는 〈더 빅이어The Big Year〉라는 영화를 보기로 했다.

원래 19세기 미국에서는 하루에 새를 가장 많이 사냥하는 사람을 가리는 대회가 있었다. 1900년부터는 일 년간 북미에서 가장 많은 종의 새를 보거나 울음소리를 가장 많이 들은 사람을 뽑는 대회로 성탄절을 기념하면서 '빅이어'가 탄생한다.

주인공들은 새 울음소리만으로도 무슨 새인지 알아맞히는 조류전문가다. 그들은 생사를 넘나드는 험난한 여정과 견디기 어려운 고통을 겪으면서 한 마리라도 더 찾아내기 위한 열정과 마지막까지 포기하지 않고 북미대륙의 동서남북 끝에서 끝까지 종횡단하는 도전정신을 쏟아내고 있다.

여기에서 새들이 장거리 여행을 하는 이유와 범위 그리고 경유지는 물론 다른 동물과의 경쟁 등에 관한 이야기들이 무척 흥미로웠다. 어쩌면 북미대륙을 네 번이나 종횡단한 나와 통하는 기분이 들었다. 계획되지 않은 여행은 예기치 않은 많은 일들을 만나 신화 같은 이야기를 쏟아내기 때문이다. 나는 이들의 열정과 용기를 보면서, 미국의 시인이자 사상가인 헨리 데이비드 소로Henry David Thoreau의 "열정이 식었을 때 비로소 늙은 것이다"

라는 말을 떠올렸다.

이어서 알래스카반도 끝에서 러시아 캄차카반도에 걸쳐 이어지는 길이 약 1,930km의 알류산 열도 상공을 지나면서 게를 잡는 다큐멘터리를 보고, 영국 18세기 후반에 노예매매제도를 종식시키기 위한 법안을 통과시키려는 윌리엄 윌버포스의 헌신적인 모습을 그린 〈어메이징 그레이스Amazing Grace〉 등을 감상하느라 시간 가는 줄 몰랐다.

1차 경유지인 미국 댈러스에 거의 다다랐을 무렵, 간단한 한국식 비빔밥이 나왔다. 그리고 유엔아동기금을 모금하는 승무원들이 파란 자루를 들고 기내를 오갔다. 비행기는 네바다 주와 유타 주 상공을 지나 남하했다.

드디어 11,000km를 날아 이륙한 지 12시간 38분 만에 댈러스 국제공항에 내렸으나 공항에서 6시간을 기다려야 했다. 모처럼 텍사스 땅을 밟아보고 싶어 로비로 나가 교통편을 알아보았다. 편도 5달러 하는 열차를 이용하고 싶었지만 일요일이라 운행 간격이 길고, 택시 왕복요금도 150달러라고 해 포기했다. 바로 재출국 수속을 밟았으나 북새통의 연속이었다.

처음 가보는 곳이어서 비행기 좌석이 좁고 불편한 것은 문제가 되지 않았다. 물론 한번 앉으면 꼼짝없이 새장에 갇힌 듯 두 다리와 두 팔을 자유롭게 움직일 수 없지만, 하늘에 내 공간이 마련되어 있다는 것에 감사했다.

아무리 좁은 공간이라도 15시간 정도 참으면 마음껏 숨쉴 수 있는 자유의 공간이 기다리고 있다. 말하자면 희망이 있다. 그런데 그 옛날 쇠사슬에 묶인 채 몇 달씩 바다 위에서 고통을 참아야 했던 사람들, 그러고도 도착한 곳에서 노예생활을 해야 했던 그들의 아픔을 생각하면 더욱 그렇다. 그래도 비행기를 탄다는 것은 지구상에서 중류층 이상의 사람들이다. 날아가는 비행기를 쳐다보기만 하고 몇푼 절약하기 위해 수십 리 길을 걷는 사람들을 생각하면 나는 행운아임에 틀림없다.

:: 세계 최대의 정글 도시 이키토스로 가는 길

미국 댈러스에서 페루 리마로 가는 비행기에 올랐다. 창가 쪽에 앉은 나는 화장실에 가려면 곤히 자고 있는 두 사람을 건너야 했다. 그들에게 정중하게 양해를 구하면, 그들은 미안한 듯 길을 내주었다.

약간 볼록한 반달이 비행기와 나란히 움직이며 비행기 안을 비췄다. 달빛은 나의 연인이고 별빛은 응원자라 생각하니 외롭지 않았다. 아마 깊은 안데스산맥 위를 날고 있는 것 같다. 고요한 중미의 상공이다. 가끔 도시 위를 지나는지 불빛으로 가득한 도시가 눈에 들어왔다. 동화 속의 도시들이다.

떠나기 전 아마존강을 답사한다고 하자 지인들은 한결같이 "요즘 아마존강 괜찮아?" 하고 걱정을 했다. 아마도 정치경제적으로 불안한 아마존강 유역의 뉴스 때문일 것이다. 나는 이미 두 번이나 중남미를 다녀온 터라 크게 걱정은 안했지만, 그들은 가보지 않은 지역에 대한 동경과 호기심 그리고 안전에 대한 염려가 컸다.

사실 10년 전 처음 간 중남미대륙 여행은 주로 남미 농업을 둘러싼 역사 문화 탐방이었다. 당시 남미대륙을 U자 형태로 일주하며 여러 나라 국경을 버스로 넘나들었다. 그리고 파나마를 거쳐 서인도 제도의 쿠바 등을 찾아 세계 최대의 유기농업 현장을 답사했다. 두 번째는 미국 예일대학에 1년간 있을 때, 뉴욕에서 멕시코시티까지 자동차를 몰고 갔다가 태평양안을 돌아왔다.

이번에는 지구온난화로 인한 기후 변화에 따른 아마존강 유역의 역사문화와 환경 변화를 직접 보고 싶어서였다. 그리고 아마존강 유역 정글 속에 살고 있는 원주민들의 생활도 체험해 보고 싶었다. 특히 아마존강 유역 국가들의 경쟁적인 개발정책에 따라 변화한 모습을 모니터링 하는 일도 빼놓을 수 없는 항목이었다.

댈러스 공항을 이륙한 비행기는 밤새 멕시코만과 유카탄반도 상공을 지나 태평양 연안으로 빠져나와 남쪽으로 날아 7시간 만인 새벽 5시에 페루 리마에 도착했다. 10년 전 이곳을 방문했던 기억이 되살아났다. 공항 밖 모습은 크게 변한 듯하면서도 낙후된 모습은 여전했다. 2016년 기준 1인당 국민소득이 6,000달러, 세계 109위의 경제력을 가진 페루인들의 삶은 힘겨워 보였다. 이러한 광경을 목격한 나는 그렇게 빠르고 쉽게 경제발전이 이루어지는 것이 아님을 알았다.

여기서 다시 아마존강 횡단 출발지인 이키토스로 가는 국내선으로 환승했다. 1시간 이상 지연된 비행기가 이륙하자마자 벌거벗은 안데스의 산들이 몸부림을 치는 듯한 모습으로 다가왔다. 그러나 1시간이 더 지나자 안데스산맥을 넘었는지 숲이 보이기 시작했다. 베일에 싸인 아마존강 유역의 신비한 열대우림이 시작되고 있었다.

구름 때문에 아마존강을 시원하게 내려다볼 수 없는 것이 아쉬웠다. 가끔 구름 사이로 보이는 강은 실로 감동적이었다. 굽이치는 짙은 황토색 물결은 마치 커다란 여러 마리의 황룡이 얽혀 있는 듯했다. 그간 세계의 여러 강을 하늘에서 내려다보았지만, 살아 있는 듯한 거대한 황룡 여러 마리가 서로 힘을 겨루기라도 하는 듯한 묘한 모습에서 세계의 대강大江임을 직감할 수 있었다.

이미 다녀온 나일강, 양쯔강, 메콩강, 미시시피강, 갠지스강이나 인더스강 등과 달리 안데스 고원의 수많은 계곡에서 흘러내린 물은 수백 개의 큰 지류를 형성한다. 이렇게 고원에서 흘러내린 강물은 해발 104m 높이의 이키토스에서 약 4,000km 떨어진 대서양까지 고도를 낮추어 가야 하니 얼마나 완만히 흐르고 있는지 알 만하다. 그리고 평탄한 정글의 숲이 끝없이 이어져 물과 하늘이 만나는 수평선이 아닌 숲과 하늘이 만나는 수평선樹平線이었다. 이렇게 평평하게 펼쳐진 거대한 열대우림 속을 횡으로 흘러

비행기에서 내려다본 페루 이키토스 주변의 아마존강 모습

대서양을 찾아가는 아마존강을 보는 느낌은 벅차기만 했다.

드디어 페루 아마존의 수도라고 불리는 정글 속의 도시 이키토스Iquitos에 내렸다. 이키토스는 항공기나 배편으로만 갈 수 있고, 도로로는 접근할 수 없는 도시 중 세계 최대의 정글 도시다. 동시에 아마존강 유역의 원주민을 만날 수 있는 곳 중의 하나다. 즉 페루 북동쪽에 자리한 이키토스는 아마존강 하구인 대서양 연안에서 3,700km 정도 내륙 깊숙이 들어가 있다.

사실 이전에는 페루, 콜롬비아, 에콰도르, 베네수엘라 등은 안데스산맥으로 둘러싸인 고원 산악국가라는 인식이 머리에 박혀 있었지만, 광대한 아마존 정글을 끼고 있는 줄은 미처 상상하지 못했다. 특히 페루는 국토의

세계 최대 정글 도시 이키토스 공항에서 손님을 기다리는 모토택시들

약 60%가 아마존 열대우림이라는 것을 잊고 있었다. 역시 현장을 가봐야 그 지역의 실정을 알 수 있다는 얘기는 헛말이 아니었다.

아무튼 이키토스는 본래 인디언 마을이었는데 1864년부터 유럽풍의 도시가 건설되기 시작했다. 현재는 나름의 독특한 환경과 문화를 유지하고 있다. 19세기 말 고무 경기의 호황으로 주요 내륙 항구도시의 하나로 성장하였으나, 1912년 이후 고무 생산이 급격히 줄어들면서 인구감소와 경기 침체로 이어졌다.

그러나 1950년대 페루 동부의 경제개발 투자로 다시 활기를 띠기 시작하면서 문화, 종교, 관광의 중심지이자 페루 지역 아마존강 유역의 석유개발의 중심지로 부각되고 있다. 하지만 비행기가 고도를 낮추면서 내려다보이는 이키토스의 첫 인상은 공항 주변을 둘러싸고 있는 마을과 강 위에 늘어선 수상가옥들의 낡은 함석지붕이 이곳의 경제사정이 어렵다는 것을 말해 주고 있었다.

공항에 내리자 운전기사들이 달려왔다. 아무 예약 없이 내린 나로서는 누군가를 선택해야 했는데, 나처럼 예약 없이 리마에서 온 페루인과 동행했다. 시내 중심지로 들어가는 도로변의 모습은 가난한 개도국의 상황을 그대로 보여 주었다. 아예 유리창이 없는 낡은 버스, 삼륜 모토택시, 오토바이 모토택시, 인력거 등은 정겨운 광경이긴 해도 현대화된 우리와 자꾸 비교가 되었다.

이러한 열악한 모습인데도, 19세기 초 이후 스페인풍으로 지어진 건물들로 깔끔하게 정리된 도시는 예사롭지 않게 느껴졌다. 도시 전체가 인류문화유산으로 지정된 메콩강변 라오스 북부 소도시 루앙프라방Luang Prabang이나, 청나일강의 발원지 에티오피아의 타나Tana 호수변에 있으면서 유네스코에서 수여하는 시市 평화상을 수상한 바히르다르Bahir Dar 시와 같은 고즈넉한 느낌이었다. 이들 도시와 마찬가지로 비록 개도국이긴 해도 서양풍의 분위기는 나그네의 마음을 안정시키기에 충분했다. 이러한 도시 거리를 낡은 삼륜 자전거와 툭툭이가 달리고 있었다.

동행한 페루인과 함께 묵기로 한 저렴한 호텔은 이틀 정도 지내기에는 불편함이 없었으나 페루인은 어디론가 가버렸다. 나는 우선 아마존강 하구 벨렘Belem까지 뱃길로 어떻게 내려갈 수 있는지 알아보았다. 4,000km나 되는 벨렘까지 직접 가는 배편은 없었다. 따라서 중간중간 어디에서 타고 내려야 하는지 일일이 알아두어야 했다. 더구나 페루와 브라질 국경을 배로 직접 넘어갈 수도 없었다.

대개 여행을 떠나기 전에 모든 일정을 구체화하는 것이 보통이다. 그런데 나의 경우는 방향만 대충 정해 놓고 현지에서 구체적인 일정을 짜는 버릇이 있다. 말하자면 현지 맞춤 일정이다. 이는 변화된 현지 사정을 감안한 것이기도 하지만, 중요한 것은 이렇게 하는 과정에서 현지인과의 인간적인 교류를 통해 그들을 더 많이 알고 싶기 때문이다. 그리고 내가 알고자 하는 테마와의 일치감을 갖기 위해서도 필요한 일이다. 하지만 거기에서 오는 불편함과 시간적인 착오 등은 감수해야 한다.

:: 고무 붐 시대의 증기선 역사박물관

호텔 바로 앞에 늘어선 여행사 중 한 군데를 노크했다. 이키토스에서의 일정과 브라질로 넘어가는 배편을 알아보기 위해서였다. 여기서 우선 남은 오후 시간은 강변 주변 몇 군데를 돌아보고, 내일은 정글 속에 있는 원주민 마을을 탐방하기로 했다. 정글 탐험은 하루에서 일주일 이상 탐방하는 등 다양한 여행상품이 있었다. 나는 긴 여행을 감안하여 1일 체험 투어를 했다. 여행사를 찾는 사람들은 정글투어보다 배를 타고 브라질 또는 콜롬비아와 접한 국경 도시나 브라질의 마나우스 또는 그 이하의 하류 도시로 가려는 거주민들이 많았다.

티켓을 사면서 얻은 시내 지도를 보고 볼만한 곳을 찾아 나섰다. 볼거리는 대부분 강변과 가까운 곳에 있었다. 그만큼 이 도시는 강과 열대우림을 떼어 놓을 수 없다. 먼저 노예와 원주민을 해방시켜 페루의 근대화를 촉진시킨 라몬 카스티야Ramon Castilla 대통령의 이름을 딴 광장 앞의 증기선 역사박물관을 찾았다.

이 박물관은 1906년 독일 함부르크에서 건조되어 그곳에서 출발해 남미 브라질의 아마존강을 거슬러 올라와 페루까지 화물과 승객을 싣고 오갔던 길이 33m, 폭 6m의 3층짜리 증기선 아야푸아Ayapua 호를 복원하여 만든 것이다. 즉 100여 년간 부식되고 폐허 상태로 방치해 두었던 것을 2004년부터 2년간 복원작업을 마치고 일반에게 공개하기 시작했다. 현재는 페루의 얼마 남지 않은 고무 붐 시대의 주요 역사 관광자원의 하나로 다양한 분야의 사람들이 찾는 명소의 하나가 되었다.

배 안에는 1850년 처음으로 아마존강을 거슬러 올라온 배 사진, 항해지도, 빅토리안 스타일의 식당, 조타실, 도서실, 침실, 바, 목욕탕 등이 있었다. 그리고 아마존 탐험가와 선교사 전초기지로서의 이키토스, 고무산업 관련 자료, 원주민에 대한 잔혹한 행위 등을 알리는 자료 등이 당시 상황을 짐작게 했다. 특히 유럽의 산업혁명으로 고무 수요가 크게 늘어난 당시의 고무 생산에 대한 에피소드를 담은 1982년에 제작된 영화 〈피츠카랄도 Fitzcarraldo〉 포스터도 걸려 있었다.

사실 이 영하를 보면서 감명을 받기도 했지만, 여기서 포스터를 통해 영화를 다시 생각하게 될 줄은 몰랐다. 이 영화에서 아마존강 유역에 사는 오페라광인 피츠카랄도는 아마존의 정글 속에 훌륭한 오페라하우스를 지으려고 한다. 그리고 이곳에서 이탈리아의 유명 테너가수 카루소 등이 출연하는 베르디의 오페라를 원주민과 함께 감상하는 것이 소원이었다. 그래서 여기에 필요한 자금을 마련하기 위해 고무를 찾아 배를 타고 정글 속으로 모험을 떠나는 과정에서 맺은 원주민과의 인간적 관계를 묘사하고 있다.

이처럼 당시 증기선은 아마존 정글 고무산업의 중심에 있었다. 페루의 이키토스와 브라질의 마나우스 같은 아마존강 항구는 깊은 삼림으로부터 수백만 달러어치의 고무원료를 운반하려면 증기선이 필요했다. 증기선이 오기 전에는 아마존강의 상업적인 고무 수송은 불가능했다. 카누나 범선으로는 하류로 내려가기는 쉬워도 상류로 거슬러 올라오기는 거의 불가능했기 때문이다. 이렇듯 당시의 고무 붐은 미국의 골드러시와 다름없는 브라질과 인접국의 사회경제사에서 빼놓을 수 없는 중요한 사건 중의 하나였다.

증기선 박물관을 둘러보면서 150여 년 전 당시의 현장으로 가는 타임캡슐을 탄 느낌이었다. 그리고 조타실의 키를 돌려보면서 역사의 키를 다른 방향으로 다시 돌려볼 수 있을까 하는 우스운 생각을 해 보았다. 배와 연결된 흔들리는 좁은 다리를 통해 강 언덕에 자리 잡은 라몬 카스티야 광장으로 올라왔다.

바로 아래에는 수상마을이다. 살림집도 있고, 가게도 있고, 커다란 식당도 보였다. 이들은 서로 언제 떠내려갈지도 모를 약한 나무다리로 연결되어 있다. 대개의 수상가옥들은 이미 색이 바랜 것을 넘어 비가 새지 않을까 걱정될 정도로 낡은 오두막이 대부분이었다. 이러한 수상마을 건너에 광활한 아마존강이 유유히 흐르고 있는 광경을 표현하기에는 단어가 부족할 뿐이었다.

대자연의 웅대함에 지지 않으려는 듯 라몬 카스티야 광장에는 이키토스 관광을 시작하는 곳으로 생각될 정도로 고풍스런 성당, 극장, 식당, 미술관 등이 길게 줄지어 있다. 그리고 이 건물 앞 광장에는 액세서리를 펴놓고 파는 노점상, 거리 악사들의 연주 소리가 들리고, 사람을 모아 물건을 팔려는 작은 마술쇼 등 흥을 돋우고 있었다.

이어 삼륜 모토택시를 타고 시내 드라이브를 나섰다가 우연히 초등학교 앞에 섰다. 수영장 옆 운동장에서 어린 축구선수들과 이들을 응원하는 학부모들의 함성이 울려 퍼졌다. 페루 역시 남미의 축구 강호 중의 하나가 된 것은 어른 아이 할 것 없이 축구에 대한 열성이 만들어 낸 것이다.

밤이 되자 강변 광장에서 인근 도로로 연결되는 거리에서 페루 전통음악 공연에 심취하기도 했다. 전통악기로 연주하는 모습은 한국의 고속도로

❶ 1906년 독일에서 건조되어 아마존강을 거슬러 페루까지 올라온 증기선 아야푸아 호
❷ 페루 이키토스 시의 아마존강 수상마을 ❸ 이키토스의 강변 시장

휴게소 또는 사람의 왕래가 많은 시장 등에서 간혹 볼 수 있는 페루인 모습 그대로였다. 아마존강 주변 도시는 청년들을 중심으로 밤새 노는 소리가 멈추지 않았다. 나는 이틀 밤이나 비행기에서 제대로 잠을 못 잔 탓인지 왁작거리는 소리가 자장가 소리로 들렸다.

7월 28일 새벽 꿈을 꾸었다. 고교 시절부터 가까이 지내던 세상을 떠난 친구 원차복 부부가 말끔히 옷을 차려입고 나타났다. 죽은 줄 알았는데 네가 웬일이냐고 했더니, 그는 죽은 것이 아니고 건강이 잘 회복되어 먼저 직장보다 더 좋은 곳에 복직되었다고 했다. 그는 육사 4학년 때 불명예로 사관학교를 떠나 울산공대에 편입학하여 기술고등고시에 합격하면서 불명예를 회복했다며 좋아하던 기억이 새로웠다.

그 후 그는 철도청을 거쳐 노동부 사무관으로 있으면서 유학 준비를 하던 중 안타깝게 연탄가스 중독으로 부부가 세상을 떠났다. 그렇게 오래된 인연인데, 이 멀리 이역 땅 꿈속에서 만날 줄은 몰랐다. 아무튼 꿈속이었지만 옛 친구와의 만남은 뭔가 좋은 일이 있을 것만 같았다.

이튿날 이른 아침 새벽 거리가 보고 싶었다. 아침 일찍부터 움직이는 사람들의 모습을 카메라에 담는 재미도 괜찮았다. 새벽 일터로 가는 사람들을 대상으로 하는 이동음식점에서 닭고기를 굽는 냄새가 진동했다.

새벽 거리 구경을 마치고 토착민인 야구아족Yagua people이 사는 마을을 방문하기 위해 삼륜 모토택시를 타고 아마존강 본류에서 가까운 나나이Nanay강변 나루터로 나갔다.

:: 정글 속 원주민 마을

아마존강은 본류를 빼고도 2,000km가 넘는 지류만 해도 17개나 된다. 이 지류들의 이름을 외우기는 고사하고 구분하기조차 쉽지 않는데, 이곳 사람들은 본류와의 합류 지점에서 물 색깔만 보아도 어떤 지류에서 나온 것인지 안다고 한다.

내가 타려는 배에는 이미 각자 여행사 소개로 온 사람들이 기다리고 있었다. 이들은 수도 리마에서 온 페루인들로 정글 방문은 처음이라는데, 정글 속에 사는 원주민의 생활이 궁금하기는 나와 마찬가지였다. 다른 배에 오른 탐방객들은 유럽이나 미국 등지에서 왔다는 것을 알 수 있었다. 강변에 무질서하게 매어져 있는 수십 척의 배들은 이들을 태우고 그 넓은 강을 건너 서로 다른 밀림 속으로 들어가기 시작했다.

우리 배는 거의 2시간이나 강을 역류하여 빽빽하게 들어찬 열대우림 입구에 짙은 회색 진흙으로 뒤덮인 원주민 마을 나룻터에 닿았다. 개펄에 빠지지 않도록 깔아 놓은 널빤지 위를 조심스럽게 걸었다. 원주민들의 초가집이 하나둘 나타났다. 제일 먼저 안내된 곳은 마을 한가운데 있는 넓은 마당이었다.

우중충하던 날씨는 구름 무게를 견디어 낼 수 없었던지 비가 쏟아졌다. 우리는 마당 가운데 있는 2~3m 크기의 나뭇잎과 흙탕물로 채워진 인공 웅덩이 주위에 늘어섰다. 마을 원주민은 긴 장대로 흙탕물 속에서 거의 3m나 되는 아나콘다 두 마리를 조심스럽게 집어올렸다.

노란색과 검은색 그리고 옅은 회색 무늬가 섞인 아나콘다의 머리 부분과 중간 아래쪽을 두 손으로 꼭 쥐고 목에 거는 순간 아마존강 유역 깊숙이 들어와 있음을 실감했다. 다른 사람은 아나콘다를 목에 걸어주려 하자 뒷걸음질을 쳤다. 그러나 내가 먼저 시범을 보이자 하나둘 따라서 했다.

이렇게 가두어 놓은 것이 아닌, 실제로 밀림 늪 속에 사는 아나콘다를 만나려면 이들의 습성을 잘 아는 전문가와 동행하지 않으면 위험한 일이다. 그렇게 해서라도 아나콘다를 만난다면 행운이라고도 했다. 그만큼 그들은 인간의 발자국이 닿지 않는 은밀한 곳에 살고 있기 때문이다.

진흙 위를 기어다니는 커다란 아마존 거북이와 원숭이들이 사람들의 머리며 어깨에 걸터앉아 재롱을 부렸다. 그리고 삼원색으로 치장한 앵무새 같은 열대조류도 보았다. 이렇게 동물들과 교감을 나누다 보니 긴장이 풀리는 듯했다. 정글 체험은 강 하류의 페루나 브라질 여러 도시의 정글 탐험 상품과 대동소이했다.

문득 남미 최고의 상위 포식자는 누구일까 하는 생각이 들었다. 아프리카에서는 사자, 아시아에서는 호랑이, 유럽은 곰 그리고 북미에서는 퓨마와 늑대보다도 불곰이다. 남미대륙의 거대한 아마존강 정글과 판타날 습지Pantanal wetlands에서는 퓨마, 재규어, 악어, 아나콘다 등 4대 포식자가 서로 먹고 먹히는 사활을 건 경쟁을 벌이고 있다.

비가 멈추자 우리는 점점 깊은 숲속으로 걸어 들어갔다. 바로 길옆의 울창한 숲속은 조밀하게 들어찬 나무들 때문에 앞으로 나아가기가 어려웠다. 더구나 작은 수로들이 숲속 깊은 곳까지 뻗어 있어, 뭔가 숲에서 뛰어나올 것만 같은 으스스한 분위기였다.

한창 우기 때는 지금보다 수위가 무려 5m나 더 높아져 숲이 물속에 잠기는 것은 물론 원주민 수상가옥도 침수되는 것은 보통이란다. 그래서 수상가옥의 다릿발을 길게 하거나 2층 또는 3층 이상의 높은 집이 많다.

가이드는 불과 2~3개월 전만 해도 3m 이상 물이 차 있어 배를 타고 마을을 오갔는데, 건기가 본격적으로 시작되는 6월이 지나면서부터 수위가 낮아져 걸어 다닐 수 있게 되었고, 자신은 정글에서 태어나 정글 속 학교에서 공부했으며 지금은 정글 안내인으로 일하고 있다고 소개했다. 그러면서 자신의 정글 인생을 아이들에게 물려주고 싶지 않아, 아이 셋을 모두 이키토스 시내 학교에 보내고 있다고 덧붙였다.

이런저런 얘기를 하며 숲속으로 가는 도중에 만난 어린이들의 가슴에는 나무늘보가 안겨 있었다. 마치 우리의 반려동물인 양 이곳 아이들의 더없

원주민 마을에서 아나콘다를 목에 두른 필자

이 좋은 친구 같았다.

정글 속의 눅눅한 습기와 나무 그늘, 회검정색 개펄과 흙탕물로 가득한 수로 등은 지금까지 느껴보지 못한 분위기였다. 그리고 마오이즘을 추종하는 페루의 좌익 게릴라 단체 '빛나는 길Shining Path'과 콜롬비아의 반군이 손을 잡고 1980년대 이래 내전을 일으킨 주 활동무대의 하나가 바로 페루 아마존 정글이었다니, 다시 한 번 정글의 또 다른 의미를 되새기게 되었다.

정글은 접근하기 어려운 지형과 외부와 단절된 원주민을 이용하여 은신하며 정부군을 불시에 공격하기에는 안성맞춤이었을 것이다. 또한 정글은 내륙 깊숙이 산악지대에 은신하며 싸우던 라오스의 공산게릴라나 중국공산당이 장개석군에 쫓겨 지내던 중국 연안의 산악 동굴 같은 숲은 동굴 역할을 하고도 남을 만했다.

더욱이 라틴아메리카의 3대 분쟁으로 간주되는 콜롬비아 분쟁, 과테말라 내전에 이어 페루의 반군 활동으로 당시 7만여 명의 생명이 잔인하게 희생되었다니 믿어지지 않았다. 그러나 30년 동안이나 정글 등에서 게릴라 활동을 하던 반군 지도자들이 정글 오두막에서 체포되는 등 세력이 약화되면서 패배를 인정하고 정부에 전쟁 중단 협상을 제안할 정도가 되었다. 하지만 아직도 패배를 인정하지 않는 몇몇 잔당들이 마약 밀매와 나무 벌채 등으로 자금을 모아 활동하고 있다는 얘기를 듣는 순간 다소 불안한 생각이 들기도 했다.

그러나 가이드는 이곳은 안전하니 안심해도 된다며 걸음을 재촉했다. 완전한 평화를 얻기 위해서는 아직도 많은 인내의 시간이 필요한 듯했다.

:: 심각한 아마존의 이정글離jungle 현상

2km 정도를 걸어가자 숲속에 이제까지 보지 못한 맑은 개천이 나타났다. 주민들이 나와 빨래도 하고 수영도 즐기는 등 바로 직전에 보던 정글 속과는 다른 분위기였다. 여기서 다시 3인용 배에 나누어 타고 가늘고 긴 수로를 따라 밀림 속으로 들어갔다.

빽빽한 나무 사이를 지나면서 밀림의 야생동물이 나타나기를 기대하며 주위를 열심히 살펴보았다. 그러나 노젓는 소리만 날 뿐 너무나 적막했다. 한편 야생동물들이 숨어서 우리를 지켜볼 수도 있겠다는 생각이 들자 심장 뛰는 소리가 들리는 듯했다.

어느 정도 시간이 흘렀을까, 정글 속에 통나무로 만든 작은 배를 묶어 두는 간이 선착장이 보였다. 이 선착장은 비만 내리면 순식간에 떠내려간다고 한다. 그래서 이들을 위해 배를 쉽게 타고 내릴 수 있는 작지만 튼튼한 선착장을 만들어 주는 우리의 ODAOfficial Development Assistance 사업도 좋겠다는 생각이 들었다.

우리는 밀림 속에서 원시적으로 살아가는 야구아족 마을에 당도했다. 넓은 마당을 중심으로 10여 채의 집과 나뭇잎을 엮어 올린 지붕만 있고 벽이 없는 기다란 낡은 건물이 보였다. 이곳에 전통 탈과 나무를 이용한 간단한 도구와 강에서 잡아 말린 피라냐 등 다양한 공예품들이 전시되어 있었다. 한쪽에는 사냥용 독침이 꽂힌 나무기둥이 세워져 있었다.

가옥 뒤쪽으로는 열대우림이 병풍처럼 둘러쳐져 있고, 숲속 여기저기에도 집들이 보였다. 주민들은 남녀 모두 아래만 가리고 상의는 다 드러내놓고 있다. 여기서 이들의 일상생활을 체험해 보기로 했다.

먼저 사냥할 때나 전쟁용으로 쓰는 독침 쏘기였다. 거의 2m나 되는 긴 나무 발사통 또는 1m 정도의 짧은 발사통에 독을 바른 15cm 정도의 작은 독침을 넣고 쏘아 날려 나무기둥을 맞히는 것이다. 나무껍질과 풀을 말려 황토색으로 물들인 치마 모양의 옷을 허리에 맨 건장한 원주민이 긴 독침 발사통을 들고 나와 시범을 보였다. 입으로 세게 불어 통 안의 독침을 날려 15m 전방의 과녁에 명중시켰다. 나도 발사통을 입을 대고 힘껏 불었다. 처음 몇 번은 실패했으나, 곧 과녁을 명중시키자 박수소리가 들려왔다.

이어서 간단한 민예품인 탈에 그림 그려 넣기와 원주민들과 손을 맞잡고 원을 그리며 춤을 추었다. 수도 리마에서 온 페루인이나 원주민이나 피부와 생김새가 비슷하여 얼굴만 보아서는 구분이 안 될 정도로 닮았다. 이렇게 한바탕 춤을 추고 난 뒤 피라냐 낚시에 나섰다.

좁은 수로에서 배를 타고 낚시 바늘을 물에 담그고 있으니, 한 마리도 보이지 않던 피라냐들이 어디서 나타났는지 물 반 고기 반이었다. 한 마리를 잡아 입속을 들여다보니 뾰족한 삼각형 이빨과 강력한 턱 힘을 보란 듯이 입을 벌리고 나를 노려보았다. '피라냐'는 원주민 말로 '이빨이 있는 물고기'라는 뜻이라는데, 말로만 듣던 아마존강에 서식하는 육식성 민물고기와의 첫 대면이었다.

나중에 하류로 내려가면서 식용으로 쓰이는 큰 피라냐 등을 어시장에서 만났다. 최근에는 아마존강뿐만 아니라 남미대륙의 여러 하천에서 수영하는 사람들을 공격하여 부상을 입힌 사례가 보고되고 있다. 하지만 이곳 원주민에게는 좋은 단백질원으로 쓰이고 있단다.

그런데 원주민 마을 분위기는 생기가 없어 보였다. 나는 별도로 마을 주위를 한 바퀴 돌았다. 멀리 떨어진 숲속 집들은 텅텅 비어 있었다. 마을 안에도 사람이 살지 않는 집이 점점 많아지고 있다고 한다.

아이들 소리가 들리는 오두막집 계단을 올라가 보니 지저분한 바닥에 찢어진 모기장이 하나 쳐져 있고 다 떨어진 빨래가 벽에 걸려 있었다. 이 마을의 집들이 대개 같은 수준인 것을 알았다. 열악해도 너무 했다.

가이드는 몇 해 전만 해도 40여 호가 있었는데 지금은 단 8호만이 남았다고 한숨을 지었다. 이들이 새로운 삶을 찾아 노시로 나간들 지식도 기술도 없이 어떻게 살고 있을지 짐작이 갔다. 그나마 남아 있는 사람들조차 관광객에 의존하여 번 돈을 가지고 일주일에 한 번 식량을 구하러 이키토스로 나간다고 한다.

이러한 상황은 이 마을만이 아니라 아마존 유역의 모든 정글 마을의 공통된 현상이었다. 나는 이렇게 정글을 떠나는 현상을 이정글離jungle현상이라 명명했다. 이러한 현상은 근처에 흩어져 있는 30여 개 야구아족 마을에서도 마찬가지라고 한다.

이정글 현상은 대상만 달랐지 세계 도처에서 일어나고 있다. 즉 우리나라와 일본, 대만 등지에서도 오래전부터 급격한 이농離農 현상으로 농촌의 고령화가 빠르게 진행되고 있다. 동시에 몽골 초원지대에서는 유목 현장

❶ 나무늘보를 안고 있는 정글 마을 아이들 ❷ 원주민 야구아족의 지도를 받아 독침을 쏘는 필자
❸ 방문객과 함께 춤을 추는 야구아족 ❹ 정글을 떠난 야구아족의 빈집
❺ 아마존 정글 야구아족 여성 ❻ 아마존 정글 야구아족 남성

닥치는 대로 먹어치우는 아마존강의 육식성 피라냐

을 떠나는 이목離牧 현상으로 몽골 대초원도 고령화가 심각한 문제로 대두되고 있다. 아마존 정글에서도 젊은이들이 떠나고 노인들만이 남아 머지않아 새로운 문제점으로 등장할 것이다. 반면에 이는 세계의 도시화가 얼마나 빨리 진행되고 있는지 알려 주는 바로미터가 아닐 수 없다.

유엔 보고에 의하면 산업화에 따른 2016년 세계 평균 도시화율은 54%라고 하는데, 브라질은 이미 10여 년 전에 전 인구의 84%가 도시에 살고 있다. 이는 브라질의 산업화 속도가 굉장히 빠르게 진행되고 있음을 알 수 있으며, 여기에 따라 정글의 인구 감소는 당연한 듯 보인다.

사실 정글에 사는 원주민이나 유목민이나 농민이나 각 지역에 살면서 생태계의 균형과 지역 균형 발전을 잡아주던 조정자 역할을 해 왔다. 그런데 이들의 점진적인 소멸은 생태계는 물론 다양한 면에서의 유기적인 고리가 끊어지는 것을 우려하지 않을 수 없다. 한쪽이 허물어지면 장기적으로 다른 한쪽도 성할 리가 없다.

한편 밀림지역에서 원주민들의 화전식 농업으로 숲이 빠르게 사라져 아마존의 생태계가 파괴되어 재앙이 일 것이라는 주장을 하고 있다. 아무튼 지금 추세로 이정글 현상이 지속적으로 이루어진다면 원주민에 의한 정글 파괴보다는 대규모 남벌, 채광산업, 대규모 방목, 도로건설과 경지확장 등으로 인한 산림 파괴가 더 심각한 문제다.

이렇게 날로 급속히 감소하는 아마존강 정글에 사는 원주민의 생활을 야구아족 마을을 통해 잠시나마 들여다볼 수 있는 것만 해도 다행한 일이었다. 왜냐하면 이들 야구아족은 콜롬비아와 페루 아마존 유역에 거주하는 자신의 언어를 가진 원주민으로 인구는 약 6천여 명에 지나지 않는 소수민족으로 30여 개 공동체로 나뉘어 살고 있지만, 이들의 역사는 바로 아마존의 축소판이기 때문이다.

:: 세계 원주민의 날

1542년 1월 스페인 탐험가 프란시스코 데 오레야나Francisco de Orellana는 원주민들과 처음 만난다. 그 후 19세기 말에서 20세기 초에 일어난 고무 붐으로 브라질을 통해 들어온 유럽인들이 원주민을 강제노역에 동원하면서 벌어진 투쟁으로 많은 희생자가 발생한다. 그리고 다시 산업화된 문명과 마오이즘을 추구하는 반군세력 등의 영향으로 주민들의 생활 자체가 바뀐다. 야구아족뿐만 아니라 아마존 열대분지에 거주하는 수많은 부족들이 처해 있는 문제를 풀기 위하여 유엔 등에서는 다양한 정책을 펴고 있다. 그중 하나가 유엔은 1994년 세계의 모든 원주민들의 공헌을 기리기 위하여 '세계 원주민의 날'을 제정했다. 이는 아마존 유역뿐만 아니라 전 세계 산간 오지나 아태지역 해안가에 사는 소수민족의 인권과 보편적인 삶의 가치를 보장해 주기 위한 선언이었다.

그러나 아직도 이들은 기본적인 교육조차 받지 못하고 있다. 소외와 빈곤, 문맹, 질병의 악순환의 구조를 벗어나지 못하고 있는 것이다. 그래서 교육이 바로 '미래의 인권'이라는 말을 이 마을을 통해 확실히 인식할 수 있었다. 이 마을에서 느낀 또 다른 점은 고무 붐에서 알 수 있었던 것처럼 새로운 자원을 개발할 때 발생하는 문제다. 새로운 자원이 발견되면 개발에 방해되는 원주민들을 하찮게 여겨 마구 대한다는 것이다. 즉 원주민 거주 지역에서 금광이 발견되어 개발에 저항하는 원주민을 무차별 태워 죽이는 사례가 발생하는 일마저 일어났다.

한편 농업 쪽에서도 식량 부족을 해결하기 위해서나 바이오 연료 등을 생산하기 위한 목적으로 아마존 숲을 대규모 벌목하면서 엄청나게 자연을 훼손하고 있다. 이때 단일작목 재배에서 오는 생물의 다양성 파괴와 환경 오염 문제가 크게 대두되고 있다. 그중에서도 개발자와 원주민 사이의 생존권 마찰과 충돌을 어떻게 해결하느냐 하는 것이 문제다.

이런 상념에 젖은 채 다시 밀림 속의 수로를 이용하여 점심도 저녁도 아닌 어중간한 식사를 하기 위해 조각배를 탔다. 어두울 정도로 조밀한 정글 속에 제법 규모 있는 식당이 있었다. 규모가 꽤 큰 것으로 보아 며칠씩 장기 숙소로 이용하는, 말하자면 정글의 오아시스 역할을 하고 있는 듯했다.

식당에는 열대우림의 모기 습격에 대비하여 이중으로 된 대형 모기망이 내부는 물론 복도까지 빈틈없이 쳐져 있었다. 자칫 정글에서 모기에게 물려 말라리아나 뎅기열이 도지는 날이면 고열 등으로 앓아 누워야 할지 모른다. 특히 모기가 많이 생기는 작은 웅덩이가 많은 이곳은 늘 습하고 고온이어서 모기를 주의해야 한다.

정글 탐방을 마친 100여 명의 사람들이 삼삼오오 짝을 이뤄 앉아 있었다. 서로 초면이지만 겪고 본 것 등을 얘기하는 모습은 정글 속의 또 다른 장면이었다. 이렇게 하루 정글 일정을 마치고 아쉬움을 뒤로한 채 배를 타고 다시 강을 건너 저녁 무렵 이키토스에 도착했다. 그리고 좀 늦었지만 더 보고 싶은 욕심에 이키토스 시 가장자리에 있는 벤렌 시장Belen Market을 찾았다. 이 지역은 이키토스에서 수상오두막이 가장 많이 밀집되어 있는 곳이다.

왁자지껄한 시장을 돌아다니며 신기한 것을 찾아보았다. 주로 아마존강에서 잡은 물고기를 파는 어시장 쪽이 그랬다. 생긴 모양이며 크기 등은 우리나라 강에서 잡히는 것과 차이가 있었다. 그러나 흥정하는 모습은 다를 것이 없었다. 그런데 끝까지 안심이 안 된다며 나를 따라온 가이드는 소매치기를 조심하라고 사인을 보냈다.

이들이 사는 수상오두막은 물론 일반주택에도 깨끗한 물과 적절한 위생시설도 전기도 없다. 본래 정글인들인데 가족을 위해 일하고 교육을 받기 위해 정글을 떠나 이곳으로 온 사람들이다. 남자들은 정글의 야생동물 사냥과 낚시 등을 하고, 여자들은 이곳 시장에서 농수산물을 팔고 있다. 그러면서 자기들이 떠나온 강 건너의 정글 생활에 대해 손사래를 쳤다.

개도국인 페루의 경제력으로는 이곳 주민들의 생활수준을 높이기 위한 뾰족한 수단이 보이지 않았다. 급한 대로 말라리아, 뎅기열, 수인성질병, 호흡기질환, 결핵, 후천성 면역결핍증인 HIV 등을 막는 일부터 해야 한다. 희망을 체념한 듯한 개도국 주민들에게서 많이 볼 수 있는 알코올중독, 범죄, 성매매, 실업, 가정폭력, 아동학대 같은 심각한 사회적 문제도 느낄 수 있었다. 이러한 것들은 희망을 꺾을 뿐만 아니라 절망과 좌절을 안겨 줄 수 있다는 차원에서 안타까운 마음이 들었다. 나라도 못하는 일인데 어찌 한낱 나그네가 감당할 수 있으랴. 시장을 나와 숙소로 가면서, 그래도 활기찬 시장 모습은 이들의 밝은 미래를 만드는 근원이라는 생각이 들었다.

여기서 빼놓을 수 없는 얘기는, 산업화와 도시화에 따른 이정글 현상에도 불구하고 정글 내에 아직 문명사회와 접하지 않은 원주민이 페루와 브라질 국경지역에 거주하고 있다고 인류학자들이 밝히고 있다는 사실이다. 비접촉 원주민으로 간주되는 마을공동체 상공을 비행하고 있을 때, 이들은 비행기를 향하여 활을 겨누는 반응을 보였다는 흥미로운 얘기도 있다. 또한 강을 크루즈하던 중 만난 비접촉 원주민들이 관광객을 향해 활을 겨눈 것에 대해서도 설왕설래하고 있다. 그러면서 문명사회와 단절되어 사는 원주민이 외부인과 접촉했을 때 원주민에게 치명적인 질병을 옮길 수 있다는 것이다. 초기 스페인인이 전염병을 감염시켜 엄청난 인명 피해를 준 것을 기억하고 있기 때문이다.

아마존강 국경을 넘어 브라질 마나우스로

:: 뱃길로 페루 국경을 넘으면서

하루 종일 정글 마을을 돌아보고 경험한 것을 정리하면서 머리가 터질 정도로 많은 생각을 했다. 야구아족 정글 마을의 변화는 다른 아마존 정글 마을과 습관과 전통은 다소 다를지라도 산업화에 따라 바뀌어 가는 모습은 크게 다르지 않을 거라는 생각 때문이었다.

다음 날 새벽, 이키토스의 마지막 모습을 담아두고 싶어 걸어서 5분 정도 거리에 있는 강변 공원을 찾았다. 스페인풍 건물들이 교회를 중심으로 강변을 따라 길게 늘어선 컬러풀한 모습은 수세기 전으로 돌아간 느낌이었다. 지난밤에 저녁을 먹은 식당 문은 잠겨 있고 옆 가게에서 빵과 계란, 우유를 사들고 의자에 앉아 아마존의 여명을 즐겼다.

이어서 페루와 브라질의 국경이 있는 산타로사Santa Rosa로 가기 위해 삼륜오토바이를 타고 부두에 갔다. 배를 타기 전 경찰관은 승객들의 짐과 신분 그리고 티켓을 꼼꼼하게 확인했다. 그런데 내 얼굴과 여권을 보더니 짐 검사는 생략하고 그냥 승선하라고 한다.

예약해 둔 내 좌석은 엔진실 바로 뒤쪽이어서 기름 냄새가 코를 찔렀다. 24개 좌석은 빈틈없이 꽉 찼다. 옆 좌석 손님이 내 물병을 보더니 한 모금 달라기에 서슴없이 내주었다. 국경까지 가는 데 하루 종일 걸리는 슬로 보트도 있지만, 이 배는 고속으로 달리는 라피도Rapido 호다.

아침 9시 30분, 라피도 호는 고속 엔진 굉음을 내며 강을 가르기 시작했다. 동시에 다른 회사 배 두 척도 움직이더니 배들은 마치 경쟁이라도 하듯 앞서거니 뒤서거니 물살을 갈랐다.

행선지는 이키토스에서 약 400km 떨어진 페루와 브라질 그리고 콜롬비아 3개국이 국경을 맞대고 있는, 이른바 트라이앵글 지역인 페루 쪽 산타로사다. 이제부터 본격적으로 아마존강 하구인 벨렘까지 가는 여정이 시작된 것이다. 아마존강은 페루 남부 아레키파Arequipa 지역의 고산으로 둘러싸인 안데스 산지 아레키파 고원지대의 네바도 미스미Nevado Mismi산에서 발원한 길이 7,062km 되는 세계 최장의 강이다.

그런데 나일강과 아마존강 중 어느 강이 더 긴지에 대한 양쪽 지역의 자존심을 둘러싼 신경전이 진행되었다. 지금까지는 세계에서 가장 긴 강을 나일강으로 배웠지만, 2008년 5월 브라질 지리학회에서 아마존강이 세계에서 가장 긴 강으로 조사되었다고 발표했다. 몇 해 전 나일강의 발원지 빅토리아 호수를 방문했을 때, 세계에서 가장 긴 강은 나일강이라고 여기저기 써 놓은 간판을 거둘 생각은 아예 없어 보였다.

사실 아마존강은 강이라기보다 남미의 지중해라고 볼 수 있는 내해內海다. 강이 얼마나 큰지는 큰 지류만 해도 200개가 넘는다니 셈이 잘 되지 않는다. 그리고 광대한 유역면적은 세계 담수량의 20%를 안고 있어, 유량이 미시시피강, 나일강, 양쯔강을 합친 것보다 많다고 하니 그 규모에 놀랄 수밖에 없다. 미끄러지듯 달리는 강 양안에는 산은 보이지 않고 정글만이

❶ 페루-브라질-콜롬비아 트라이앵글 국경으로 가는 이키토스 배 선착장

❷ 페루-브라질 강상 국경선상의 페루 함정

❸ 페루-브라질 강상 국경선상의 브라질 함정

❹ 페루-브라질 국경의 페루 쪽 아마존강변에서

❺ 페루에서 본 브라질의 타바팅가 부두

덮여 있어 마치 대양을 항해하고 있는 듯한 짜릿함과 신비함이 동시에 느껴졌다.

1851년 브라질과 페루 사이에 체결된 조약으로 양국의 아마존강 항행이 자유로워졌다. 그리고 1868년에는 페루와 에콰도르도 자국 영내의 하천을 이용하는 외국 선박의 항행을 자유화함으로써 아마존은 완전한 국제하천이 되었다. 따라서 페루는 아마존강의 이키토스 관문을 통해 대서양과 태평양을 동시에 접하고 있는 나라가 되었다.

대양 같은 강 위를 쾌속으로 달리는 작은 배 위에 열대소나기가 쏟아져 내렸다. 거칠게 넘실대는 파도에 배가 상하 좌우로 몹시 흔들렸다. 이런 상황에서도 배멀미를 하는 사람은 보이지 않았다. 그런데 어쩐 일인지 내가 앉은 자리만 비가 줄줄 샜다. 승무원도 만석이라 좌석을 바꿔 줄 수 없다는 표정을 지었다. 할 수 없이 비가 멈출 때까지 서서 가는 고역을 치러야 했다.

고속으로 달리기도 하지만 배가 작아서 갑판에 나가 구경을 할 수도 없어 꼼짝없이 배 안에 앉아 있어야 했다. 점심 때가 되니 미처 생각지 못했던 간단한 빵과 우유 등 선내 식사가 제공되었다. 식사를 하고 잠시 토끼잠에 빠졌다가 목적지인 페루 쪽 국경도시 산타로사Santa Rosa de Yavari에 도착했음을 알리는 고함소리에 잠이 깼다. 부두랄 것도 없었다. 그냥 모래사장 위에 흔들거리는 좁은 이동식 사다리를 내려주었을 뿐이었다.

산타로사는 아마존강에 있는 인구 4천 정도의 섬으로 인구 4만의 콜롬비아 레티샤Leticia와 인구 6만의 브라질 타바팅가Tabatinga와 국경을 이루는 트라이앵글 도시의 하나다. 이곳에서 3국간의 활발한 국경무역이 이루어지고 있으며, 출입국 수속을 하는 페루 이민국의 소재지다.

배에서 내려 어디로 가야 할지 황망할 뿐이었다. 국경사무소도 그 어떤 사람도 눈에 띄지 않고 출렁이는 아마존강 물결 소리만이 들려왔다. 한참 배낭을 메고 새로운 광경을 보고 있는데, 얼굴빛이 검은 사람이 다가왔다. 자신은 브라질에 사는 토니라는 가이드인데 이제부터 자기가 출입국 절차를 안내해 주겠다고 했다. 아무도 없는 강가에 홀로 서 있는 처지에 마다할 이유는 없었다. 그를 믿고 따라 나섰다.

그의 뒤를 따라 모래사장을 지나 제방 진흙 위의 널빤지 길을 건너 산타로사 시내로 들어갔다. 작은 타운이지만 거리에 만국기가 휘날리고 집집마다 다양한 장식을 해 놓는 등 무슨 큰 축제가 있었는지 나그네의 마음을 설레게 했다. 여기서 다시 삼륜모토택시를 타고 얼마를 달리니 페루 국경사무소가 나타났다. 국경이민국을 찾은 외국인은 나 혼자였으니 한산하기만 했다.

옷차림이 흐트러진 채로 나를 맞은 이민국 직원은 한국이 어디에 있는지, 왜 왔는지, 어디로 갈 것인지를 묻고는 출국 스탬프를 찍어 주었다. 그러다가 갑자기 생각이 났는지 주머니에서 휴대폰을 꺼내 보이며 한국제가 맞느냐고 물었다. 삼성휴대폰이었다.

이민국을 나와 모토택시를 타고 다시 선창가로 갔다. 모래사장 위에 올라앉은 작은 조각배에 몸을 실었다. 통통대며 아마존강을 건너기 시작했다. 강 위에 페루 해군과 브라질 해군이 자국기를 선미에 게양해 놓은 모습이 눈에 들어왔다.

국경을 넘으면서 먼저 눈에 띄는 것은 그 국가의 상징인 국기다. 특히 브라질 국기는 어느 나라와도 헷갈리지 않을 정도로 독특한 면이 있다. 뭔가 스케일이 크다는 선입감이 든다. 그리고 국기가 의미하는 내용도 단순해서 좋다. 철학자이자 수학자였던 하이문두 멘데스Raimundo T. Mendes가 고안한 초록색 바탕은 아마존의 산림자원과 농업을 나타내고, 마름모꼴 노란색은 광업과 광물자원을 뜻한다. 하늘을 가리키는 파란색 천구의天球儀 안의 27개 별은 브라질의 26주와 1개의 연방자치구를 상징한다. 그리고 천구의를 감싸듯 있는 흰색 리본에는 포르투갈어로 '질서와 진보Order and progress' 라고 쓰여 있다.

이렇듯 양국의 국기를 보면서, 철학적인 심오한 뜻이 담긴 우리 태극기를 이해하기 쉽게 설명하는 말이 없을까 생각해 보았다. 마침 과학의 대중화에 성공한 미국 천문학자 칼 세이건Carl E. Sagan의 말이 떠올랐다. 그는 태극의 음양과 괘에 우주의 원리를 담은 태극기는 우주 그 자체를 상징하다면서 천문학자다운 지혜를 밝힌 적이 있다. 이렇듯 우리 민족은 일찍이 먼 우주를 내다보고 있었던 것이다.

태극 모양을 음미하면서, 한국을 세 차례나 방문했던 《25시》의 작가 게오르규Constantin Virgil Gheorghiu가 1984년 프랑스에서 펴낸 《한국찬가Eloge dela coree》에서 말한 것이 새삼 떠올랐다. 즉 평면도를 보면 한국은 반도가 아니다. 한국은 아시아대륙의 귀고리다. 아시아를 아름답게 해 주는 귀고리다. 신은 세계를 아름답게 장식하려고 이 장소에 한국을 놓았다. 그리고 한국 해안선은 레이스 모양 금은보석의 선세공線細工 모양을 하고 있다. 이 말은 태극기와 함께 여행길 내내 힘과 긍지를 심어 준 찬사였다.

이렇게 국기에 담긴 뜻을 생각하는 동안 강상 국경에 양국 해군이 나와 경계를 서고 있는 모습이 보였다. 생각보다 큰 전투함이 배치될 정도로 강이 크다는 것을 의미했다. 강 위에 이렇게 큰 경비함이 가까이 서로 마주보고 있는 것은 처음 보았다. 예전에 상호 함상 총격전이 벌어진 일도 있었다고 한다.

강을 건너 브라질 타바팅가로 건너왔다. 제방 위에서 내려다보이는 수많은 배와 건너편 페루 쪽의 석양 빛을 받은 모래사장은 조용하기만 했다. 가이드 토니는 공무원 퇴근시간이 임박했다면서, 대기해 둔 자신의 오토바이 뒤에 나를 태우고 부두에서 3km 떨어진 이민국을 향해 시내 중심지로 달렸다.

퇴근 준비를 하던 이민국 직원이 나를 흠칫 보더니, 한마디 질문도 없이 환영한다는 짧은 말과 함께 여권에 입국 허가 스탬프를 찍어 주었다. 나는 토니의 안내로 무사히 출입국 수속을 마치고 정식으로 브라질에 입국했다. 페루와 콜롬비아 그리고 브라질 3국이 강을 사이에 두고 국경을 맞댄 지역에 입출국 사무소 찾기가 힘들어 안내인 없는 외국인 여행자들에게는 무척 불편했다.

토니는 이곳의 정글 투어도 안내하고 있다면서 사진을 여러 장 보여 주었다. 정글 속의 부족만 다를 뿐 이키토스에서와 거의 같은 내용이었다. 내가 이키토스에서 정글 탐사를 했다고 하자 다소 실망한 빛을 보이고는 호텔 안내를 제안했다. 이에 동의하기에 앞서 나는 마나우스로 가는 배편을 부탁했다.

우리는 가까운 여행사로 갔다. 여행사 직원은 3박4일 걸리는 슬로 배편은 주말에만 떠난다고 했다. 사실 이 배를 타고 싶었지만, 오늘이 수요일인지라 사흘이나 기다리기에는 시간이 아깝다는 생각이 들었다. 아침 8시에 출항하는 스피드 배 티켓을 140달러를 주고 구입했다. 그래도 1,000km 거리를 40시간 이상 달린다고 했다. 이렇게 일정까지 잡히자 비로소 타바팅가가 눈에 들어왔다. 규모는 작지만 내륙의 브라질 국경도시 관문답게 활기가 넘쳤다.

토니가 안내한 호텔은 규모도 작지 않고 다양한 시설을 갖춘 분위기 있는 곳이었다. 모처럼 편히 쉴 수 있겠구나 싶은 생각이 들 정도였다. 프런트에서 안내를 받으며 스페인어 대신 포르투갈어를 쓰는 새로운 문화권에 들어왔음을 실감했다.

브라질이 스페인어권의 중남미대륙에서 유일하게 포르투갈어를 쓰는 이유는 1494년 포르투갈과 스페인이 맺은 토르데시야스 조약Treaty of Tordesillas까지 거슬러 올라가야 한다. 즉 15세기 포르투갈과 스페인은 지중해를 거치지 않고 배를 타고 인도로 갈 수 있는 항로를 찾고 있었다. 당시 항해 왕이라는 별명을 가진 포르투갈 엔리케 왕자는 아프리카를 돌아 인도로 가는 항로를, 스페인 여왕 이사벨라의 지원을 얻은 콜럼버스는 대서양을 건너 인도로 가는 항로를 택해 각각 반대 방향으로 찾아 나섰다. 1492년 대서양을 가로질러 콜럼버스는 인도가 아닌 아메리카대륙에 도착했다. 이때 스페인은 1493년 교황 알렉산데르 6세로부터 대서양 가운데를 기준으로 서쪽에서 발견된 땅은 스페인이 갖는다는 약속을 받아냈다. 이러한 교황의 약속에 포르투갈은 새로운 기준선을 요구하며 전쟁을 불사하겠다고 강경하게 나오자, 전쟁을 원하지 않은 스페인은 새로운 기준을 정하기로 한다. 그리하여 1494년 6월 두 나라는 스페인의 작은 마을 토르데시야스에서 조약을 맺었다. 그 내용은 지금은 1975년 포르투갈로부터 독립한 아프리카 카보베르데 군도Cape Verde Islands에서 서쪽으로 1,770km 떨어진 곳에 남북으로 길게 경계선을 긋고, 이후 경계선 서쪽에서 발견된 땅은 스페인이 갖고, 경계선 동쪽에서 발견된 땅은 포르투갈이 갖는다는 것이었다.

그런데 이 조약은 지구가 둥글지 않고 평평하다는 생각에 임의로 지구의 남북선을 그어 양국의 영역을 구분했었다. 그러나 마젤란 등의 탐험가에 의해 지구가 둥글다는 것이 인정되고 새로운 땅에서 향신료를 둘러싸고 분쟁이 발생하였다. 그러자 1529년 또 사라고사 조약Treaty of Saragossa을 맺어 포르투갈 지배지역의 필리핀 등은 스페인령이 되기도 했다.

아무튼 앞선 토르데시야스 조약으로 대서양 중심으로 지나는 경계선은 남미대륙 가운데를 지난다. 그 결과 경계선 동쪽의 브라질은 포르투갈령 식민지가 되었고, 경계선 서쪽에 놓인 대부분의 남미 국가는 물론 미국 캘리포니아, 텍사스, 플로리다 등도 스페인의 지배를 받게 되었던 것이다.

이후 두 나라의 식민지배가 수백 년 이어지면서 브라질은 포르투갈어,

나머지 남미 국가들은 스페인어를 사용하게 되었다. 동시에 포르투갈은 당시 무역의 주요 품목이었던 인도의 후추를 독점할 수 있었으며, 인도 고아Goa나 마카오Macao 등에 항구를 건설할 수 있는 유리한 측면이 있었다.

이 토르데시야스 조약이 아무리 영토 분쟁을 평화롭게 마무리 지은 몇 안 되는 사례 중 하나라고 하지만, 우리 입장에서 보면 역사상 가장 황당한 조약이 아닐 수 없다. 두 나라 사이의 모든 지역에 거주하던 국가나 주민의 의사와는 아무런 관련이 없었기 때문이다. 그러나 결과적으로 이 조약 체결로부터 526년이 지난 현실은 중남미대륙에서 너무나 확실하게 보여 주고 있다.

한편, 이 조약이 체결된 1494년 당시는 유럽에 교황의 영향력이 절대적이었던 상황이라 이 두 나라를 제외한 유럽 국가들은 해외 진출을 할 수 있는 힘이 모자랐다. 특히 네델란드는 스페인의 식민지였고, 이탈리아의 도시국가들은 여전히 지중해 무역에 치중하고 있었다. 그러나 1517년 마르틴 루터의 종교개혁 이후 교황의 영향력이 급속히 약화되고 영국, 프랑스, 네덜란드 등이 해상무역에 도전하면서 이 조약은 유명무실해졌다. 조약은 힘을 바탕으로 하지 않으면 휴지조각이 될 수 있다는 것을 여실히 보여 주었다.

이러한 역사적 관점을 바라볼 때, 1959년 체결된 인류 공동의 재산으로 어떠한 영유권도 항구적으로 인정하지 않는다는 내용의 남극조약과 같이 앞으로 탐험할 달 또는 화성 등 우주 영역에 대한 지배권 소유를 위한 어떤 문제가 생겨날지 알 수 없는 일임을 이 조약은 인식시켜 주고 있다.

브라질이 포르투갈어를 사용하는 역사적 배경을 더듬어 보는 과정에서 앞서 군함에 게양된 국기를 보고는 새로운 영토에 진입했음을 보았던 것과는 다른 느낌이었다. 그런데 서로 다른 언어를 쓰는 것과는 달리 나그네의 눈에는 이곳 사람들의 피부나 행색만을 보고는 페루 사람인지 브라질 사람인지 구분이 쉽지 않았다.

여기서 새삼스럽게 안 것은 포르투갈어 사용국 공동체 회원국이 있다는 것이었다. 1990년 포르투갈어 국가들의 포르투갈어 철자법 협약Acordo Ortográfico da Língua Portuguesa de 1990에 의해 철자법 수정안이 도입되었다. 과거 종주국이 식민지에서 사용한 영어나 프랑스어가 그들 나라에서 공용어가 되었던 것처럼, 포르투갈어도 본국과 브라질, 앙골라, 모잠비크, 기니비사우, 상투메프린시페, 카보베르데, 동티모르, 마카오, 적도기니 등 10여 개국에서 2억 명 이상이 사용하는 세계 10대 언어다. 그런데 나는 포르투갈어를 한마디도 못하고 영어 하는 사람을 만나야 힘이 났다.

:: 오, 나의 문명 마나우스여!

7월 30일 이른 아침, 7시 30분까지는 부두에 나가야 한다는 부담으로 조금 일찍 일어났다. 호텔 시설은 그런대로 좋았지만, 와이파이 상태가 좋지 않아 모처럼 시도한 인터넷 접속은 쉽지 않았다. 아침 식사를 간단히 하고 방에 들어오자 토니가 문을 노크했다. 내가 어제 7시에 오라고 한 말을 기억하고 있었던 것이다.

다시 그의 오토바이 뒤에 실려 부둣가로 나갔다. 토니와 헤어지면서 그간의 수고비와 팁을 손에 쥐어 주었더니 환한 미소를 지었다. 경찰 다섯 명이 승객들의 짐을 꼼꼼히 조사했다. 그러고 나서 승선한 배는 이키토스에서 타고 온 것보다 훨씬 크고 시설도 좋았다. 2층 구조로 1층은 수하물 칸이고 2층은 객실로 정원 132명에 60%는 찬 듯했다. 이외에 매점과 별도의 식당도 있었다. 더욱 좋은 것은 앞뒤 갑판에 자유롭게 나가 아마존강을 관망할 수 있다는 점이었다.

잠시 잠이 들었는지 선원이 깨웠다. 배값에 포함된 선내식이 나왔기 때문인데, 앞으로 네 끼가 더 나온다고 했다. 주방에서 막 요리한 소고기 스테이크에 스파게티 그리고 쌀밥이었다. 웬만한 식당에서나 나올 법한 메뉴였다. 또 식사 때마다 다른 음식이 나와 질리지 않았다. 저녁에는 스테이크 대신 잘 구운 닭다리가 나왔다.

아무튼 점심을 잘 먹고 갑판에 있는 조망실에 앉아 갖가지 상념에 젖어 있었다. 고속 엔진 소리는 뱃전에 부딪치는 바람과 파도 소리에 묻혀 버렸다. 배가 하류로 내려갈수록 강폭도 점점 넓어졌다. 이렇게 점점 넓어지는 강폭의 속도를 마음의 폭이 미처 쫓아가지 못하였다. 이런 말이 어떨지는 몰라도, 북미 아메리카 인디언은 말을 타고 가다가 미처 쫓아오지 못한 자신의 영혼을 위해 잠시 말에서 내려 기다린다는 얘기가 무슨 뜻인지 조금 이해할 수 있을 것 같았다.

배가 빠른 속도로 달리는 바람에 옆을 지나는 작은 배들이 어느새 뒤로 달아나듯 사라지곤 했다. 하류를 따라 1,000km 정도 내려왔지만 아직 강을 건너는 다리 하나 못 보았다. 이곳은 강을 치수治水한다는 개념보다는 강과 동행한다는 생각을 갖고 있는 듯했다. 어쩌면 사람이 치수할 수 있는 범위를 넘는 규모라는 생각이 들었다.

우리가 물을 다스린다는 치수는 흔히 제방을 쌓고, 저수지를 만들고, 다리를 놓고 하는 일을 연상해 왔다. 그런데 여기서의 동행 개념은 물이 불어나면 불어나는 대로 그때그때 적절히 대응하는 것이다. 다시 말해 산에 조림을 하고 제방 몇 킬로미터 쌓고, 댐을 몇 개 세우고, 다리를 몇 개 더 놓는다고 강을 다스리는 것이 아니라는 얘기다.

이는 아마존강이 아마도 인간이 관리할 수 없을 정도로 규모가 큰 강이기도 하지만, 그렇다고 해서 현대 문명이 정글 속에 닿지 않는다고 보면 착각이다. 이미 문명은 정글 구석구석 깊이 들어와 있었다. 그래서 이곳이 문명과 야만이 동행하는 독특한 장소가 아닐까 하는 생각이 들었다. 정글을 파괴하여 문명지역을 확대하는 것이 아니라, 문명을 파괴하기 위해 정글을 해치고 있다는 생각마저 들었다.

배는 강 한복판을 달리다가 때로는 강기슭 쪽으로 다가서기도 했다. 출렁이는 물결에 강가 뭍자락이 하나둘 떨어져 내리는 것이 보였다. 이러한 현상은 늘 반복해 왔다. 그런데도 상류에서 실려 온 토양이 다시 쌓여 강폭은 변함없어 보였다. 어디선가는 새로 뭍이 생성되기 때문이 아닐까 하고 자문해 보았다.

강을 따라 내려가면서 마치 브라질의 큰 창자 속을 지나는 듯한 느낌이었다. 미래의 천국이라고 불리는 브라질은 면적만 해도 러시아, 캐나다, 미국, 중국에 이어 다섯 번째 대국이다. 인구도 2억1천만 명에 이르고, 축구와 삼바 축제를 자신의 목숨보다 사랑하는 삼바 음악이 넘치는 정열적인 나라, 열대성 기후의 세계 최대 습지를 가진 나라, 자원이 풍부한 나라다.

이외에 브라질을 연상하는 것들 중에는 19세기 350만 명의 흑인노예를 통해 세계 설탕 공급의 3/4을 차지했던 나라, 세계 최대의 가톨릭 국가, 세계 최대의 커피 생산국, 축구도 종교인 나라, 다양한 인종이 사는 나라로 백인 47.5%, 혼혈 43.4%. 흑인 7.5%, 아시안 1.1%와 0.43%의 토착 원주민 등이 사는 나라다.

그래서 19세기 이전에 브라질은 거대한 인종 용광로로 불리기도 했다. 한편 공용어로 쓰는 포르투갈어 외에 토착언어가 180여 개에 이른다니 그 다양성에 놀랄 만도 하다. 우리가 잘 아는 대로 브라질은 페루, 볼리비아, 에콰도르, 콜롬비아, 베네수엘라, 가이아나, 수리남, 프랑스령 구이아나 등 9개국과 국경을 접하며, 아마존강 열대우림을 공유하는 나라 중의 하나다. 특히 19세기 후반 이후에는 이탈리아, 스페인, 독일, 일본, 러시아, 레바논 순으로 이민을 많이 온 나라이기도 하다.

지난번 이 나라를 방문했을 때 만난 일본의 비즈니스맨은 브라질은 남미의 중국이라 했다. 중국을 세계의 공장이라고 말하듯 브라질은 중남미의 공장이라 할 정도로 해외로부터 많은 투자가 이루어지고 있기 때문이다. 일본의 거의 모든 기업이 브라질에 진출하여 중남미를 공략하는 전초기지로 삼고 있다고도 했다. 우리나라만 해도 1995년 삼성이 마나우스에 진출하여 6천여 명을 고용하는 등 이곳에 많은 기업이 진출해 있다. 그런데 이들 국토면적 5대국 중 4대국은 북반구 온대지역에 포진해 있어, 남반구의 열대지대에 위치한 이곳과는 느낌이 달랐다.

항해하는 가운데 석양이 지고 밤이 찾아왔다. 비록 편안한 침대는 아니지만 불편한 줄은 모르고 있었다. 그러나 정글 속의 밤은 그야말로 먹고 먹히는 생존경쟁의 현장으로 캄캄하여 아무것도 볼 수 없다. 정글 속으로 들어간다고 생각하면 절로 소름이 돋았다.

문득 지난번 여행 때 선상에서 밤을 보낸 일들이 떠올랐다. 양쯔강을 며칠 밤을 거슬러 올라가던 일과 라오스 북부 산악지대 메콩강 지류인 오우강 방문 이래 세 번째다. 그리고 강이 아닌 바다에서도 유럽의 북해, 영불해협, 도버해협, 이탈리아와 그리스 사이의 지중해, 대한해협, 황해 등을 배로 건너면서 즐긴 밤들이 되살아났다.

이러한 낭만을 느낄 수 있는 것은 조용함 속에 오는 느슨함 때문이 아닐까. 그리고 커다란 구름덩어리가 밝은 달을 감쌀 때마다 향수병이 생기는 것은 어쩔 수 없는 인지상정이다. 배는 항해하면서도 가끔 큰 마을이 보이면 30분 정도 멈춰 손님을 내리거나 태우곤 했다. 크리스탈-I로 명명된 이 배가 부둣가에 닿으면 어선 수십 척이 고기를 싣고 몰려든다. 그러면 이 배는 작은 배의 고기를 사서 뒤쪽 갑판 냉장고에 가득 채워 넣는다. 그러고 나서 이 배가 고동 소리를 울리면 접근해 있던 작은 어선들은 자리를 비켜 준다.

구경나온 사람들은 아쉬운 듯 하나둘 자리를 뜨고, 배는 다시 하류를

거대한 아마존강의 일출 광경
배에서 바라다본 마나우스

향해 전진한다. 선장이 키를 잡은 듯 평균 시속 62km에 해당하는 34노트의 빠른 속도로 달리고 있다. 강 양쪽으로는 이름을 알 수 없는 나무들이 강과 함께 달리고 있다.

워낙 장거리여서 어느 지역은 비가 오고 어디는 맑거나 흐리는 등 날씨도 변화무쌍한 아마존강이다. 그 강 위에 동이 트고 있다. 배는 여전히 고속으로 항진 중이다. 열대 아침의 붉은 태양이 구름 곳곳을 비추며 다양한 색깔을 연출해 내고 있었다.

아마존강이란 이름을 처음 들은 건 중학교 지리시간이었다. 고등학교 지리시간에 마나우스 도시에 대해서도 들었다. 바다에서 1,500km 떨어진 깊숙한 내륙인 이곳에 5만 톤급 이상의 큰 배가 들어온다고도 했다. 이제 말로만 듣던 마나우스가 가까워지고 있다. 감격스러웠다.

배는 더욱 속도를 높였다. 웬만한 군함 고속정 수준이다. 그러다가 서서히 속도를 줄이는 것으로 보아 목적지에 다다른 것 같았다. 이윽고 강물 위로 마나우스의 고층 건물과 대형 부두시설들이 어른거렸다.

북미 캐나다의 초원을 횡단하다가 초원 속의 고층 건물을 발견하고 "오, 나의 문명 도시여!"라고 외쳤던 캐나다인들의 모습이 떠올랐다. 드디어 배는 거대한 정글 속 문명의 도시인 마나우스Manaus 항에 도착했다. 거대한 정글 속 강 위에서 고층 건물을 보는 순간, 나 역시 "오, 나의 문명 마나우스여!"라고 외치고 있었다.

:: 마나우스의 고무나무와 망고나무

350여 년 전인 1669년에 오픈한 마나우스 항 여객선 부두에 내렸다. 대양을 항해하는 대형 외양선들이 기항하는 큰 항구다. 멀리서 바라다본 항구는 우리나라 인천 항에 온 것이 아닌가 하는 착각이 들 정도로 컸다. 수많은 사람들이 부둣가에 나와 누군가를 기다리고 있었다. 나를 마중 나온 사람이 없다는 것을 알면서도 나는 그들의 얼굴을 하나하나 살펴보았다. 인파 속을 뚫고 부둣가 끝쪽의 다소 높은 둑에 올라서서 강 건너를 바라보았다. 바다에서 거의 3,800리 이상 떨어진 내륙 깊숙이 들어와 있는 마나우스의 강폭이 16km에 달한다니 무한하다는 생각이 들었다.

부둣가를 빠져 나와 토니가 일러준 타바팅가의 호텔로 가기 위해 택시를 탔다. 이 지역에 사는 인디언 부족 이름을 딴 마나우스는 유럽풍의 웅장한 건물과 현대식 건물이 어우러져 있었다. 호텔은 2성급이었지만, 잘 알려진 아마조나스 오페라하우스 인근으로 여행사들이 주위에 포진해 있어 편리하기는 그만이었다. 여장을 풀자마자 호텔에 있는 작은 여행사에 들러 앞으로의 일정에 대해 자문을 구했다.

먼저 이곳에서 최하구인 벨렘까지 가는 배편을 알아보았다. 그리고 브라질의 수도 브라질리아와 리우데자네이루에 들렀다가 귀국하는 코스도 확인하였다. 이곳 여행사 상품도 정글 투어가 주요 메뉴였지만, 내용은 이미 페루의 이키토스에서 경험한 것과 크게 다르지 않았다.

마나우스는 볼거리가 많은 유서깊은 도시임을 금방 느낄 수 있었다. 브라질 북부와 아마조나스 지역의 수부도시로서 인구 210만 명을 포용하는 아마존강 유역의 중심 항구도시인 이곳은 모든 물품의 집산지로서의 역할을 충분히 하고 있었다. 이 도시의 성장은 1839년 처음으로 고무가 상업적인 작목으로 출현한 이래 19세기 말부터 20세기 선진 각국의 산업혁명과 자동차 타이어 산업의 성장으로 소위 1879부터 1912년 사이의 제1차 고무붐이 일어나면서 급속도로 발전했다.

즉 신대륙이 발견되고 거의 500년이 지나도록 아마존 유역은 개발되지 않고 있었다. 이는 금이나 다른 귀중한 광산자원이 발견되지 않았던 이유도 있었다. 그러나 서구에서의 산업혁명은 이 지역의 변화를 촉진시키기 시작했다. 당시 고무는 아마존 열대우림의 파라고무나무 수액에서 얻는 천연고무에만 의존하고 있었기 때문에 고가로 거래되고 있었다. 따라서 이 지역에 많은 이주자들이 몰려와 도시가 커지게 되었고, 마나우스는 리우데자네이루에 이어 두 번째로 전기가 보급될 정도였다.

그런데 이때 영국 탐험가 헨리 위컴Henry Wickham이 1876년 고무나무 씨앗 7만 개를 몰래 빼내 영국의 식민지 스리랑카, 말레이반도, 인도네시아 등 열대 지역에 보급했다. 그중 2,700개 정도의 씨앗이 발아에 성공했다. 이렇게 시작한 아시아 지역에서 생산되는 고무는 브라질을 능가하는 상업적 재배기술로 대량생산이 가능하게 되어 고무가격은 하락할 수밖에 없었다. 이는 마나우스 지역경제에 찬물을 끼얹는 격이 되어 경기는 침체되고 사람들은 이곳을 떠나기 시작했다.

당시는 종자 반출 금지법이 없을 때여서 이를 막을 방법은 없었다. 그래서 브라질 사람들은 위컴을 고무 해적을 의미하는 바이오 해적bio-pirate이라고 명명하기에 이른다. 그러나 위컴은 항구를 통해 반출한 것으로 아는 사람은 다 알고 있었다고 해명하기도 했다. 다만, 종자가 미래의 어떤 영향을 미칠 것인지에 대해서는 깊이 생각하지 못했던 것 같다.

반면에 어떤 이는 브라질의 대표적 주요작물인 아프리카 기름야자, 커피, 코코아, 콩, 사탕수수가 외국에서 들여온 종자임을 잊고 있다고 비꼬기도 한다. 이러한 과거의 사례를 보면서, 종자는 그 중요성을 넘어 이를 보호하고 육성하는 일이 얼마나 중요한지는 작금의 세계 종자 시장을 둘러싼 치열한 경쟁 상황이 잘 설명해 주고 있다.

미국의 자동차왕 헨리 포드는 1930년대 자신이 만든 자동차에 장착할 타이어의 원료인 고무를 얻기 위해 고무나무를 아마존 일대에서 재배하려 했으나 잎마름병으로 실패했다. 그러는 와중에 태평양전쟁이 발발하면서 일본이 고무왕국이 된 말레이반도를 점령했다. 이는 아시아 지역 고무 생산량의 97%가 일본으로 넘어갔음을 의미한다. 그러자 미국은 타이어, 고무호스, 전선, 밸브 등의 원료가 되는 천연고무를 확보하기 위해 브라질에 거액을 투자하면서 제2차 고무 붐 시대를 맞았다. 그런데 종전을 맞아 다시 말레이시아에 고무산업이 활성화되고, 동시에 새롭게 개발된 합성고무의 비중이 높아지면서 긴 침체를 벗어나지 못했다.

그러나 1960년대 브라질은 수도를 리우데자네이루에서 내륙인 브라질리아로 옮긴다. 이는 북부지역의 개발정책이 국가적 이슈로 등장하면서 도시는 다시 부흥하기 시작했다. 특히 남미의 공장으로 브라질이 부각되면서, 우리나라 삼성과 LG 등 세계적인 전자회사들이 마나우스의 경제자유구역에 진출함으로써 공업도시로 새로 거듭나기 시작했다.

이런 분위기에서 한국에서 왔다고 하니, 만나는 사람마다 삼성! LG! 하며 아는 체를 해 기분 좋았다. 하지만 거대한 브라질의 내륙 수송을 담당할 물류 인프라스트럭처 문제는 심각했다. 이러한 인프라의 부족은 브라질 북동부에서 생산되는 콩 등의 농작물을 운송할 마땅한 수단이 없어 수출하는 데 어려움을 겪을 수밖에 없다. 즉 마나우스 역시 아시아로 가는 태평양으로 향할 수 있는 방법이 없어, 칠레나 페루를 통해 태평양 루트를 뚫어야 할 필요성이 제기되고 있다.

최근 중국이 대서양과 태평양을 연결하는 남미 횡단철도 부설에 나선다는 얘기는 관심 대상이다. 어쨌든지 현재로는 대서양 연안의 벨렘까지 배로 운송하고 여기서 다시 선박을 이용해 남부 도시로 운송해야 한다. 그러다보니 마나우스에서 벨렘을 거쳐 상파울루로 가는 데 무려 2주일 넘게 걸린다. 철도나 도로가 있다면 3~4일이면 될 것을 몇 배가 더 걸려 급상승하는 운송비 문제가 대두되고 있다.

마나우스는 정글 속 섬처럼 고립되어 있어 밖으로 나가려면 비행기와 아마존강을 따라 나 있는 수로를 이용해야 한다. 이러니 범죄를 저지르고도 도망갈 수단이 없어 범죄율이 낮다는 통계자료도 있다. 한편 유럽식 평등의식과 사회민주주의적 성향이 강한 브라질 사회에서 노조 문제는 어제 오늘의 일이 아니다.

한국인 주재원의 경우 국제학교가 없어 1,000km 이상 떨어진 상파울루나 브라질리아로 각각 가족이 헤어져 살아야 하는 실정이다. 그럼에도 마나우스는 브라질 북부의 약 200만 명을 포용하는 거점도시로 아마존 밀림의 보석일 수밖에 없다. 나는 이곳의 경제사정을 살펴보면서 이틀 정도 머물기로 했다. 저녁을 먹으려고 숙소 인근의 식당을 찾아 쌀밥에 채소류를 더한 음식을 주문했다. 그런데 몇 숟가락 뜨다 말았다. 고추장을 가지고 오지 않은 아쉬움이 컸다. 아침과 점심을 선내에서 잘 먹었기에망정이지 배가 고플 뻔했다.

식당에서 나오니 중남미에서도 유명한 아마조나스 오페라하우스에 사람들이 입장하고 있었다. 마침 잘됐다 싶어 그들을 따라 들어가니 무료라고 한다. 이곳의 실험극단이 시민에게 무료로 보여 준다는 것이다. 입장료가 얼마든 관람할 생각이었는데 횡재를 한 기분이었다. 극중 대사 내용은 포르투갈 말이라 무슨 뜻인지는 몰라도 배우들의 몸짓과 노래는 지루한 줄 몰랐다.

그런데 사실 배우들의 공연보다도 화려한 내부 장식에 정신이 팔려 있었다. 몇 해 전 시베리아를 열차로 횡단하고 오페라를 관람했던 모스크바 볼쇼이 극장 내부와 닮았다는 생각이 들었다. 4층으로 이루어진 관객석은 영화에서 유럽 상류층 귀족들이 앉아서 보던 것과 같았다. 화려하게 차려입은 귀부인들이 안경을 들고 배우나 주변 사람들을 살피던 바로 그 자리에는 일반시민들이 앉아 공연을 보고 있었다.

유럽 왕실 전용극장에 버금갈 정도로 화려한 아마조나스 오페라하우스는 당시 고무산업으로 돈을 번 부자들이 유럽의 문화예술을 즐기기 위해

❶ 아마조나스 오페라하우스 외관 ❷ 아마조나스 오페라하우스 내부 ❸ 마나우스에서 노예매매가 이루어지던 망고나무로 둘러싸인 공원 ❹ 마나우스 농산물 시장의 바나나

세운 것이었다. 앙코르 요청 박수 소리에도 막이 내리자 숙소로 돌아왔다. 생각지도 않았던 공연을 보게 되어 뭔가 갈증이 해소된 듯 기분이 좋았다.

이튿날 아침 일요일이라는 것도 모른 채 마나우스에서 가장 오래된 성당을 찾았다. 마침 미사가 진행 중인 것을 보고서야 일요일인 줄 알았다. 슬그머니 뒷자리에 앉아 두손을 모았다. 미사를 마치고 문밖으로 나오던 수염이 긴 주교님이 내가 이방인임을 알고 머리와 어깨에 손을 올려놓고 한참이나 축복기도를 해 주었다. 지금도 그 따뜻한 손길이 몸을 타고 발바닥으로 이어지는 듯하다.

이 교회 바로 앞 망고나무로 가득한 공원 건너편에는 과거 아프리카 노예들이 팔려가기 전에 거래되던 곳이다. 노예들이 다리에 찼던 쇠고랑과 고리가 바닥에 박힌 채 그대로 남아 당시의 비극을 상상케 하였다. 몸이 묶인 채 험한 바다를 건너 이곳까지 왔을 이들을 생각하니 마음이 가라앉는 듯했다. 그때 문득 탄자니아 잔지바르 섬에서 노예를 팔고 사던 그 자리에 세운 참회의 교회를 본 기억이 떠올랐다. 이 교회도 노예매매를 참회하고자 그곳에 성당을 세우지 않았을까 하는 생각을 해 보았다.

인근의 박물관을 찾았다. 이 대륙 어딜 가나 박물관은 정복당한 비극의 역사를 보여 주고 있다. 다만 지역을 날리하는 아마존강 유역 아미조니스의 역사와 아프리카 흑인노예들의 흔적이 또렷하게 새겨져 있을 뿐이다.

가는 곳마다 새롭게 보여지는 일련의 일들을 되새겨보는 의미는 나 자신이 시공을 넘는 나그네임을 일깨워 주었다. 과거에 일어났던 일들을 연상하면서 여행사 안내인을 따라 걷고 걸었다. 도중에 이곳에서 채취한 고무로 만든 슬리퍼를 한 켤레 샀다. 늘 신고 다니던 등산화만으로는 앞으로 배 안에서 5일을 더 보내기에는 불편했기 때문이다.

마나우스의 100년이 넘은 수산시장과 어선들이 모여드는 선창가를 찾아 흥청대는 모습을 보니 우리와 다르지 않았다. 그런데 수산시장의 상인들은 거의 남성으로 깨끗한 흰색 가운을 입고 물고기를 손질하는 모습이 신선해 보였다. 또한 시장 안까지 이어진 수로를 따라 어선들이 다양한 고기를 가득 싣고 들어왔다. 부두 위에 서 있는 사람들이 사고 싶은 물고기를 가리키면 돈을 받고 고기를 올려주는 등 북새통을 이루었다. 그리고 수산시장과 연결된 과일가게에는 열대과일을 산더미처럼 쌓아놓고 큰 소리로 손님을

마나우스 수산시장 안으로 들어온 어부들과 흥정하는 손님들

부르는 등 하루 종일 헤매도 지루한 줄 모를 정도로 흥미로운 삶의 최전선이었다.

기왕에 들어온 시장이라 뭔가 하나는 사고 싶었다. 그래서 마나우스라고 쓰여진 커피 몇 봉지와 10달러짜리 손목시계를 샀다. 스마트폰 시계는 국경을 넘고 강을 따라 내려가면서 전파와 접속이 안 되는지 제대로 시간을 알려 주지 않았다.

가이드는 여기저기 다니면서 사람들에게 나를 한국에서 온 교수라며 소개했다. 이들과 대화를 나누면서 꼭 빠지지 않는 것은 축구 이야기였다. 그래야 신이 나서 마음을 열어 준다. 아르헨티나와 연장 승부 끝에 독일이 우승한 2014년 브라질 월드컵 경기가 이곳에서 열리지 않았다 해도 사람들의 축구에 대한 관심과 열의는 남달랐다.

예술 축구, 창조 축구 그리고 스릴 넘치는 개인기로 사람들을 흥분의 도가니로 몰아넣는 것이 이 나라의 축구다. 그러나 자국에서 열린 2014년 브라질 월드컵에서 네덜란드에게 3위를 내주고 4위에 머물렀지만, 경기 결과에 연연하지 않는 듯했다. 내가 묵은 호텔 앞 오페라하우스 광장에 커다란 스크린을 설치하여 우리나라 거리 응원전과 같은 야외 응원전을 펼쳤다고 한다. 축구 얘기를 하지 않고는 다른 대화를 나눌 수 없을 정도였다.

:: 마나우스를 떠나 하구로 가는 강상 크루즈

마나우스에서 이틀을 묵었다. 완전히 원시적인 정글에서 경험하고 느꼈던 일들은 잊어버리고 익숙한 도시문명 생활로 돌아왔었다. 그러나 이제 다시 정글에 둘러싸인 강으로 돌아가야 한다. 호텔에서 나와 배낭을 메고 100년 넘게 자랐다는 긴 망고 가로수를 따라 걸었다. 오페라하우스 극장 주변만 해도 100년 이상 된 망고나무들이 깊고 넓게 뿌리를 박고 있다. 아직 익지 않은 작은 망고들이 주렁주렁 매달려 있었다.

포르투갈 말이 통하지 않아 혹시 배를 잘못 탈까 봐 배표를 구매한 여행사의 직원이 배 타는 데까지 동행해 주겠다고 따라나섰다. 어쩌면 사장이 지시를 했는지도 모르겠다. 왜냐하면 내 여권을 보고 그 나이에 혼자서 여행하는 내 정체에 대하여 궁금해했다. 내가 지구촌 특히 아마존 현장답사를 통하여 실제상황을 파악하고 있다고 했더니, 이해가 간다는 표정이긴 했다. 그래도 그는 나이에서 오는 한계가 있을 거라며 직원에게 배 타는 데까지 안내해 주라고 넌지시 지시했을 것이라 생각했지만, 직원에게는 물어보지 않았다.

여객선 터미널에는 다른 행선지로 가려는 크고 작은 수백 척의 배들로 꽉 차 있었다. 내가 타야 하는 500톤급의 산마리노 3호는 다른 여객선 두 척의 갑판을 밟고 지나서야 탈 수 있을 정도로 승선하는 데 매우 복잡했다. 가까스로 여행사 직원의 도움을 받아 벨렘행 배에 올랐다. 그제서야 그는 안심이 되었는지 손을 흔들어 보이며 사라졌다. 물론 그의 손에 얼마 되지 않는 돈을 쥐어 주었다. 고마운 일이었다. 그가 없었더라면 엉뚱한 배에 올라 헤매고 있을지도 모르는 일이었다.

아마존강을 오르내리는 크고 작은 여객선들은 대개 앞쪽에 몇 개의 캐빈이라 불리는 객실 외에 아예 객실이 없는 것을 보고 처음에는 당황했다. 사람들이 며칠씩 항행하면서 배 위의 어디서 자는지 그것이 궁금했다. 그러나 승객들이 그물침대인 해먹을 미리 준비해 가지고 승선한다는 것을 알았다. 내가 탄 산마리노 3호도 마찬가지였다.

이미 많은 사람들이 배 위 넓은 2층에 준비해 온 해먹을 천장 고리에 걸고는 그 안에 들어가 편히 누워 떠나기를 기다리고 있었다. 1층과 3층에는 짐칸과 식당 등이 있어 숫자는 많지 않았지만 해먹을 천장 고리에 고정시켜 놓고 그 안에서 쉬고 있었다. 뒤에 올라온 승객들도 해먹을 걸 적당한 고리를 찾았다. 넓은 선상에는 200여 개 형형색색의 해먹이 4박5일의 강상 여행을 기다리고 있었다.

이러한 해먹 여행은 적도인 열대지방에서나 가능한 일이다. 사계절이 뚜렷한 우리나라와 같은 온대지방에서는 바람과 추위로 상상하기 어렵다. 부둣가 많은 가게들의 주요 판매 품목 중 하나가 해먹이었음을 이제야 깨달았다. 나는 여행사의 도움으로 해먹 여행 비용에 조금 더 추가하여 몇 개 안 되는 1인용 작은 캐빈을 얻었다. 오픈된 공간이라 둘 이상이면 서로 짐도 봐줄 수 있지만, 혼자일 경우 짐을 간수하는 데 여간 신경을 쓰지 않으면 안 되었다. 캐빈은 좁았지만 화장실을 겸한 샤워 시설과 침대, 책 한 권 정도 올려놓고 읽을 수 있는 붙박이식 초미니 책상이 있었다.

열대지방은 바람을 막는 객실이 없어도 값싸게 해먹 여행하는 데는 큰 문제가 없다. 다만 비가 들이칠 때가 문제인데, 비바람이 몰아치면 배 양쪽 처마 끝에 둘둘 말아올린 천막 커튼을 내리면 그만이다. 또 센 강바람은

마나우스 항의 여객선 터미널
마나우스 항의 화물부두 크레인

성가시게 구는 모기를 쫓아 주었다.

그런데 출항해야 할 시간인데도 배가 움직이지 않았다. 스크루에 이상에 생겨 2시간 이상 지연된다고 하자, 일부 사람들은 부둣가로 다시 가서 쇼핑을 하고 돌아오기도 했다. 여행 도중 배를 탔다가 어부들이 쳐놓은 그물에 스크루가 감겨 회항하거나 정지하는 등의 경험을 여러 번 했다.

프랑스 북부 해안의 르아브르Le Havre 항구에서 아일랜드 남부의 로스레어 하버Rosslare Harbour 항으로 가기 위해 영불해협을 건너는 도중 그물에 말린 대형 페리의 스크루가 작동하지 않아 하룻밤을 배 위에서 보내기도 했다. 그리고 캄보디아 앙코르와트가 있는 시엠립 톤레이 삽호에서 삽강을 따라 프놈펜으로 내려오던 중 역시 그물에 걸려 꼼짝없이 하루를 강 위에서 보낸 기억이 있다. 드디어 아마존강의 마지막 목적지 벨렘을 향해 배가 출항했다. 대략 1,500km를 항행해야 하는 먼 거리였다.

:: 네그로강과 선상 불시검문

흰 물결 너머 즐비한 고층 건물과 대형 항만시설 그리고 산업시설들이 점점 작아지고, 그들 사이로 또렷하게 보이던 삼성과 LG 간판도 멀어져 갔다. 배는 강 한가운데로 들어섰다.

이 배는 선내식을 제공하지 않았다. 대신 2층에 마련된 식당과 3층 매점을 개인적으로 이용해야 했다. 나는 선내 식당과 매점을 이용하긴 했어도, 미리 준비해 온 컵라면, 즉석수프와 배에 오르기 전에 산 바나나, 오렌지와 비상식량으로 가지고 온 건빵, 육포, 말린 황태 등을 침대 한쪽에 꺼내 놓았다.

마나우스에서 출발한 지 얼마 되지 않아 승객들이 앞이 잘 보이는 뱃전이나 각층 갑판에 나와 강을 바라보고 있었다. 황토색의 아마존강 본류와 검은색 강으로는 세계에서 가장 긴 2,230km의 지류인 네그로강Rio Negro이 합류하는 독특한 모습을 보기 위해서였다.

검은색 강물과 황토색 강물이 섞이지 않은 채 나란히 긴 띠를 이루며 흐르는 모습은 신기했다. 계절에 따라 물속에 잠기거나 물속에서 자라는 숲인 이가푸igapó 등이 있는 네그로강의 신기한 생태계를 보기 위해 많은 사람들이 찾는 곳이다. 사실 두 강이 만나는 경계에서는 어떤 강이라도 서로 다른 색깔을 띠게 마련이지만, 검은색 강이 흐르는 사례는 흔치도 않거니와 두 색의 경계의 길이가 길다는 점이 특이했다. 이렇게 검은색을 띠게 된 이유는 식물의 잔해가 완전히 분해되지 않은 상태에서 발생하는 유기산 때문이라고 한다.

배는 두 색이 만나는 경계를 넘나들며 움직였다. 두 강의 만남을 보면서 자리를 뜰 줄 모르는 승객들을 재미있게 해 주기 위해 일부러 지그재그로 항행하는 것 같았다. 건기엔 17km, 우기엔 70km나 섞이지 않은 채 흐른다니 흥미로울 수밖에. 마치 좁은 길에서 서로 길 밖으로 밀어내려고 애를 쓰는 모습 같기도 했다. 두 강이 서로 섞이지 않고 흐르는 이유는 온도와 유속 차이 때문이라는데, 즉 안데스 빙하에서 흘러내리다가 흙탕물이 된 본류는 22℃에 유속 7~8km로 흐르고, 네그로강은 28℃에 3~4km로 흐른다고 한다.

강 양안은 멀리 정글만 보일 뿐, 시간이 멈추어 버린 무한한 우주공간이 떠 있는 것 같은 느낌이었다. 이는 몇 해 전 블라디보스톡에서 바이칼 호수와 모스크바 등을 경유하여 상트페테르부르크까지 가는 10,000km의 시베리아 횡단열차를 타고 울창한 타이거숲 사이를 지나던 느낌과 크게 다르지 않았다. 다만 그곳은 타이거 침엽수림과 자작나무였고, 이곳은 열대우림의 정글이라는 차이가 있을 뿐이었다.

밤이 되자 둥근달은 자신보다 몇십 배 큰 달무리를 그리며 강을 밝혀 주었

❺

다. 강 건너 정글 속은 불빛 하나 내지 않는 어두운 세계로 그곳에는 무엇인가 생사를 가르는 큰 일이 감추어져 있는 듯했다. 무심한 엔진은 아랑곳하지 않고 부단히 움직이고 있었다.

편히 하룻밤을 보내고 갑판으로 나왔다. 앞 갑판에는 바다에서나 볼 수 있는 수평선과 하늘과 밀림이 만나는 수평선樹平線 사이로 떠오르는 일출을 보려고 사람들이 모여 있었다. 우리가 탄 배는 동쪽 대서양으로 향하고 있어 떠오르는 태양을 정면에서 바라볼 수 있었다.

연한 붉은 빛이 서서히 수평선을 비추더니 눈썹 모양의 태양은 금방 붉은 둥근 이마로 그리고 다시 둥근 얼굴로 바뀌더니 이글이글 타오르는 강렬한 빛을 발하면서 온 세상을 지배하는 듯한 위용을 유감없이 드러냈다. 그러자 정글의 수많은 생명체들이 새 왕을 맞아 그 앞에 엎드려 절을 하는 듯 경배하는 모습이었다.

떠오르는 태양을 보면서 가끔 학생들에게 질문했던 내용이 생각났다. "만일 그것이 없다면 우리 사람을 포함하여 생명체가 빨리 죽을 수 있다. 과연 그것은 무엇이며, 그 순서는 어떻게 될까?"라는 간단한 물음이었다. 답의 순서는 빛, 공기, 물, 식량 순이다. 첫 번째인 빛이 없어지면 동시에 만물은 즉시 사라지고 말 것이다. 그리고 만일 지구에 공기가 없어진다면 생명체가 없어지는 데 불과 몇 분이면 충분하다. 공기를 차단시켜 생명체를 죽이는 일이 많음을 우리는 알고 있다. 셋째는 물이다. 이는 일주일 정도 못 마시면 역시 사람은 죽고 만다. 그리고 식량이 없어 보름만 굶으면 역시 죽고 만다. 그런데 빛과 공기, 물은 이미 우리 지구에 있는 것으로 우리가 힘써 지속가능한 환경보전을 위해 노력해야 하는 일이지만, 식량은

❶ 승객들이 걸어 놓은 형형색색의 해먹 ❷ 해먹 속의 엄마와 아들 ❸ 아마존강 횡단 내내 따라 붙은 열대림과 무너져 내리는 강변 ❹ 아마존강 위에서 불시검문을 위해 접근하는 브라질 수색대원들 ❺ 황토색의 아마존강 본류와 검은색의 네그로강이 만나는 수역

이들 셋을 합성하여 인간이 만들어 낼 수 있는 일임을 토론하곤 했다.

파란 하늘 아래 뜨겁게 달아오른 3층 갑판에 올랐다. 시야를 가리는 것이 아무것도 없는 대양의 한복판이다. 배 주위에 작은 어선들과 줄을 지어 오르내리는 큰 화물선과 상선들을 구경하는 것도 볼만했다. 그런데 갑자기 우리가 탄 배가 닻을 내리고 강 한가운데에 멈추어 섰다. 무슨 일인가 싶어 주위를 살폈더니, 고무보트 두 척이 우리 배를 향해 고속으로 질주해 오는 것이 보였다. 보트에는 소총으로 무장한 특수부대원들이 타고 있었다. 마치 우리 해병대의 특수수색대 같은 장비를 갖추고 있었다. 만약 섣불리 이상한 행동을 했다가는 금방이라도 제압해 버릴 자세였다.

우리 배에 접근하면서 두 척 중 한 척은 총을 겨눈 채 우리 배를 계속 선회하고, 그 사이 나머지 한 척에 탄 특수부대원들은 보트를 우리 배 선미에 매달았다. 그리고 소총을 등 뒤로 맨 채 배에 올랐다. 그들은 지금부터 검문검색을 하고자 하니 협력해 달라는 말을 하고는 한 사람 한 사람 철저히 조사하기 시작했다.

산마리노 선원이 급히 나에게 오더니 여권을 달라고 했다. 동양인이라고는 나 혼자뿐으로 외국인임을 쉽게 알 수 있기 때문이다. 특수부대원들이 외국인에 대한 조사는 별도로 확인하겠다고 했단다. 정상적인 입국 절차를 받았는지 체크하는 것 같았다. 나에게 온 특수부대원은 왜 왔는지, 어딜 가는지, 언제 귀국하는지 등을 묻고 나의 배낭을 들여다보고는 여권을 돌려주었다.

이렇게 한 시간가량 전체 조사를 마친 뒤 무슨 일인지 몰라도 두어 사람은 세밀하게 조사하더니 빠른 속도로 강 너머로 사라졌다. 나는 이들이 브라질의 이웃 나라에서 온 사람들이 아니었을까 생각했다. 점점 멀어져 가는 이들을 보면서, 남미 최강의 37만 명의 현역병을 둔 브라질 군사력의 일면을 본 듯했다.

여기서 만일 불법 입국한 사실이 드러나면 이 나라 법에 따라 처벌을 받음은 물론 추방된다고 한다. 이 검문 외에도 벨렘까지 가는 동안 항구와 강상에서 두 번 더 검문이 행해졌다. 배를 타기 전에 마나우스 여행사 사장이 그랬다. 다음에 올 때는 꼭 베네수엘라 방문 일정을 넣으라고, 200달러면 사나흘 간은 황제 대우를 받을 수 있다고 했다. 베네수엘라 경기가 하도 엉망진창이라서 국민 모두 살길 찾기에 바쁜 나머지 사회질서가 급격히 무너져 가고 있다고도 했다.

그의 말을 다 믿을 것은 못 되어도 그곳 경제사정이 급속히 나빠진 것은 보도를 통해 알려진 사실이다. 다만 베네수엘라와 지척인 마나우스는 그 사정을 잘 알고 있을 것으로 생각되었다. 1999년 집권한 차베스 대통령은 빈민층을 위한다며 무상교육, 주택제공, 의료혜택 등 지나친 포퓰리즘 정책을 위해 석유산업을 국유화하여 얻은 그 귀한 오일 머니를 물 쓰듯 국민에게 퍼주는 데 주력하였다. 그 결과 무상지원은 다름 아닌 아편과 같은 역할을 했다. 받아쓰는 데 익숙해진 국민들은 마치 아편을 맞은 환자처럼 일 찾는 것을 잃어버렸다고 비꼬았다. 거기에다 고위 관리들은 제 주머니 채우느라 국민들만 골탕먹는 구조가 되어 버렸다고 강하게 비아냥거리고 있었다.

브라질 특수부대원들이 느닷없이 여객선을 강 위에 정지시켜 놓고 신원은 물론 샅샅이 짐을 조사하는 것은 이웃나라의 나빠진 경제사정과 무관하지 않음을 알았다. 어쩌면 대량의 경제난민 발생을 우려한 브라질 정부의 강력한 예방 조치라는 생각이 들었다. 강상 정지에서 풀린 배는 첫 번째 기항지인 인구 약 5만 명의 주리치 부두에 밧줄을 던졌다. 이 도시는 토착 원주민인 문두루크족의 땅이다. 그래서 그런지 부두에는 문두루크족 전통 의상을 입은 대형 조각상이 있었다.

배가 부두에 닿자 빵, 닭튀김, 과일, 물고기튀김 등과 검게 탄 알 수 없는 음식을 파는 사람들이 배 안으로 몰려 들어왔다. 이때 방심했다가는 뭔가 잃어버릴 것만 같은 느낌마저 들었다. 배 안에 들어오지 못한 상인들은 긴 장대 끝에 절반을 자른 빈 페트병을 매달아 주문받은 물건을 승객에게 올려 보냈다. 그러면 손님은 빈 페트병에 돈을 넣어 내려 보내는 방식으로 거래하는 재미있는 광경이 연출되었다.

그리고 얼마 뒤 7~8명의 연방경찰이 승선하는 모습도 보였다. 이들 역시 강상에서와 같은 검문을 했다. 그들은 일단 외국인처럼 보이면 신분증을 요구했다. 이들도 먼저와 마찬가지로 합법적인 입국인지를 확인하고 있었다. 나에게 다가온 경찰은 탐바징가에서 입국 허가를 받은 것을 확인하고는 좋은 여행이 되라고 한마디 하고는 다른 이들에 대한 검문을 계속하였다.

주리치 항에서 일을 마친 배는 다시 산타렘을 향해 나아갔다. 하류로 내려갈수록 강폭이 더 넓어졌을 뿐 주위 환경은 다르지 않았다. 행여 나 말고 한국인이 또 있을까 싶어 해먹 사이를 돌아보았다. 한국인은커녕 동양인의 모습도 보이지 않았다. 하지만 젖먹이에게 젖을 먹이는 엄마, 서로 등을 긁어 주는 노부부, 또 혼자 책을 보거나 잠을 자는 등 다양한 모습을 엿보는 재미가 있었다.

이러한 정겨운 모습에 반하여 나도 해먹에 누워 보고 싶었다. 캐빈 바로 옆에 있는 청년에게 한번 누워 보자는 시늉을 해 보이자 그는 웃으며 자기 해먹을 비워 주었다. 잠시 누워 본다는 것이 그만 잠에 빠져들었다. 시원한 강바람을 맞으며 흔들거리다보니 금세 잠이 들었나 보다. 하긴 지금도 귀만 바닥에 닿으면 자는 버릇은 여전하다.

강폭이 넓어서 바다에서와 같은 파도가 일어 배가 흔들렸다. 심할 때는 파도가 뱃전을 때리며 물거품이 2층 난간까지 올라왔다. 거센 물결 위에 부초들이 뭉쳐 작은 풀섬을 만들고, 이곳에 새들이 집을 짓고 알을 낳아 기를 정도의 부초섬이 여기저기 흔들리고 있었다. 하류로 내려가는 배인데도 바람이 불어 물이 상류로 거꾸로 흐르는 듯한 느낌을 받을 때마다 판단력이 흐트러지는 것 같았다. 거기에 수십 리가 넘는 넓은 강폭과 수시로 변하는 듯한 강물 색은 나를 4차원의 세계로 끌고 들어가 내 평생 처음으로 시를 지어 보았다.

험준한 안데스산맥 깊은 골짜기에서 태어나
각 골짜기에서 나온 수많은 지류를 형제 삼아
먼 길을 함께 떠나는 아마존아

물결따라 대서양 가는 광대한 정글을 키워
햇살 만나 무수히 많은 생명체를 낳고 키우는
아마존아 말해다오

억수비가 내리는 우기에는 정글 속을 훑고
건기에는 언제 그랬느냐 손님을 맞네
광활한 정글 속을 도도히 흐르는 아마존아

하긴 크고 길고 깊은 대륙의 내장인
네가 없었으면 태평양과 견주는 대서양이 있기나 했을까
대양을 잉태하고도 무심히 흐르는 아마존아

:: 아름다운 차오 마을 모래비치

어느덧 또 밤이 깊어가고 3층 옥상 갑판에는 잠을 이루지 못한 승객들이 의자에 앉아 깊은 상념에 빠져 있었다. 습기 먹은 밤바람은 마치 멀리 두고 온 친지들의 소식을 전해 주는 양 나의 뺨을 스쳐갔다.

아침부터 선상이 소란스러웠다. 해먹에서 자던 사람들이 해먹을 걷어 내렸다. 곧 산타렘이다. 멀리 옅은 푸른색의 성당 십자탑이 우뚝 솟아 있다. 드디어 아마존강 중상류에서 두 번째로 큰 도시이자 마나우스와 벨렘에서 각각 800km 떨어진 산타렘 항구에 도착했다.

이곳은 360여 년 전 포르투갈인에 의해 세워진 이래 지금은 인구 약 30만 명 규모의 도시로 커졌으며, 많은 관광객의 경유지로도 알려져 있는 유서 깊은 곳이다. 많은 승객들이 내릴 준비를 하고 있었다. 이들의 최종 목적지는 벨렘이 아니라 이곳이었던 것이다. 거기에 더하여 출발할 때부터 고장으로 시간을 끌었던 스크루를 수리하기 위해 9시간 뒤인 오후 5시에 떠난다는 것을 나중에야 알았다. 그래서 사람들이 거의 내렸던 것이다. 포르투갈어를 모르는 나만 이 사실을 모르고 있었다. 영어가 통하는 승무원도 승객도 없었기에 미처 알지 못했다. 그리고 출발이 지연된다는 사실을 모른 채 배에 오른 승객들도 난감해하기는 마찬가지였다.

이렇게 되자 선장과 승무원들은 아예 배의 브리지와 식당과 매점 문을 닫아 걸고 고장수리반과 당직자 몇 명만 남겨 놓은 채 어디론가 가버렸다. 꽉 찼던 해먹의 3분의 2가 사라지자 배는 갑자기 텅 빈 듯했다. 배 안의 모든 안내판은 포르투갈어로 쓰여져 있어 알 수 있는 글은 하나도 없었다.

그때 초등학생 아들을 데리고 온 백인이 나를 보더니 반가운 듯 영어가 되느냐고 물었다. 조금 된다고 했더니, 이 배는 스크루 고장으로 빨리 고친다 해도 오후 5시나 되어야 떠날 수 있으니 여기서 그냥 시간 보내지 말고 근처 아마존강 유역에 모래비치가 있으니 가자고 제안했다.

그래서 우리 셋은 일행이 되었다. 그는 이탈리아 출신으로 브라질 상파울루에서 열여덟 살까지 살다가, 지금은 런던에 살고 있다고 했다. 이곳에는 여덟 살 된 아들과 추억을 남기기 위해 일부러 아마존강 투어를 왔다고 했다. 그는 영어는 물론 이탈리아어와 포르투갈어도 능숙했다. 나는 구원

자를 만난 셈이었다. 우리 대화를 엿듣던 터키에서 온 오십 대 중반의 남자도 반가운 듯 함께 버스를 이용하기로 했다.

버스정류장은 바로 국제 곡물 메이저 카길사의 산타렘 터미널 앞이었다. 배에서 내릴 때부터 거대한 곡물창고에서 벌크선으로 곡물을 옮겨 선적하는 모습을 보고 그냥 지나칠 수는 없겠구나 생각하고 있었다. 이는 농업경제학을 공부하는 직업의식이 발동한 것이다. 모래비치에 갔다가 어차피 이곳으로 돌아와야 하므로 일단 카길 생각은 접어두고 비치로 가는 버스를 탔다.

생각보다 멀었다. 시내를 벗어나 시골길을 한 시간 이상 달렸다. 2차선 도로 포장도 상당히 파손되어 차가 심하게 흔들렸다. 농촌 안길은 붉은 먼지로 우기 때는 그야말로 진흙탕이 될 것이었다. 말하자면 먼지와 진흙이 건기와 우기에 따라 번갈아 바뀌는 식이나. 이는 개도국에서 흔히 볼 수 있는 도로 사정이다. 우리처럼 농촌 구석구석 도로가 포장되어 환경이 개선되려면 상당한 시간이 필요할 것이다.

미세한 흙먼지가 버스 안까지 자욱하게 들어왔다. 먼지를 뒤집어쓰면서 드디어 국립공원 지역으로 지정된 아마존강의 지류로 길이가 1,930km나 되는 타파호스강Rio tapajos 모래비치가 있는 차오Alter do Chao 마을에 도착했다. 무려 100km나 되는 긴 비치를 가진 아름다운 해안가와 맑은 물로 브라질의 캐러비안이라고 불릴 만큼 브라질에서 가장 아름다운 비치 중 하나다. 수많은 요트와 보트가 정박해 있고, 예쁘게 지은 방갈로가 줄지어 있는 모습은 아름다운 해안가에 자리 잡은 대규모 리조트와 다름없었다.

지금까지 보던 황토색 아마존강이 아닌 맑고 푸른 강변에 모래사장이 길게 펼쳐져 있었다. 아마존강의 수많은 지류 가운데 맑은 청류수 3개 중의 하나이나, 이곳에서 멀지 않은 곳에는 본류와 합류하면서 다시 황토색으로 변한다고 한다. 그리고 지류의 상류에는 여러 개의 댐이 건설되었거나 계획이 있다는 말도 들었다.

그런데 월요일이라 그런지 강변에 늘어선 식당이나 기념품 가게 중 절반은 문이 닫힌 채였다. 강변 모래비치에도 몇 팀만 물놀이를 즐기고 있을 뿐 한산했다. 함께 온 터키인은 다른 곳으로 가겠다면서 어디론가 사라졌다. 우리 셋은 마치 가족이나 된 양 수영복으로 갈아입고 물속으로 뛰어들어갔다. 나는 혹시 수영할 기회가 있지 않을까 하여 수영복을 배낭에 넣었었다. 대학 시절 적십자에서 제공하는 강습을 통해 수영을 배워 둔 것이 이들과 물놀이 하는 데 도움이 되었다.

우리는 물속 여기저기에 3분의 1쯤 잠겨 있는 맹글로브 그늘을 찾아다니며 공놀이와 수영, 모래성 쌓기 등을 했다. 그때는 멀리 이역만리에 와 있다는 것을 까맣게 잊고 있었다.

파비오라는 영국인 아빠는 화가이고 아들도 그림을 아주 잘 그린다면서 서울 전시회를 계획하고 있다고도 했다. 아들도 아빠 말을 존중할 줄 아는 착한 아이였다. 여행을 하면서 많은 사람을 만났는데 이번에는 부자父子가 여행하는 사람을 여럿 만났다. 아들이 오스트리아 비엔나대학 대학원에 입학한 기념으로 왔다는 폴란드인 부자, 아들이 밀라노대학에 입학한 것을 기념하여 온 이탈리아인 부자도 만났다. 이들의 정겨운 모습을 보면서 더운 날씨에 대학원 준비를 하고 있을 아들 생각이 나는 것은 어쩔 수 없는 인지상정이었다.

생각지도 않게 아마존강 모래비치에서 한가로운 시간을 보내고 배로 돌아가기 위하여 버스를 기다렸다. 나지막한 건물들이 늘어선 거리는 꽤 매력적이었다. 함께 버스를 기다리던 관광객들이 정류장 옆 민속품 가게에

❶ 아마존강 유역의 산타렘 전경 ❷ 주리치 부두의 정글에 사는 문두루크족의 대형 조각상
❸ 아마존강 지류인 타파호스강 모래비치

MASSAFRA

PONTO CERTO DAS
MUNDURUKU
Drogaria
PHILCO
SEMP TOSHIBA

들어가 이것저것 둘러보는 모습 또한 이곳의 운치를 더해 주었다.

버스가 왔다. 우리 셋과 원주민 몇 명이 올라탔다. 다시 들어온 산타렘 중심가는 수백 년의 역사를 지닌 도시답게 포르투갈풍의 면모를 잘 간직하고 있어 나그네의 마음을 사로잡기에 충분했다. 버스가 항구 인근의 카길사 산타렘 터미널 앞으로 돌아왔다.

:: 산타렘에서 본 곡물 메이저

카길사를 알리는 대형 간판과 곡물창고 그리고 트리톤 스완Triton Swan호라고 쓰인 벌크선에 곡물을 선적하는 모습을 사진에 담았다. 인터넷에서 찾아본 배는 길이 200m, 폭 32m나 되는 34,800톤급으로 대서양 하구에서 800km나 되는 내륙 한가운데까지 들어왔다는 것이 신기하기도 하고 놀랍기도 했다. 그리고 밖에서는 대형 트럭들이 곡물을 잔득 싣고 회사 안팎을 드나들었다. 이러한 모습을 보면서 세계적인 곡물 메이저와 식량 문제와의 관계를 다시금 생각하게 되었다.

사실 국제 곡물 메이저인 카길사의 간판을 보는 순간 그렇게 좋다는 느낌은 들지 않았다. 왜냐하면 그간 여러 국제 곡물 메이저에 대한 좋지 않은 선입감 때문이었다. 그 이유는 곡물 메이저들은 특정 농산물을 생산하기 위하여 브라질 같은 개도국의 열대우림을 마구 베어내고, 그 자리에 그들이 원하는 단일작물을 대량 재배함으로써 산림을 훼손함은 물론 생물의 다양성을 줄여 지구환경을 열악하게 만들고 있기 때문이다. 거기에 비료나 농약을 사용함으로써 토양 환경에 악영향을 주고 있다.

매년 전 세계에서 생산되는 평균 곡물 생산량은 약 24억 톤을 넘고 있다. 이 중에서 3억5천만 톤이 국제 거래되고 있다. 이는 우리나라에서 매년 평균적으로 생산되는 쌀 총량인 400만 톤의 약 90배나 되는 엄청난 양이다.

문제는 이런 막대한 교역량의 대부분을 몇 개의 다국적 기업이 점유하면서 막대한 이익을 취하고 있다는 사실이다.

이 국제 곡물 메이저의 대표적인 회사는 모두 100년 이상의 오랜 역사를 가지고 있으며, ABCD라고 불리고 있다. 즉 미국의 아처 대니얼스 미들랜드ADM, Archer Daniels Midland, 벙기Bunge, 카길Cargill, 프랑스의 루이드레퓌스LDC, Louis Dreyfus Commodities로 전 세계 곡물 거래량의 80%를 차지하고 있다. 이 중에서 카길과 ADM이 미국 곡물 수출량의 50%를 점유하고 있을 정도다.

1865년에 설립된 카길은 15만3천 명의 직원을 둔 비상장 다국적 기업이긴 하지만, 지금이라도 당장 상장된다면 세계 500대 기업 중 20위는 될 것이라고 미국의 비즈니스 잡지 포춘Fortune이 지적할 정도의 대표적인 기업이다. 카길은 농산물 구매, 가공, 분배에 이르는 전 과정에 걸쳐 사업을 하고 있다. 또한 이와 연관 있는 재무서비스 자회사와 세계 최대의 사료 및 비료업체도 소유하고 있다.

이러한 계열사를 거느린 카길은 막대한 정보력을 동원하여 자기가 원하는 장소에서 작물을 재배하거나 수집하고, 자기들이 원하는 가격으로 거래하여 큰 차액을 남기고 있다. 그들이 이익을 취하는 사이 개도국의 영세 소작농은 대규모 경제원칙에 의해 더욱 어려워지는 상황에 봉착하게 된다.

바로 눈앞에 있는 국제 곡물 메이저 카길의 산타렘 터미널은 콩 가공을 위한 보관시설과 이를 쉽게 운반하기 위한 부두 및 선적시설로 2003년에 완공되었다. 이 시설은 곡물 수송수단을 개선한 것으로 이 지역에서의 콩 생산을 위한 큰 자극제가 되었다. 그러나 정부의 환경기준에는 미치지 못하였다. 이에 중앙정부의 환경 파괴에 대한 우려와 주정부의 주민소득 향상을 위해 필요하다는 견해 등이 엇갈리는 가운데 카길 소유의 항구 폐쇄에 관한 논의가 이루어질 정도의 우여곡절을 겪었다.

거기에 2003년 국제 NGO인 그린피스 등이 브라질 산타렘에서 콩 재배를 위하여 열대우림을 파괴하는 것에 대한 반대운동을 전개했다. 환경론자들은 브라질의 60%는 산림으로 덮여 있으나 그중 20%는 이미 벌목과 경작지로 개발되면서 서서히 파괴되어 왔다고 주장하고 있다. 즉 서유럽 크기만 한 열대우림은 2005년과 2006년 사이에만 10,000km²가 훼손되었다고 지적하고 있다.

그러나 카길은 1965년부터 브라질에 콩뿐만 아니라 코코아, 쌀, 면화, 야자기름 등에 투자를 진행해 오면서 브라질 농업 발전에 기여해 왔다고 주장하고 있다. 그리고 산타렘이 속해 있는 파라Para 주정부에 환경보전 계획을 제출했으며, 주정부는 이를 받아들였다. 동시에 카길의 이러한 투자가 브라질에서 제일 가난한 지방정부의 경제개발에 기여해 왔다면서 극단적인 카길 소유의 항구시설 폐쇄에 반대했다. 그리고 콩 재배면적은 아마존 생물군계의 0.6%도 안 되며, 카길은 브라질 법률에 따른 산타렘 지역의 농민들을 지원하고 있고 환경보전단체와도 좋은 파트너십을 유지하고 있다고 했다.

이렇듯 서로 다른 주장을 하면서 국제 곡물 메이저의 사업 영역은 오히려 확대되어 가는 추세다. 그런데 과연 곡물 메이저가 그렇게 나쁜 역할만 한 것인가 하는 것을 생각해 보면, 순기능적인 것도 있음은 물론이다. 그들은 당연히 수익을 올려야 하는 기업임을 내세우면서도 순기능적인 그들의 역할을 내세우기를 주저하지 않는다. 즉 농업기술의 혁신적인 개발로 식량 증산에 기여하여 인류의 기아문제를 해결한다든가, 개도국에 대한 다양한 개발지원 사업을 전개하여 빈곤퇴치에 앞장섰다든가, 농산물 생산

❶ 세계적인 곡물 메이저 카길사의 산타렘 터미널 ❷ 아마존강 카길 곡물 메이저의 산타렘 터미널에서 곡물을 선적하는 모습 ❸ 아마존강 산타렘 근처를 지나가는 대형 화물선

Cargill

TRITON SWAN

국가와 수입국가 간의 공급과 수요의 균형을 이루게 했다는 등의 주장도 펴고 있다.

그럼에도 그들은 자연환경 파괴는 물론 부당한 인권 침해를 하는 악덕 다국적 기업이라는 비판에 직면하고 있다. 즉 아프리카에서 수입하는 코코아 재배와 수확 과정에서 1일 12시간 이상의 노동을 강요당하는 아동 노동착취, 고문, 밀매, 수은 등 화학물질의 노출 등이 있음에도 국제 곡물 메이저들은 아무런 조치를 취하고 있지 않다고 비판받고 있다.

한편 우리나라도 20% 중반의 낮은 식료자급률로 이들 곡물 메이저의 영향력을 벗어나기 힘들다. 카길은 국내 곡물시장의 상당부분을 점유하고 있어 1980년대 냉해 발생으로 쌀을 수입하고자 했을 때, 평균 쌀가격보다 비싼 값을 요구했었다. 이는 카길의 투기적인 저장력이 있기 때문이다.

미국을 비롯한 세계 주요 곡창지대 물류거점에 거대 농산물 창고와 가공시설, 물류시설 등을 확보하고 있다. 따라서 카길은 이들 식품류의 원활한 판매를 위하여 자유무역의 열렬한 지지자로 세계 무역의 활성화를 위한 로비에도 주저하지 않는다. 즉 카길 등은 신자유주의 경제원리를 강하게 미는 지지자다.

나아가 최근의 카길은 어류 양식을 차세대 성장동력으로 보고 어류 사료업체를 인수하고 있는 모습이다. 어류는 영양이 풍부하고 가축에 비해 사료비용이 적어 관리 부담이 낮으며, 또 최근 건강을 중시하는 소비자들의 의식 변화에 따라 어류 소비가 빠르게 증가하고 있기 때문이다. 2050년에는 기후 변화와 100억 명으로 늘어날 식량 문제를 해결하는 것을 당면 과제로 보고 앞서가는 선제적인 정책을 채택하고 있는 것이다.

아무튼 이제는 생산자인 현지 농민과 소비자 그리고 이를 연결해 주는 국제 곡물회사 등은 서로를 필요로 하고 있다. 더이상 자신만의 이익을 추구하고 남의 희생을 강요할 수 없는 시대가 되었다. 따라서 서로를 위한 진정한 상생과 공생만이 살 길임을 인식해야 한다는 것을 산타렘의 카길 사는 말해 주고 있다.

:: 아마존강의 처절한 구걸 모습

아마존강 산타렘의 국제 곡물 메이저 터미널 앞에서 이런저런 생각을 하며 아미존강의 마지막 행선지 벨렘으로 가는 배에 올랐다. 하루아침에 친해진 영국인 부자는 내가 머문 캐빈에도 들렀다. 어린 아들에게 샤워를 해도 좋다고 했더니 금방 옷을 벗고 샤워실로 향했다. 수건을 주었더니 물기를 닦아내며 만족한 표정을 지어 보였다. 때 묻지 않은 천진난만함이 정겨웠다. 또 밤이 되었다. 저녁마다 부는 시원한 강바람은 낮 동안의 더위를 잊게 해 수었다.

다시 아침이다. 승객들을 내리고 태우기 위해 작은 항구 마을에 설 때마다 부두에 나와 열심히 물건을 사고 파는 삶의 생생한 현장이 펼쳐졌다. 그런데 항구 마을에서는 많은 사람들이 승선하면서 좋은 공간에 해먹을 먼저 걸기 위한 경쟁이 무척 심했다. 구루파 Gurupa 항구 마을에서 승선한 사람들은 거의 싸움 직전까지 가기도 했다.

이번에는 승객 중 노부부가 급히 병원을 다녀와야 해서 출발이 지연되었다. 출항을 미루더라도 우선 병원에 다녀오게 하는 세심한 배려에 기다리는 지루함은 없었다. 갑판에서 내려다보니 앰뷸런스를 타고 온 노부부가 배에 옮겨 타자 바로 출항했다. 세 시간가량이 지연되었어도 누구 한 사람 불평하지 않았다.

이렇게 하류로 수천 킬로미터를 내려오면서 사연도 많았다. 변화무쌍한 날씨와 사람들 사이에서 일어나는 일들은 누구나 겪을 수 있는 일들이었다. 알메이림 Almeirim 타운을 지날 때 식당에 갔더니 즉석 햇쌀밥이 나왔다. 준비해 온 고추장에 비벼서 먹으니 꿀맛 그 이상이었다.

이제 배는 넓은 강을 지나 수많은 섬 사이의 좁은 수로를 따라 달렸다. 그런데 마음씨 좋게 생긴 아저씨가 손짓발짓을 해 보이며 몰려드는 작은 보트들을 가리켰다. 참으로 신기한 풍경이었다. 그런데 해먹에 누워 있던 사람들이 너도나도 일어나 비닐봉지에 무엇인가를 열심히 담았다. 먹을 것과 옷, 생필품, 심지어는 돈을 넣고는 입으로 바람을 불어 팽팽하게 만든 다음 새지 않게 묶었다. 무엇에 쓰려고 그러는지 궁금했다.

잠시 후 좁은 수로 사이를 천천히 지나는 우리 배를 향해 작은 카누들이 몰려들었다. 자세히 보니 카누의 노를 열심히 저어오는 아이들은 손을 입으로 가져가는 흉내를 내며 먹을 것을 요구하고 있었다. 부지런히 노를 젓는 엄마와 관심을 끌려고 소리를 지르는 아이들이 보였다.

금방이라도 우리가 탄 큰 배의 물결에 뒤집힐 것 같은 작은 카누였다. 마치 목숨을 걸고 다가오는 듯했다. 순식간에 작은 카누에 몸을 싣고 구걸하는 듯한 시늉을 하며 우리 배로 가까이 다가오려고 안간힘을 쓰는 배는 수백 척에 이르는 듯했다. 이때 승객들이 물건이 든 비닐봉지를 강을 향해 힘껏 던졌다. 강물 위에 비닐봉지들이 둥둥 떠다녔다. 그러면 카누에 탄 사람들이 이를 줍느라 서로 경쟁을 벌였다.

승객 중에는 입고 있던 옷까지 벗어서 비닐봉지에 넣어 던져 주는 사람도 있었다. 나도 뭔가를 던져 주어야겠다는 생각에 마나우스에서 산 과일과 옥수수 통조림 그리고 한국에서 가져온 소고기 통조림, 육포, 황태포와 볼펜 몇 자루를 비닐봉지 두 개에 넣어 갑판으로 나가 강으로 힘껏 던졌다.

강 위에 떨어진 비닐봉지는 물결을 타고 배 뒤로 빠르게 멀어져 갔다.

❶ 승객들이 비닐봉지에 넣어 던져 준 물건을 잡으려는 사람들을 바라보고 있다. ❷ 승객들이 물건을 던져 주길 기다리며 힘겹게 노를 저어 가는 모습 ❸ 구걸하러 나온 강변의 원주민 가옥

이때 어린 여자아이를 태운 엄마가 맹렬히 노를 저어 건져 올리는 것을 보았다. 이런 나를 본 영국인 부자도 타월과 셔츠를 비닐봉지에 넣어 힘껏 던졌다. 참으로 신기했지만 적지 않은 충격이었다.

그때 십 대 소녀 넷이 눈에 들어왔다. 이들은 소형 엔진이 달린 배로 우리 배의 꽁무니까지 빠르게 접근하여 줄을 던졌다. 승객 중 한 사람이 배 뒷전에 줄을 매어 주었다. 그러자 위험을 무릅쓰고 우리 배에 아슬아슬하게 올라왔다. 그러고는 줄을 더 단단히 묶은 다음 나머지 아이들도 배에 올라왔다. 이들은 가져온 물건과 음식을 팔기 시작했다. 승객들은 필요해서 산다기보다 도와주려고 물건이나 먹을 것을 사 주었다.

이런 위험한 행동을 눈감아 주는 선장의 아량에 놀랐다. 그런데 이들은 엔진을 단 동력선이기에 배에 오를 수 있었지만 대부분 노를 젓는 카누는 승객이 던져 주는 것을 건져올려야만 했다. 이러한 강상 구걸은 한참 동안 이어졌다. 말하자면 정글 숲속의 오두막집에서 나온 빈민들의 처절한 구걸 노젓기였다. 아마존강이 아니면 볼 수 없는 광경이었다.

아마존강 하류에 이르러 강이 여러 갈래로 나뉘면서 장장 100km 이상 수로가 좁아졌다. 수로 양쪽에 있는 낡은 집과 교회와 학교 등이 길게 강을 따라 띠를 이루고 있었다. 여기에 거주하는 사람들은 여객선이나 화물선 등 큰 배가 지나가면 각자 배를 저어 던져 주는 물건 등을 가져가고 있었던 것이다. 배가 없으면 이동수단이 없기에 집집마다 배는 있는 듯했다.

다시 고요한 밤이 되었다. 캄캄한 정글 주위를 밝혀 주는 서치라이트만이 뱃길을 유도하고 있었다. 스마트폰도 터지지 않아 문자도 주고받을 수 없는 지역이라 안부를 전할 수 있는 방법은 없었다. 다만 서비스 불통 지역을 벗어나는 길뿐이었다.

강상 구걸하는 광경을 보면서 멕시코시티에서 본 다양한 구걸 모습이 떠올랐다. 엄마가 데리고 나온 어린아이들이 횡단보도에 서 있는 차들 앞에서 깨진 유리조각이 가득 담긴 보자기를 펴놓고 그 위에 몸을 이리저리 굴리는 동안 엄마들은 차 유리창을 두드리며 구걸을 했다. 그리고 건장한 젊은이가 횃불을 입 안에 넣은 뒤에 다시 확 내뿜으면 길게 불길이 뻗어나오는 연기를 했다. 이때 역시 돈을 수금하는 친구들이 서 있는 차에게 손을 내밀었다.

또한 네거리에서 5~7명의 청장년들이 신호등이 빨간불로 바뀌는 순간 느닷없이 3층 인간 탑을 쌓는 서커스 묘기를 보이는 사이에 몇 사람은 돌아다니면서 차창을 노크하며 돈을 챙겼다. 이와 같은 모습은 뉴욕 자유의 여신상으로 가기 위해 배를 기다릴 때도 보았다. 구걸을 목적으로 이러한 묘기를 보이는 사람들이 적지 않다는 사실에 마음이 무겁기만 했다.

그래도 남의 것을 몰래 훔치거나 강제로 빼앗는 것에 비하면 일한 것에 대한 요구일 수도 있겠구나 하는 생각이 들었다. 이들은 우리가 경제적으로 어려웠던 1960년대의 자화상을 보는 듯하여 동정심이 일곤 했다.

4박5일 동안 마나우스에서 벨렘까지 아마존강 하류를 지나는 동안 강은 변함없었다. 하지만 그 안에서 일어난 일들은 신기하기도 하고 많은 생각을 하게 했다.

어느 사이 아마존강 항행이 끝나간다. 때로는 난민수송선 같기도 하고, 때로는 미지의 세계로 가는 탐험선 같기도 했으며, 때로는 좋은 소식을 전해 주는 연락선이기도 했고, 때로는 삶을 구조하는 생명구조선에 승선했다는 생각이 들었다.

아마존강 하구도시 벨렘

:: 아마존강의 종착지 벨렘

마나우스를 떠난 지 5일째 되는 날 아침, 아마존강에서 두 번째이자 하류의 최대 항구도시로 '큰 강'이란 뜻을 지닌 벨렘의 고층 건물들이 보이기 시작했다. 이곳은 유럽인에 의한 아마존 유역 최초의 식민지로 400여 년 전인 1616년에 포르투갈인에 의해 세워졌다. 인구는 주변 지역까지 합해 230만 명, 파라Para주 주도로 대서양에서 100km 떨어진 상류의 아마존강 탐사의 관문으로 탐방객들이 많이 찾는 도시다. 특히 최근에는 매력적인 망고나무들로 꽉 찬 광장과 교회 그리고 전통적인 푸른 타일 건축물들로 역사적인 도시임을 내세워 관광객들을 유혹하고 있다.

이제 페루 고원 아레키파에서 발원한 아마존강의 정글이 본격적으로 시작되는 이키토스에서 출발하여 1만 리에 이르는 아마존강 횡단을 마쳤다. 사실 아마존강 기행은 중학교 때부터 마음속에 품어 왔었다.

아마존 분지는 한반도의 34배가 넘는 750만km^2에 이르는 남미 전체 면적의 약 40%를 차지할 정도로 거대하다. 그중 550만km²는 열대우림인 아마존 우림지대다. 이곳은 지구상의 동식물 중 10% 이상이 서식하는 세계의 허파 역할을 하고 있다. 비록 이 거대한 아마존 유역의 본류를 따라 배를 타고 하류로 내려온 것에 지나지 않지만, 나에게는 분에 넘치게 감격스런 일이었고, 또한 나에게 대단히 의미 있는 일이었다.

부두에 내렸다. 다시 문명사회로 돌아온 듯 방금 전까지의 적막한 아마존 정글을 뒤로한 채 바쁘게 걸음을 옮겼다. 예나 지금이나 목재나 콩 등의 농산물은 벨렘뿐만 아니라 아마존의 부富를 이루게 한 주요 품목으로 이곳을 통과해 왔다. 특히 17세기 말에는 설탕 무역의 중심지 역할을 담당하였고, 18세기에는 쌀, 면화, 커피 등이 중심 작물이 되었다. 그러다가 19세기 말에는 고무산업으로 바뀌었고, 지금도 여전히 농수산물 집산지로서 브라질 북부 산업 중심지로서의 기능을 다하고 있다. 최근에는 이러한 역사적 배경으로 관광산업이 중요한 몫을 차지하고 있다.

부두 울타리 밖의 길은 좁았다. 그리고 낡은 건물들이 항구 담벽 건너편으로 길게 줄지어 있는 모습은 마음이 쪼그라들 정도로 음침한 골짜기 같았다. 영국인 파비오는 여비를 절약하기 위해 내가 쓰던 캐빈에서 하룻밤 더 자고 다음 날 아침 일찍 움직인다고 하더니, 부둣가의 무겁고 서늘한 분위기에 눌려 마음을 바꾸었다.

우리는 함께 이곳을 빠져 나왔다. 부두에서 버스와 택시 승강장까지 가는 길은 여기저기 패인 웅덩이를 피해 다닐 정도로 어지러웠다. 주변 건물들도 먼지를 뒤집어쓴 상태로, 금방이라도 폭력배들이 나타나 해코지를 하지 않을까 하여 바짝 경계심이 들었다. 다행히 아무 일 없이 부둣가를 벗어났다.

그때서야 비로소 산마리노 선원들이 우리에게 절대로 부둣가를 걸어 다니지 말라던 충고가 괜한 말이 아님을 알았다. 배낭과 카메라를 메고 다니다가는 날치기를 당하거나 강도들에게 물건을 빼앗길지도 모른다고 했다. 셋이니까 아무 문제가 없었지, 만일 나 혼자였다면 어떤 봉변을 당했을지도 모른다고 생각하니 가슴이 서늘했다. 그래서 우리 셋은 벨렘에서 하루 종일 붙어 다녔다. 포르투갈 말이 능숙한 파비오가 있어 언어의 불편함도 없었다.

우리가 제일 먼저 들른 프레세피우 요새Forte do Presepio는 프랑스와 네덜란드 그리고 영국의 침입에 대한 방비책으로 17세기에 포르투갈인이 세운 것이었다. 최근 새롭게 단장한 듯 말끔한 요새에 들어가보고 싶은 호기심이 생겼다. 더욱 좋았던 건 발굴 중에 발견된 유물들을 전시해 놓은 작은 박물관이 바로 붙어 있다는 점이다. 다만 모든 설명문이 포르투갈어로만 쓰여 있어 영어권에서 온 관광객들의 불평 소리가 들렸다. 그러나 어쩔 수 없는 일이었다.

이 요새는 벨렘 탄생의 신호탄이었으며, 17세기 아마존강 유역의 식민지화를 위한 전초기지였다. 즉 포르투갈이 아마존강 지류인 파라강 입구에 요새를 만든 것은 도시 건설을 위한 첫 단추였다. 그다지 규모는 크지 않았지만, 오랜 세월 이 포구를 방어하는 데 큰 몫을 해 왔다.

요새라는 말은 라틴어로 강한strong 의미를 지닌 fortis와 만들다to make라는 뜻의 facere의 합성라는 것을 보아도 요새라는 것이 무엇인지 짐작할 수 있다. 전쟁 중에는 지역 방어와 공세를 위한 구조물이자, 평화 시에는 지역 정치와 경제의 중심지였다. 그리고 방어 등의 군사적 목적 외에 감옥 등으로 성벽을 쌓기도 했다.

기록에 의하면 요새는 기원전 3300~1300년경에 고대 문명 발상지인 이집트, 메소포타미아, 인더스 계곡 문명과 더불어 중국 황허 문명의 몇 개 정착지에 최초로 작은 도시가 요새화되었다고 한다. 즉 이미 수천 년 전부터 방어를 위하여 다양한 모양의 성곽을 쌓아 왔던 것이다.

특히 이곳 남미 남단에서 중미와 카리브해를 거쳐 북미 캐나다에 이르는 대서양 연안과 대륙 깊숙한 내부에 수많은 요새가 건립되어 있는 것을 보았다. 이 요새들은 유럽 열강들이 빼앗고 빼앗기는 가운데 스페인, 프랑스, 영국 그리고 미국 등으로 요새 지배자가 바뀌어 왔다. 요새의 지배는 그 지역 일대의 지배자가 되는 것을 의미했다.

성벽 위에 올라서서 보니 파라강변에 정박해 있는 해군 경비정이 물결에 따라 흔들리며 졸고 있는 듯한 모습이었다. 요새에 거치된 대포와 군인들의 숙소 등을 돌아보며 과거 이곳에서 대서양을 응시하던 초병들의 모습을 그려보았다.

요새 안의 박물관은 은은한 조명 아래 아마존의 식민지화에 초점을 맞춘 마라조아라 도자기 등 토착민의 유물과 이 도시의 지난 역사적 사실을 이해할 수 있는 것들로 가득했다.

요새 밖에는 아드펙드라고 하는 가상 조각상들이 여기저기 전시되어 있어 당시 상황을 추측하는 데 도움을 주었다. 이후 고대 그리스, 로마, 유럽 등은 물론 전 세계에 요새가 많이 세워졌다. 특히 이곳은 수세기 동안 원주민 종족 간의 전쟁 현장이기도 하지만, 16세기부터 포르투갈 탐험가와 원주민과의 갈등이 있어 왔다.

아마존이 식민지화되는 과정은 유럽 군주제에 의한 끊임없는 영토 분쟁으로 직접적인 영향을 받고 있었다. 당시 포르투갈에 속했던 브라질은 프랑스, 영국, 네덜란드 같은 나라들로부터 도전을 받고 있었다. 따라서 방대한 브라질 해안에 요새화 건설은 영토를 지키기 위한 필수적인 방어 구조물이었다.

이 요새는 세월이 흐르면서 여러 번 보수를 거쳐 완벽한 돌로 쌓은 성곽 모양을 갖추었다. 성벽 위에 거치된 대포 옆에 서서 강을 바라보니 시야가 탁 트여 항만으로 들어오는 배들을 관찰할 수 있었다. 마치 나는 당시 성벽에서 망을 보는 초병인 양 대서양에서 들어오는 배를 응시하고 있었다.

성벽을 따라 한참을 오가다가 요새 안의 포르테 프레 박물관Parque do Presé pio Museum으로 발길을 옮겼다. 입장권을 받는 뚱뚱한 여인들이 밝게 웃으며 맞아 주었다. 박물관의 전시 회랑을 따라가며 도자기, 총알, 동전 등 이 지역 주변에 숨겨진 사회문화적 · 군사적 내용물들을 천천히 감상하면서 아마존의 선사시대부터 역사를 짐작해 볼 수 있었다. 특히 아마존 하류인 파라 주의 기원과 정체성을 통해 아마존의 식민지 전개과정을 잘 알게 되었다.

:: 나자레 성모 횃불 축제

박물관을 나와 요새 정문에서 잘 보이는 성당을 향해 가는데, 넓은 공원의 망고나무 그늘 아래 이동식 코코넛 장수들이 줄지어 있었다. 파비오의 아들이 마음에 들어하는 작은 포장마차 앞에서 코코넛을 한 통씩 마시며 더위도 식히고 피로도 푸는 여유를 가졌다. 날씨가 더운 탓인지 오가는 사람의 모습은 많이 눈에 띄지 않았다.

우리는 공원을 가로질러 브라질에서도 가장 아름답다고 소문난 벨렘 성당 안으로 들어섰다. 지금부터 약 270년 전인 1748년에 공사를 시작하여 무려 23년 뒤인 1771년에 완성된 성당으로 화려한 내부를 자랑하고 있었다. 성당 안과 밖의 색이 오랜 역사를 은은히 전해 주는 듯했다.

신자와 관광객들이 조용히 성당 안으로 들어와 머리와 가슴에 성호를 긋는 모습은 경건하기만 했다. 나도 그들의 흉내를 내며 뒤쪽 의자에 앉아 조용히 눈을 감고 명상에 잠겼다. 입구에 걸린 십자고상을 똑바로 쳐다보기에는 죄를 너무 많이 진 것 같아 고개를 숙였다.

성당을 나오면서 매년 10월 둘째 주 일요일 '나자레 성모 횃불 축제' 라는 뜻인 시리우 지 나자레 축제Cirio de Nazaré, The Taper of Our Lady of Nazareth

가 열린다는 것을 알았다. 1790년에 시작되어 200년 이상 이어져 온 세계적인 종교축제를 이제야 알게 되었다. 본격적인 축제에 앞서 이미 8월부터 서서히 시작하여 행진을 끝으로 마무리된다고 한다.

이 축제의 유래는 17세기 포르투갈 식민시대에 예수회 선교사들이 나자레 성모를 소개하면서, 이스라엘 갈릴리 나자레에서 브라질로 유입된 성모상이 사라진다. 그러다가 1700년 한 사냥꾼이 성모상을 발견하면서 추앙하기 시작했다는 전설이 전해진다.

그 후 1773년 파라의 주교가 나자레 성모를 수호신으로 선포하였고, 브라질 전역에서 순례자들이 몰려오면서 1793년부터 정식으로 축제가 시작되었다. 축제는 경건한 카니발Carnaval Devoto 또는 파라 주를 수호한다는 의미로 아마존의 여왕Rainha da Amazónia이라고도 불린다. 축제의 하이라이트는 나무로 만든 나자레 성모를 밧줄로 둘러메고 벨렘 성당에서 성소聖所라는 의미의 생크츄어리Sanctuary 광장의 나자레 대성당까지 3.6km를 6시간 동안 행진하는 것이다. 그리고 매년 2개월 동안 연습한 합창단의 거리공연이 펼쳐진다고 한다.

이때 많은 사람들이 나자레 성모의 이미지를 지닌 밧줄을 서로 붙잡으려는 과정에서 감정이 고조되어 실신하는 등 부상자가 속출하고, 나중에 이 로프 조각을 잘라 부적으로 가져가려고 서로 경쟁하다가 다툼으로 이어진다고도 한다. 거리 행진 전인 토요일에는 수백 개의 보트가 참여하는 등 장관을 이루며 동시에 불꽃놀이 등의 다양한 행사가 펼쳐진다.

벨렘 시민은 물론이고 전국에서 순례자 수백 명이 몰리는 세계적인 행사라니, 말로만 듣고는 실감이 나질 않았으나, 흥분된 목소리로 이를 설명하는 사람들의 표정으로 보아 분명 대단한 축제임을 알 수 있었다. 이 기간은 종교적 의미를 넘어 외지의 가족들도 돌아오는 시기로 가족과 지역 공동체의 결속을 다진다고도 했다.

그리고 아마존의 문화, 요리 그리고 지역의 야자나무로 만든 장난감 같은 공예품 등을 만들어 브라질 다문화사회를 반영하는 수많은 요소들이 통합되는 장이 되고 있다. 이 축제 행렬에서 메고 가는 배는 상징적인 의미가 있다. 그 이유는 나자레의 성모가 아마존 지역의 여러 강을 비롯한 물길을 이용하는 뱃사람들의 수호성인이기 때문에 축제에서 배는 상징적 의미를 지닌다. 열광적인 신자들은 저마다 가정과 사업장, 시장, 공공기관 등에 작은 제단을 만들어 참여의식을 높인다.

축제에 참여하지 못하는 것이 섭섭하지만 이야기를 듣는 것만도 다행스러웠다. 나와 파비오 부자는 성당을 뒤로한 채 시내를 향해 해안길을 따라 걸었다. 점점 현대식 건물과 포르투갈 리스본의 17세기의 영감을 불러 일으키는 건축물과 19세기 말과 20세기 초의 신고전 양식의 프랑스 건축물 등이 눈에 들어왔다.

어떤 건물 벽화는 뒷골목을 얼마나 실감나게 그렸는지, 실제로 건물 뒤 골목이 있는 것으로 착각할 정도로 섬세했다. 하마터면 그림 속의 골목길로 발걸음을 옮기려고까지 했다. 예전에 우리 담징이 일본 호류사法隆寺 벽에 그린 소나무를 진짜 나무로 착각한 새들이 부딪치고 말았다는 얘기와 닮았다. 화가인 파비오마저도 나의 이런 모습을 보며 공감을 표시할 정도였다.

그러나 신도시와는 달리 고색창연한 일부 건물들은 망가진 채 수리를 기다리고 있었다. 특히 지붕 위에 풀들이 자라는 모습은 과거의 영광이 빈약한 현실에 묻혀 있는 듯했다. 그럼에도 대서양의 바람을 맞으면서 이런 운치 있는 도시 거리를 걸으며 과거와 현재 그리고 미래를 생각하는 일은 로맨틱한 일이 아닐 수 없었다.

구경하느라 점심시간을 놓치고 말았다. 금강산도 식후경이라는 말이 통하지 않았나 보다. 우리는 음식 냄새를 따라 요새에서 10분도 채 안 걸리는 파라강변의 베르오페소 시장Mercado Ver o peso 한가운데에 와 있었다. 아마존의 허브 냄새와 각종 해산물 요리 냄새에 매료되어 군침이 돌았다. 2km나 길게 이어진 흰 천막 아래 간이식당에 자리를 잡았다.

파비오는 산타렘 강수욕장에서 나에게 얻어먹은 기억이 나는지 이번에는 자기가 내겠다고 나섰다. 칸막이도 없는 포장마차와 다름없는 식당에서 실컷 먹어도 얼마 나올 것 같지는 않았다. 주변 손님들은 대개 이 지역 사람이거나 절약형 관광객들이었다. 수백 개의 간이음식점에서 풍요롭고 독특한 이국적인 요리를 맛볼 수 있는 곳 중의 하나다.

좁은 탁자 위에 새우와 감자튀김, 게찜 등이 잔뜩 올라왔다. 옆집 아주머니는 자기네 것도 팔아달라고 농을 걸었다. 특히 나에게 직업이 뭐냐, 어디서 왔느냐, 왜 혼자 왔느냐, 나이가 얼마냐, 아이들은 몇이냐, 봉급은 얼마나 받느냐, 앞으로 어딜 갈 거냐 하고 쉼없이 질문을 해댔다. 그들과 이야기를 나누면서 시간가는 줄 모르고 있었다. 식사를 마친 우리는 시장을 한 바퀴 더 돌면서 열심히 사진기 셔터를 눌러댔다. 그러나 싫은 표정을 짓는 이들은 없었다. 사실 이곳은 백인과 흑인 그리고 인디오 혈통이 혼합된 갈색 파르도Pardo가 64.5%, 백인 27.5%, 흑인 7.3%, 아메리카인과 아시아인 0.7% 등 다인종이 거주하는 삶의 터전이다.

다시 해안가를 따라 제법 규모가 큰 현대식 건물이자 문화센터 역할을 하는 발레베르데Valeverde로 발길을 옮겼다. 이 센터 앞에는 배에 짐을 선적하고 하역하는 거대한 크레인 수십 개가 방파제를 따라 길게 늘어서 있었다. 지금은 사용하지 않는 듯 과거에 이곳에서 무슨 작업을 하고 있었는지 보여 주었다. 지금은 인근 야생동물과 저녁 크루즈 여행을 위한 보트들의 출발지이자 각종 연회가 진행된다고 한다.

우리는 이 지역에서 생산된 향기가 은은한 커피를 음미하며 시내로 발길을 옮겼다. 벨렘의 건축물은 17세기 포르투갈 양식이다. 특히 1874년에

❶ 17세기 포르투갈인이 세운 프레세피우 요새의 대포들

❷ 브라질에서 가장 아름다운 벨렘 성당

❸ 벨렘 파라강변의 베르오페소 시장

❹ 진짜 뒷골목인 줄 착각한 벽화

❺ 배에서 바라본 벨렘항과 고층 건물

지어진 오페라와 연극 등을 공연하는 '평화'라는 뜻의 파즈 극장 Theatro da Paz 건물도 신고전주의 건축 양식을 보여 주고 있다. 19세기 말과 20세기 초반의 건물 중 상당수는 프랑스 건축 양식을 반영하고 있다.

시내 구경을 마치자 어느덧 해질녘이 다 되어 우리는 벨렘을 떠나기 위해 국제공항으로 향했다. 규모도 그리 크지 않고 지정학적 위치로 보아 오래된 공항임을 느낄 수 있었다. 1934년 군용 목적으로 지어졌으며, 제2차 세계대전 때는 연합군측에 서 있던 브라질 해안에 위치한 공군기지와 공항과 마찬가지로 남쪽 대서양을 건너 항공기와 인력, 장비를 수송하는 임무를 맡기도 했다. 특히 이 공항은 캐나다와 미국에서 제조된 항공기 수천 대를 북아프리카와 유럽으로 이송하는 데 필요한 군수물자를 운반하는 전초기지였다. 이후 2001년에 완공된 항공여객터미널은 개조와 확장 공사를 거쳐 왔다. 그러나 이곳을 떠난 비행기는 1960~80대 당시 좌익 테러리스트에 의해 해방구라 여겨졌던 쿠바로 갈 것을 요구받는 하이재킹이 지속적으로 일어나기도 했던 냉전시대 이념 분쟁의 최전선이기도 했다.

:: 벨렘을 떠나 브라질리아로

처음에는 버스편으로 브라질리아로 가려 했으나, 마나우스에서 배편을 소개한 여행사 직원이 저렴한 항공편을 마련해 준다는 말에 벨렘 출발 브라질리아행 항공편을 예약했다. 버스로는 2,132km나 되는 브라질리아까지 무려 2박3일이나 걸린다는 말에 내린 결론이었다. 미리 정해 놓은 귀국 시간에 맞추려다 보니 어쩔 수 없는 일이었다.

그러나 세계 최대 열대 습지대인 아마존강 남쪽 유역과 이어지는 브라질, 볼리비아, 파라과이 3국에 걸쳐 있는 판타날 습지를 비껴간다는 아쉬움은 무척 컸다. 사실 아마존 유역과 이어진 판타날 습지를 보지 않고는 아마존강 유역을 다 보았다고 말하기 어렵다고 믿고 있었기 때문이다.

판타날이라는 말도 포르투갈어의 '늪지대'를 의미하는 것으로 해발고도 80~150m의 낮은 저지대를 차지하고 있다. 우기에는 약 80%가 물속에 잠기는 등 큰 조류와 파충류, 포유동물 등 풍부한 생물의 거대한 보고로 대아마존을 능가할 정도로 야생동식물의 서식지로 알려진 곳이다.

한편 판타날은 생태학적 중요성이 인정되어 유네스코 세계문화유산으로 지정되었다. 대습지가 어떤 모습이라는 것은 이미 미국 최대 습지인 플로리다의 에버글레이즈Everglades 국립공원을 찾아 생물다양성의 의미를 직접 경험해 본 것으로 대체하기에는 너무 짧은 시간이었다. 언젠가 다시 가봐야 할 곳이었다. 그러면서도 남미 여행 때 이구아수 폭포 입구의 새공원Bird Park 판타날 섹션에서 본 희귀한 조류와 다양한 파충류를 본 기억이 떠올랐다.

하루 종일 같이 다니던 파비오 부자는 브라질 북동쪽에 위치한 바히아Bahia 주 주도인 살바도르Salvador로 가서 리우데자네이루를 경유하여 런던으로 돌아간다고 했다. 대륙과 다름없는 광대한 브라질을 몇 군데 점찍어 놓고 다니는 나로서는 마치 코끼리 엉덩이를 만지며 코끼리를 전부 안다고 하는 것이 얼마나 우스운 일인지 그의 여정을 통해 실감했다.

바히아 주는 브라질 해안선 총길이 7,400km 중 1,100km가 사람의 손이 미치지 않는 팜나무로 가득하다는 얘기를 듣는 순간 체류 시간을 늘려서라도 그곳에 가고 싶은 생각이 들었다. 더욱이 이곳은 1549년 포르투갈인이 세운 브라질 최초의 수도이자 1985년 유네스코 인류문화유산으로 등록된 역사문화도시라고 한다. 그리고 2014년 월드컵 경기도 열렸다. 조만간 서울에서 열릴 미술전시회에서 만나자며 파비오 부자와 벨렘 공항 로비에서 작별의 정을 나누었다.

자정이 지나 브라질리아 공항에 내렸다. 8월 6일 목요일 새벽 1시였다.

브라질리아 버스터미널에 걸린 브라질리아 전경 사진

생각보다 덥지 않았다. 우기와 건기가 뚜렷한 브라질리아는 건기철인 5월부터 9월 중의 한가운데로 접어들어 평균기온이 20도 내외로 선선했다. 한낮 기온도 29도 정도라니 아주 덥다는 느낌은 없었다. 아마도 1,000m 이상의 고지대에 자리 잡은 탓이려니 했다.

공항은 한밤중인데도 사람들로 붐볐다. 넓고 큰 나라라 육로 이동보다 비행기를 이용하는 듯했다. 이미 대중교통은 끊긴 상태여서 택시를 이용해야 했다. 공항 안내소에서 소개받은 호텔로 향했다. 시내로 가는 도로에는 길게 가로등 불빛이 길을 밝히고 있었다. 야간 경치는 나그네의 마음을 설레게 하고도 남았다. 아무것도 없던 허허벌판에 새롭게 건설된 신흥도시 냄새가 물씬 났다. 이 도시는 지금부터 도시의 역사를 만들어 나갈 것이다.

어두워서 잘 몰랐지만, 도시 안에 호텔지구가 따로 있었다. 주위에 크고 작은 호텔들로 가득했다. 공항 안내소에서 예약을 한 까닭에 20% 할인 혜택을 받았다. 샤워고 뭐고 잠이 쏟아져 침대에 누웠는데 아침 8시가 넘어서 눈을 떴다. 아차 싶었다. 이제부터 어딘가로 가야 할 시간을 놓친 기분이었다.

아침 호텔 식당에 만난 공무원 등의 샐러리맨들과 이들을 상대하는 서비스업에 종사하는 사람들은 농촌이나 아마존강 유역에 사는 원주민과는 너무나 판이한 세련된 모습이었다. 여행 차림을 한 사람은 나 혼자인 듯했다. 모두 정장차림이었다. 하긴 이곳의 1인당 GDP는 35,000달러, 우리나라보다 높다. 그러니 물가가 비싼 것은 물론이다.

이곳에서 직전 수도였던 리우데자네이루 가는 버스표를 구하는 일이 급선무였다. 호텔 프런트에 부탁하니, 좀 떨어진 버스터미널로 직접 가서 예매하는 것이 좋을 것이라 했다. 이어 도착한 버스터미널은 기능적으로 설계된 건물이었다. 입구 벽에 브라질리아 전경 사진이 걸려 있고, 전국 각지로 떠나는 장거리 버스 승객들로 무척 혼잡했다.

각기 다른 버스회사 매표소 앞에 사람들이 장사진을 치고 있었다. 주말이 시작되는 금요일 하루 전의 목요일인데 자리가 없었다. 이 회사 저 회사 창구를 돌다가 겨우 자리를 찾았다. 그런데 매표소 직원이 영어가 되지 않아 영어를 할 줄 아는 사람이 오길 기다려야 하는 등 다른 사람의 눈총을 사야 했다. 아무튼 금요일 밤 8시 30분에 떠나는 버스표를 예매했다. 그것도 사방을 잘 둘러볼 수 있는 맨 앞자리였다. 이제 버스가 떠나기 전 이틀간 브리질리아에서 보낼 계획을 짜야 했다.

내륙의 수도 브라질리아와 아름다운 항구 리우데자네이루

:: 내륙의 신수도 브라질리아

표를 예매하고 버스터미널 바로 옆 전철역으로 갔다. 전철을 타고 시내로 들어가면서 보니 도시 전체가 아름다운 정원이었다. 호텔로 돌아오자 미리 예약해 둔 20인승 미니버스 단체 시티투어에 참여했다. 관광객은 영국인, 브라질 여인 그리고 버스기사와 가이드 등 모두 5명이었다.

가이드는 유창한 영어로 앞으로 오후 5시까지 3~4시간 동안 브라질리아 시내 J.K 대통령기념관, 국회, 육군본부, 대통령궁, 성당, 국립경기장, 정부청사 지역과 신흥지역 등을 둘러보겠다고 했다. 그리고 가보고 싶은 곳을 말해 주면 가겠다고 했다. 그래서 1962년에 문을 연 브라질리아대학에 가보고 싶다고 했더니, 다른 승객들도 좋다는 반응을 보였다. 한마디로 현대 건축물로 가득한 도시 전체를 보여 주고 싶다는 말이었다. 형형색색의 독특한 모양의 건축물을 하나하나 설명을 들어야 비로소 무엇을 상징하고 무슨 의미를 담고 있는지 이해가 되었다.

도시설계나 건축학 또는 인문사회학을 공부하는 학도들은 꼭 한번 와서 신도시란 무엇인지 참고할 만하다는 생각이 들었다. 특히 내가 느낀 인상은 모든 지역이 도시 기능성을 살려 용도별로 구획화Zoning되어 있다는 것이었다. 동시에 각각의 독특한 디자인을 가미한 현대식 도시라는 것이 첫인상이었다.

거기에 야트막한 구릉과 어울리는 댐을 건설하면서 파라노아호수Lake Paranoa를 만들어 물을 테마로 한 도시가 되었으니 어마어마한 돈이 들었을 것이다. 가이드는 1960년대에 허허벌판이던 내륙 깊숙한 이곳으로 수도를 옮긴 이유는 무한한 아마존의 자원을 개발하기 위해서라고 힘주어 말했다.

가이드로부터 수도 천도 이유를 듣고 보니, 한 나라의 수도 이전을 결정하는 데 고려했던 여러 가지 이유가 떠올랐다. 미국 워싱톤 D.C는 남부와 북부 그리고 캐나다 오타와는 영국계 온타리오와 프랑스계 퀘벡 주의 중간지점에 양쪽 요구의 균형을 맞추기 위해 정해졌다. 원나라의 북경은 효율적인 한족 통치를 위해 수도를 옮겼다. 일본의 수도 이전은 왕권을 약화시키고 미개발 지역과의 균형 발전을 위해 점차 동쪽으로 천도했다고 한다. 그리고 양곤에서 네피도로 옮긴 미얀마는 점성술을 믿은 군사독재 정권이 내륙 개발이라는 명분과 미국 침입으로부터 멀리 떨어진 내륙으로 이전했다는 얘기가 회자되고 있다.

세계 각국의 수도 이전을 둘러싼 얘기 가운데 우리나라를 빼놓을 수 없다. 우리나라 행정수도 이전도 지역 균형 발전이라는 대명제가 깔려 있음에도 정치적 이유를 부정하기 힘들다. 노무현 대통령이 행정수도 이전 공약을 내세워 재미 좀 봤다는 말이 머리를 스쳤기 때문이다.

브라질리아 한복판에 있는 J.K 대통령기념비 앞에 서면 이 나라 지도자의 모습이 보인다. 수도를 옮긴 주셀리누 쿠비체크Juscelino Kubitschek de

Oliveira, J.K는 1956~1961년 대통령으로 재직하는 동안 리우데자네이루에서 브라질리아 천도를 단행하였다. 그는 체코 출신으로 외과의사였다. 미나스제라이스 주지사로 재직하는 동안 사회간접시설 확충, 공장 설립 등에 주력했다. 그리고 1955년 사회민주당 대통령 후보로 선출되어 '50년의 진보를 5년에'라는 구호를 내걸고 대규모 내륙 개발 계획을 공약으로 내걸어 당선됐다.

이듬해 초 취임한 후 곧 브라질 중부와 동남부에 걸친 광대한 면적의 해발 평균고도 1,000m 브라질 고원에 도시를 건설했다. 이 고원의 북부지역은 아마존강과 연결되는 등 아직 개발의 손길이 미치지 않은 곳이 많다. 이러한 브라질 고원의 거대한 미개척지 개발에 착수하여 우선 도로를 개설하고 농토를 개척하는 프로젝트를 진행해 나갔다.

기존 수도인 리우데자네이루 기득권 세력의 반발에도 불구하고 공사를 시작한 지 41개월 만에 수도 건설 계획을 실행하여, 1960년에 브라질리아로 수도를 옮겼다. 그러나 막대한 건설비 조달과 여러 가지 사정이 악화되어 인플레이션을 일으키는 등의 문제로 결국 나중에 군사정부 출현의 한 배경이 되었다. 이렇게 그는 경제사정을 악화시켰다는 비난도 없지 않지만, 브라질 현대화의 아버지로 가장 존경받는 대통령으로 남아 있다.

이렇게 한나절 구경하면서 수도 이전으로부터 60여 년 가까이 된 도시가 이제는 20세기에 건설된 도시 가운데 유일하게 27년이라는 짧은 시간에 세계유산으로 등록된 과정과 그 가치를 알게 되었다.

수도 이전은 1822년 포르투갈의 식민지에서 독립한 이후 옛 수도인 리우데자네이루와 브라질 최대 도시인 상파울루 등의 대도시가 존재하는 대서양 연안에서 내륙 개발을 위한 신호탄이 되었다. 왜냐하면 내륙 고원지역은 대서양 연안 지대와는 달리 상당한 격차로 인한 해소 방안으로 이미 19세기 무렵부터 내륙으로의 수도 이전에 관한 얘기가 나오고 있었던 것이다.

신도시 브라질리아를 건설한 건축가가 생존해 있는 동안 세계문화유산으로 등록된 것으로는 도시계획가 루초 코스타Lúcio Costa와 건축가 오스카 니마이어Oscar Niemeyer가 최초였다. 이들은 설계에 따라 비행기 모양을 본떠 비행기 조종석에 해당하는 부분에 국회 등 정부기관을 두고, 몸통 공간에는 브라질리아 타워, 호텔과 쇼핑센터 그리고 중앙은행 등 각종 오피스를 배치했다. 그리고 양 날개에 주거지역과 상가지역을 배치하는 등의 방식을 택하였다. 거기에 독특한 모양의 현대식 건물들이 많아 세계 건축학도들의 견학 도시가 되었다는 설명을 들었다. 이 이야기를 들으면서 잉카제국이 도시나 마을 또는 농경지를 조성할 때 동물 모양을 따서 시설을 배치하는 방법과 같은 것임을 알았다.

한편 아파트는 6층 이상 건축을 불허했으며, 일반주택은 주로 인공호수를 중심으로 북쪽과 남쪽에 건설하였다. 지역이 비교적 높은 곳에 위치하여 어디서 보든지 지평선과 구름이 맞닿는 듯한 모습은 장관이었다.

그러나 당시 미래 도시의 상징으로 여겨졌지만, 대중교통과 보행자를 제대로 감안하지 않은 도로교통 중심의 설계, 도시 중간에 지나치게 많은 텅 빈 부지 등이 지적되었다. 또한 도시가 성장하면서 주변 지역의 난개발로 처음의 화려한 관심을 받은 것에 비해 빛이 바랬다는 비판도 따랐다. 동시에 내륙 개발의 계기가 되었다는 긍정적인 평가와 함께 정열적인 브라질인들의 정서와는 달리 사람들이 마음을 붙일 장소가 적고, 산업시설 부족으로 일자리와 물가도 비싸다는 아픈 지적을 받고 있는 것은 신도시 건설을 구상하는 우리에게 타산지석의 교훈을 주고 있다.

짧은 시간에 브라질리아를 이해하고 도시 형성 배경과 발전 과정을 한눈에 볼 수 있는 좋은 기회였다. 시티투어를 마치면서 가이드에게 삼바춤 공연을 볼 수 있느냐고 물었다. 그는 당연하다는 듯이 장소를 알려 주었다. 호텔 인근의 뷔페집에서 식사를 하고 가이드가 일러준 곳을 찾아가 보았다. 호텔에서 제법 거리가 되는 곳이었다.

그가 알려 준 곳은 삼바라고는 쓰여 있었지만 단순한 큰 맥주집이었다. 가수 한두 사람이 나와 노래를 부를 뿐, 삼바춤 공연은 없어 다소 실망했다. 다만, 이곳에서 맥주 한잔 기울이며 이들의 술문화를 엿보았다는 것으로 만족했다. 리우데자네이루에 가서 봐야겠다고 리우행 장거리 버스표를 만지작거리고 있었다. 이곳에서 만난 젊은이들은 밤을 새울 것 같은 분위기였다.

:: 브라질 고원을 넘어 리우로 가는 버스

간밤에 늦게 돌아와 아침 8시가 되어서야 눈을 떴다. 오늘 저녁 8시 30분에 떠나는 버스시간까지 여유가 있었다. 어제는 시티투어를 통해 도시 전체 모습을 읽을 수 있었고, 오늘은 어제 보지 못한 도시 내부를 들여다보는 시간을 갖기로 했다. 우선 브라질에서 두 번째로 크다는 시내 한복판의 쇼핑몰을 찾았다.

쇼핑가는 시내 중심지의 근거리 버스터미널을 중심으로 백화점 등의 대형건물들이 모여 있어 여간 붐비는 것이 아니었다. 이것저것 구경을 하면서도 나의 관심은 선물로 제일 만만한 브라질 커피였다. 그런데 세계 커피의 3분의 1을 공급하는 커피 최대 생산국에서 커피를 구입하기란 이 지역의 물정이 어두운 나로서는 만만치 않았다. 물어물어 구수한 냄새를 풍기는 커피 전문점을 찾았다. 짐이 될까 걱정하면서도 1kg짜리를 여러 봉지 담는 것으로 쇼핑을 끝냈다. 최근 브라질의 극심한 가뭄으로 50년 만에 최악의 작황을 보이면서 커피 값도 많이 올랐다고 한다.

커피값 상승은 커피 생산 대국인 브라질이 300년 만에 베트남 등에서 커피 수입을 결정한 원인이 되었다. 이에 대해 커피 생산 농민들의 반대가 만만치 않았다. 즉 고급 커피라고 인정받고 있는 아라비카와 달리 향미가 약하고 쓴 맛이 강한 로부스타Robusta 품종 수확량이 60% 급감하여 가격이 50% 이상 상승했기 때문이다. 브라질 커피 생산 농민들은 커피 대국의 위상이 흔들릴 뿐만 아니라, 1990년대의 코코아 악몽이 재현될 것이라는 우려를 했다. 1990년대 브라질은 초콜릿의 원료인 코코아 세계 3대 생산대국이었다. 그런데 공급 부족으로 코코아를 수입하면서 가격 경쟁에서 밀려 지금은 세계 생산 코코아 점유율이 3% 내외로 떨어졌다.

쇼핑몰을 지나 구릉지에 자리잡은 TV타워에 올랐다. 관광 명소로 카메라를 든 사람들이 제법 눈에 띄었다. 전망대에 오르니 구릉지 아래 넓은 광장 끝자락에는 국회의사당과 파라노아 호수가 보이고, 그 안쪽으로 시의 상징물인 브라질리아 대성당, 정부청사 등 핵심시설들이 모두 한눈에 들어왔다.

이어 전망대 뒤쪽으로는 월드컵 경기가 열렸던 원통형의 마네 가힌샤 국립경기장Estádio Nacional de Brasilia Mané Garrincha과 육군본부가 있었다. 이 경기장 이름은 1960년대 브라질 축구 영웅인 가린샤를 기념하기 위해 명명한 것이다. 그는 선천적으로 왼쪽 다리가 6cm가량 더 긴 비정상적인 몸을 극복하고 브리질 축구를 세계 정상에 올려 놓은 축구 영웅이다.

타워 바로 아래 크게 쓰인 'I love Brasilia'라는 포르투갈어 EU♥Brasilia라는 말이 정겹게 다가왔다. 건설된 지 60년이 채 안 되는 시점에서 매력적인 세계 도시가 되었다는 것은 참으로 경탄할 만한 일이다. 이어 넓은 광장을 세로 질러 브라질리아 대성당을 찾았다. 모더니즘의 걸작품이라는 현대식 건물로 외관은 여러 사람이 떠받드는 모양이나, 내부는 성스럽게 디자인되어 탐방객들의 기도를 들어주는 듯하였다.

시내의 명소를 찾아다니다가 배낭을 찾기 위해 호텔로 다시 돌아왔다. 이곳은 짐을 맡기면 주인이 보는 앞에서 짐을 자루에 넣고 봉해 버린다. 그리

❶ TV타워에서 내려다본 브라질리아 전경. 멀리 기둥 두 개가 솟아 있는 국회의사당이 보인다.
❷ 브라질리아 성당 ❸ J.K 다리 ❹ 브라질리아 가린샤 국립경기장

고 찾을 때도 주인이 보는 앞에서 끈을 잘라 보이며 짐이 이상 없음을 확인시켜 주었다. 15kg 되는 배낭과 별도의 카메라 가방을 어깨에 멘 채로 시장과 붙어 있는 쇼핑역shopping station까지 걸었다. 배낭을 메고 걷는 나에게 손을 흔들기도 하고 어린아이들은 따라오기도 하였다.

이 아이들을 보면서 다시금 이 나라가 가톨릭 국가임을 느꼈다. 낙태를

금지하는 교리에 따라 일단 임신하면 아이를 낳아 출산율이 매우 높다. 브라질 농촌은 물론 도시에서도 어린아이들의 소리가 끊임없이 들려왔다.

아무튼 내 행색이 뭔가 아이들의 관심을 끌 만한 것이 있나 보다. 큰 배낭을 메고 더위를 식히느라 거리에서 빙수를 사들고 다니는 동양인이 더욱 이채롭게 보였는지 모르겠다. 전철역에서 장거리 버스터미널까지는 택시로 가는 것보다 10분의 1이나 싼 우리 돈 약 1,000원인 3레알이다.

버스대합실 의자에 앉자마자 쏟아지는 잠을 참으려고 애를 썼다. 드디어 브라질리아를 떠나는 저녁 8시 30분 버스에 올랐다. 지금부터 1,200km를 밤새 달려야 한다. 찬란한 불빛을 뒤로하고 버스는 남남동쪽으로 달리기 시작했다. 잠시 눈을 떠 보니 버스는 4차선을 벗어나 2차선 숲길을 달리고 있었다.

사실 잠이 깬 것은 실내온도가 그렇게 높지도 않는데 에어컨을 켜놓아 새벽 1~2시경에는 몹시 추웠기 때문이다. 다른 사람들은 이를 알고 있었는지 미리 담요 등을 준비하여 덮고 자고 있었다. 운전기사 두 명이 번갈아 운전을 하며 버스는 밤새 달렸다. 어느새 아침이 밝았다.

내 자리는 2층 버스 맨 앞자리여서 전망이 좋았다. 이 자리를 차지하려고 미리 가서 예약을 해 두었다. 1층은 한 줄에 좌석이 셋으로 넓어서 편하기는 한데, 운전석에 가려 앞을 볼 수 없다. 2층 맨 앞줄은 4명이 앉는 것이긴 해도 시야가 확 트였다.

내 주위는 전부 흑인들이었다. 왼쪽의 흑인 할머니는 내가 멀리서 온 외국인 줄 알고 손짓 발짓 해가며 뭔가를 알려 주려고 애를 썼다. 오른쪽 흑인 엄마는 아이를 셋이나 데리고 있고, 뒤로도 역시 흑인이거나 흑갈색의 혼혈 손님들이 자리잡고 있었다. 뒤쪽 손님도 흑인이 대부분이고, 백인은 유럽에서 배낭여행 온 젊은 친구들뿐 두어 명이었다.

:: 바이오 에탄올 생산대국 브라질 그리고 식량 문제

버스는 도중에 기름을 넣기 위해 주유소에 정차했다. 그제서야 브라질이 사탕수수를 원료로 하는 바이오 에탄올 대생산국이자 소비국임을 깨달았다. 기름 가격을 대략 우리 돈으로 환산해 보았다. 주유소별로 다소의 차이는 있었지만 휘발유 값은 리터 당 1,084원, 에탄올은 휘발유 값의 66%인 722원으로 대개의 차량들이 값싼 에탄올을 선호하고 있었다.

이처럼 자동차 연료를 값비싼 휘발유나 경유를 사용하지 않고, 옥수수나 사탕수수 등을 이용하여 만든 값싼 바이오 에탄올을 사용하는 경우가 늘고 있다. 특히 미국은 엄청난 양의 옥수수를 바이오 연료 만드는 데 사용함으로써 사람이나 가축의 입으로 들어갈 식량이 자동차 주유구로 들어간다는 데 문제가 있다. 나아가 미국이나 브라질은 바이오 연료용 작물 재배에 정부가 지원금을 지원하여 농민들은 여기에 더 관심을 두고 있는 실정이다.

이는 결국 바이오 연료를 위해 쓰이는 만큼 식량 부족을 의미하는 것으로 국제 곡물 가격을 상승케 하는 원인이 되고 있다. 이러한 곡물 가격 상승은 개발도상국을 비롯한 저소득층 소비자들이 이전에 경험하지 못한 식량 가격 인플레이션으로 고통받는 구조를 낳게 된다는 논리다.

물론 바이오 연료 생산의 주목적은 원유 수입 의존도를 줄이고 온실가스를 감소시키는 저탄소 액체연료로서 가장 매력적인 것으로 인정되고 있긴 하다. 우리와 같은 석유 수입국들은 에너지 안보대책으로 사탕수수, 옥수수, 사탕무, 밀 등에서 추출된 바이오 연료에 대한 희망을 가지고 있다.

그런데 바이오 연료는 연료 생산 과정에서 공기와 물을 오염시키고, 이산화탄소 배출을 증가시킬 수 있는 간접적인 영향을 주고 있다는 차원에서 바이오 연료에 대한 긍정적인 면보다 환경에 대한 부정적인 영향이 부각되고 있기도 하다. 브라질에서 1갤런 사탕수수 에탄올을 생산하기 위해서

Shell
AQUI O PLACAR É REAL
GASOLINA COMUM
GASOLINA V-POWER
ETANOL
DIESEL S-10
DIESEL COMUM
ACEITAMOS CARTÕES
ATENDEMOS TURISMO
①

BRASILIA
leito plus
11505
②

③

는 2,200갤런의 물이 소비되고, 미국에서는 1갤런 옥수수 에탄올 생산에 약 1,000갤런의 물이 필요하여 물부족 원인을 제공하고 있기도 하다.

더욱이 최근 석유가격의 약세, 가뭄으로 인한 옥수수 가격 상승으로 미국의 에탄올 생산이 더 위축될 것으로 예측되고 있다. 한편 식량 문제에 예민한 유엔식량농업기구와 세계 환경그룹 등은 바이오 연료 목표와 보조금 삭감은 물론 바이오 연료 생산 폐기를 요구하고 있는 상황이다.

브라질은 지난 30년 이상 사탕수수에서 바이오 에탄올을 생산했으며, 미국 다음으로 세계에서 두 번째로 많은 양의 에탄올을 생산하여 남미 1위의 에탄올 수출국이다. 이러한 바이오 연료에 대한 브라질의 인센티브 지원에 대한 강한 경고가 담긴 유엔보고서 내용에 대하여 브라질 대통령은 맹렬히 비난하기도 했다.

브라질이 에탄올을 생산할 수 있는 것도 언제든지 농업을 확대할 수 있는 거대한 토지를 소유한 유일한 나라라는 것이다. 만일 콩 수요가 증가하면 불과 몇 년 사이에 브라질의 콩 생산을 2배 이상 증산할 수 있는 잠재력을 가지고 있다. 그러나 반대급부로 농지를 확보하기 위해 무자비한 산림 훼손이 뒤따를 것으로 보인다.

아무튼 식량작물의 연료화에 따른 긍정적인 측면을 강조하는 측과 부정적인 입장에 서 있는 측과의 논쟁은 줄어들 기미를 보이고 있지 않다. 미네소타대학 경제학자인 포드C. Ford Runge와 벤자민Benjamin Senauer은 "어떻게 바이오 연료가 가난한 사람을 굶주리게 하는가?How Biofuels Could Starve the Poor?"하는 자극적인 내용을 발표하여 비판적 입장에 서기도 했다. 이렇게 생각지도 않았던 주유소의 기름값 표시판은 나에게 이 나라의 농업

❶ 주유소 앞 기름 가격표에 표시된 바이오 에탄올이 휘발유나 디젤에 비해 가격이 훨씬 낮다.
❷ 브라질리아에서 리우데자네이루까지 타고 온 버스 ❸ 브라질리아에서 리우데자네이루까지 옆자리에 타고 온 브라질 가족

과 연료와의 관계를 다시금 생각하게 했다. 사실 식량의 바이오 연료화에 대한 얘기는 대학에서 내가 '지구촌의 위기와 국제협력'이라는 강의에서 다루고 있는 사항이기도 하다.

기름을 가득 채운 버스는 리우에서 가까운 산맥 끝자락을 올라가고 있었다. 길을 따라 정상 부근까지 집들이 늘어서 있고, 버스는 손님을 내리고 태우느라 크고 작은 마을에 정차하곤 했다. 한번은 낭떠러지가 까마득하여 내려다보여 오금이 저릴 정도였다. 2층 버스에 타고 있으니 허공에 떠 있는 듯 아슬아슬했다. 갑자기 절벽 위의 나뭇가지와 버스 지붕이 닿아 긁히는 소리에 기겁하기도 했다.

고원 끝자락의 경사는 험준했으나 경치는 그야말로 일품이었다. 마치 거대한 히말라야나 안데스 고개를 관통하는 듯한 신비스런 외경을 느낌과 동시에 좁은 길을 달리는 아슬아슬함에 숨이 멎을 지경이었다. 도중에 길을 확장하는 공사가 곳곳에서 벌어지고 있었다.

:: 한때 포르투갈 수도였던 리우데자네이루에서의 첫밤

출발한 지 20여 시간이 지나 한때 포르투갈의 수도였던 리우데자네이루 터미널에 도착했다. 1763년 식민지의 수도가 된 리우데자네이루는 200여 년 동안 브라질의 수도였다. 이 사연은 트라팔가 해전에서 영국의 넬슨 제독에게 크게 패한 나폴레옹이 1807년 대륙봉쇄령을 내리면서 시작된다. 그러나 대륙봉쇄령에도 불구하고 대서양 건너의 식민지 브라질과 교역을 할 수밖에 없었던 포르투갈은 대륙봉쇄령을 어긴다. 이에 분노한 나폴레옹이 포르투갈을 점령하자 포르투갈 국왕 주앙 6세는 귀족과 함께 영국의 도움을 받아 1808년 식민지 브라질로 망명을 떠난다.

브라질에 도착한 국왕은 리우데자네이루가 리스본을 대신한 포르투갈

왕국의 새로운 수도라고 선포했다. 그 후 나폴레옹이 몰락하자 국왕이 본국으로 돌아간 1821년까지 13년간 리우는 포르투갈의 수도였다. 그리하여 리우데자네이루는 유럽대륙 밖의 유일한 유럽 국가의 수도였다. 이후 1822년 브라질이 포르투갈로부터 독립하면서 1960년 브라질리아로 수도를 옮길 때까지 수도 역할을 했다. 그러나 리우는 여전히 남미에서 가장 근대적이고 역동적인 아름다운 도시로 남아 있다.

터미널에 내리자 다소 외곽진 곳에 자리한 탓인지 복잡하고 어수선하고 무질서한 듯한 분위기에 막막한 생각마저 들었다. 인터넷으로 브라질리아 호텔에서 예약해 준 호텔을 찾아가야 했다. 옆에서 뭔가 도와주려고 애쓰시던 할머니는 내가 막상 배낭을 메고 나서자 근심어린 표정으로 조심하라는 시늉을 반복해서 했다. 오히려 나는 나이 많은 할머니가 집이나 제대로 찾아갈지 걱정되었다.

터미널 밖은 거의 아수라장이었다. 나를 본 택시기사들이 한꺼번에 달려들었다. 한 흑인 기사가 죽어라고 매달리기에 가봤더니 낡은 자가용으로 영업하는 기사였다. 불안한 생각이 들어 시에서 인정한 노란 택시를 타겠다고 거절했다. 값도 10레알이나 쌌다. 값도 값이지만 우선 심리적으로 안심이 되어 좋았다.

미리 예약해 둔 곳은 세계적으로 유명한 코파카바나 비치에서 도보로 5분 거리에 있는 마르 팰리스 코파카바나 호텔Mar Palace Copacabana Hotel 이다. 작은 호텔이어서 택시기사도 물어물어 갈 정도였다. 그러나 작은 호텔치고는 미니 수영장과 미니 사우나장, 체력단련장도 있었다. 특히 프런트 직원의 유창한 영어가 마음에 들었다.

내리자마자 주위를 살펴보니 대중교통망은 미흡했다. 자신이 사는 곳에서 10분 이내에 전철역에 도달할 수 있는 서울에 비하면 열악했다. 그래서 이곳에 연고가 전혀 없는 관광객은 택시 아니면 이동하기 힘든 구조였다.

화려하게 차려입고 삼바춤을 공연하는 무희

버스노선은 제법 많은 것 같은데 대부분 영어가 안 되니 더욱 그랬다.

결국 호텔에서 다음 날 종일 시티버스 관광투어를 신청했다. 값은 300레알, 우리 돈 10만 원 정도였다. 이 비용 속에 당일 삼바춤 공연 입장료와 점심, 저녁 식사비도 포함되어 있는 좋은 조건이었다. 적당한 시간에 호텔에 도착한 것은 다행이었다. 우선 공연장에 들어서자마자 공연이 시작했다.

삼바춤에 앞서 짧은 연극 공연이 있었다. 주요 등장인물은 남녀 흑인들이었는데 노예 후예들의 생활을 담은 내용이 아닌가 하는 생각이 들었다. 연기를 하는 도중에 여러 가지 재미있는 묘기도 보여 주었다. 역시 최고 하이라이트는 전통적인 삼바 복장에 화려하게 장식한 배우들의 등장이었다. 삼바춤 댄서들은 무대에서 내려와 손님들과 사진을 찍으며 즐겁게 해 주었다. 이러한 모습에 흠뻑 빠진 사람들은 찍힌 사진값을 내야 했지만 웃음

소리와 박수 소리가 요란하기만 했다.

공연이 끝나자 각 호텔에서 온 관광객들은 커다란 식당으로 안내되었다. 삼바춤을 본 흥겨움에 사람들은 들떠 있었다. 마침 옆 좌석에 공교롭게도 폴란드에서 온 부자와 이탈리아에서 온 부자가 앉았다. 폴란드에서 온 아버지는 아들이 이번에 대학을 졸업하고 오스트리아 비엔나대학 대학원 경영학과에 입학한 기념으로 왔다고 한다. 그리고 이탈리아에서 온 아버지는 아들이 고등학교를 졸업하고 이탈리아 밀라노대학 경제학과에 입학한 기념으로 왔다면서 아들을 소개했다. 두 아들들은 모두 겸연쩍어하는 듯한 겸손한 표정으로 눈인사를 보냈다. 이들의 얘기를 들으면서 나는 당시 대학원 준비를 하던 아들에게 무슨 기억에 남을 만한 일을 했을까 하고 자문해 보았다.

:: 세계 3대 미항 리우데자네이루에 취하다

장거리 버스여행으로 인한 피로와 지난밤 삼바춤 공연의 감흥이 교차하는 일요일 아침. 오늘은 어제 예약한 시내투어에 나설 예정이다. 아침 일찍 온 소형버스에는 여러 호텔에서 태우고 온 사람들을 합쳐 모두 12명이 탔다. 기억나는 사람은 삼성 초청으로 한국을 방문했었다며 "코리아, 넘버원!" 하고 손을 치켜든 남아공에서 온 흑인 부부, 콜롬비아에서 온 젊은 한 쌍, 그리고 어제 삼바춤 공연장에서 만난 이탈리아 부자였다.

이번 여행에서 만난 사람들 가운데 마음에 남는 사람은 여럿이지만, 그중에서도 초등학교 졸업기념으로 아들과 함께 온 영국인 부자와 폴란드와 이탈리아에서 부자가 유난히 머리에 남았다. 학교를 졸업하고 새로 학업을 시작하는 시점에 아들에게 무한한 격려를 해 주는 아버지의 마음은 다름 아닌 내 마음이었기 때문이다.

우리가 탄 버스는 두 손을 크게 벌리고 세상의 잘못을 포용하고 은혜를 베푸는 예수상이 있는 코르코바도산Mt.Corcovado 정상을 향해 출발했다. 그런데 가이드는 먼저 시내의 주요 포인트를 돌고 돌다가 정상에 오른다고 했다. 우선 1950년 월드컵 개최를 위해 건립된 축구의 성지이며 한때 20만 명의 관중을 수용했던 세계 최대의 마라카낭 축구경기장Estádio do Maracanã 앞에 잠시 섰다. 어떤 축구경기가 시작되는지 매표소 입구에 많은 사람들이 줄지어 있었다. 가이드는 경기장을 한 바퀴 도는 동안 브라질이 월드컵에서 다섯 번이나 우승했다면서, 자신이 축구 스타가 된 듯 흥분된 모습이었다.

이어 기네스북에 세계 최대 축제로 알려진 리우데자네이루의 삼바 축제 퍼레이드를 관람하는 구역인 삼바드롬Sambadrome 앞에도 잠시 멈췄다. 사진을 찍으면서도 삼바 축제의 함성이 들려오는 듯한 감정을 느꼈다. 매년 2월 중하순 전후가 되는 부활절 51일 전 금요일에 시작하여 그 다음 주 수요일까지 계속된다고 하니 과연 세계적인 관심거리가 아닐 수 없다. 눈앞에 보이는 축구경기장과 삼바 축제장에서 펼쳐지는 페스티벌은 천만 이상의 내외국인들을 불러모아 지역 경제에 엄청난 도움을 주는 문화 비즈니스의 핵이었다.

특히 삼바 축제가 열리는 시기에는 고기와 가금류 등의 가축 소비가 엄청나다고 한다. 또 이 축제를 위하여 전국의 주요 도시에 있는 삼바학교를 중심으로 축제 준비를 하는데, 이를 준비하는 사람들은 일 년 내내 준비를 하는 등 축제는 이미 거대한 하나의 비즈니스임을 알 수 있다. 그런데 지역마다 관습이나 전통에 따라 각자 고유한 스타일이 있다고 한다.

이러한 설명을 들으면서 우리가 탄 소형버스는 리우데자네이루의 중심가 시넬란디아 광장Cinelandia Square 주변의 건물들을 주마간산으로 스쳐 지나갔다. 광장 이름이 예전에 영화관이 많다 하여 붙여질 정도로 문화예

세계 최대의 마라카낭 축구경기장 입구

술의 중심지였다. 이런 이유에서인지는 몰라도 18~19세기에 건립된 역사적인 기념물이 될 만한 시립극장, 오페라하우스, 국립도서관, 미술관, 박물관과 유명한 바 등이 광장 중앙에 있는 제2대 페이소토 대통령 조각상을 둘러싸고 있었다.

유서 깊은 이곳에서 2011년 미국 오바마 대통령은 브라질 국민에게 연설을 통해 미국의 남미에 대한 메시지를 전달했다. 우리나라도 2014년 리우하계 올림픽 기간 중 2018년 평창올림픽을 홍보하는 코리아하우스와 다양한 문화예술활동을 펴기도 했다.

숨 돌릴 사이도 없이 가이드는 인근의 메트로폴리탄 성당Metropolitan

Cathedral 앞에 우리를 내려놓았다. 기독교 초기 순교자인 성 세바스찬St. Sebastian을 기리는 성당으로 1676년에 세워진 건물을 몇 번 개축하다가 1964~1979년에 새로 건립한 것이다. 외관은 높이 75m, 마야 피라미드 건축 양식을 바탕으로 한 현대식 성당이다.

높은 천장과 넓은 공간을 한참 둘러보았다. 5천여 개의 좌석에 입석을 포함하면 2만 명이 들어설 수 있는 어마어마한 성당 안에는 네 개의 스테인드글라스가 천장까지 곧바로 이어져 있었다. 수많은 사람들이 입장과 동시에 성호를 그으며 조용히 묵상과 기도를 드리는 모습은 존엄하기만 했다. 많은 사람들이 있었는데도 숨소리조차 들리지 않았다. 나도 한쪽 구석에 앉아 예수상을 바라보며 두 손을 모았다.

시내 일주를 마친 우리는 점심을 먹으러 식당으로 갔다. 관광객들이 너무 많아 1시간이나 기다려야 했다. 이 틈을 타 나는 인근의 농산물시장으로 향했다. 시장 한가운데 우리의 장날처럼 간이식 이동가게와 길에서 과일, 채소류 그리고 액세서리 등을 팔고 있었다. 나는 바나나를 두 개 사서 먹었다. 식당 주변에도 선물가게들이 진을 치고 있어 이곳 방문 기념으로 리우 그림이 있는 마그네틱 몇 개를 샀다.

음식은 푸짐했다. 소와 돼지, 닭 바비큐를 얼마든지 먹을 수 있었다. 그러고 나서 포르투갈어로 '곱사등'이라는 뜻인 코르코바도산 해발 700m 정상을 향해 4km에 이르는 좁은 길을 따라 올라갔다. 정상 주차장에는 이미 소형버스들로 북적였다. 고개가 뒤로 젖혀지도록 높게 조각된 구세주 예수상The statue of Christ the Redeemer atop Corcovado의 뒷모습을 바라보며 정상에 올랐다.

깎아지른 듯한 뾰족한 화강암 정상을 깎고 다듬은 자리에 세운 거대한 예수상과 전망대는 구름 위 천상에 서 있는 듯했다. 산 아래로는 지구상 최대의 도시 열대 근교림인 티주카 국립공원Tijuca Forest National Park이 도시는 물론 여러 개의 화강암으로 된 주변의 바위산을 감싸고 있는 모양은 신의 세계에 들어와 있는 것 같았다. 여기에 대서양의 거친 파도를 피하기 위하여 뭍 안으로 깊이 파고들어온 구아나바라만Guanabara Bay과 바위산 슈거로프산Sugarloaf Mountain, 396m은 더욱 뛰어난 화룡점정이었다.

우리는 인파에 밀리면서도 두 팔을 크게 벌린 예수상을 배경으로 인증샷을 찍기 좋은 포토존 앞에서 차례를 기다렸다. 남녀노소 가릴 것 없이 두 팔을 벌리고 웃는 모습은 평화와 은혜 그 자체였다.

브라질 예수상은 1922년부터 1931년에 걸쳐 프랑스 조각가 폴 란도프스키Paul Landowski와 브라질 엔지니어 에이토르 다 실바 코스타Heitor da Silva Costa에 의해 만들어졌다. 장기간에 걸친 공사 비용은 대부분 브라질 가톨릭 신자들의 기부금으로 마련했다고 하니 그들의 신앙심을 짐작하고도 남는다.

콘크리트 구조에 활석의 변종인 동석Soapstone을 가미한 높이 30m, 받침대인 대좌 8m, 양팔 길이 28m, 무게가 635톤에 이르는 거대한 예수상의 하부 대좌 안에 수십 명이 들어갈 수 있는 조그만 교회가 있다. 이곳에서 일요미사를 끝낸 신부와 신자들이 아베마리아를 부르며 예수상과 십자가를 앞세우고 정상을 순례하면서 방문객들에게 축복을 내리고 있었다.

이 예수상은 자유의 여신상이 뉴욕과 미국을 상징하고, 에펠탑이 파리와 프랑스를 의미하고, 피라미드와 스핑크스가 카이로와 이집트를 대신하듯 이곳은 리우데자네이루와 브라질, 나아가 남미를 대표하는 중요 아이콘이다. 머리 위로는 헬기 한 대가 관광객을 태우고 예수상을 선회하더니 비치 쪽으로 날아갔다.

1차 여행 때 남미대륙 남쪽 끝에서 북쪽 멕시코까지 곳곳에 세워진 수십만 개에 이르는 예수상을 보았다. 중남미의 여러 나라들은 마치 경쟁이라도 하듯 거대한 예수상을 세워 놓았다. 그곳의 수많은 성당과 도시나 마을

❶ 리우 코르코바도산 정상에 세워진 예수상 앞에서 팔을 벌린 필자 ❷ 리우 코르코바도산 정상에 세워진 예수상 앞에서 그대로 따라하는 사람들 ❸ 리우 코르코바도산 정상에서 리우 항을 바라본 모습 ❹ 브라질 고원에서 리우로 들어가는 아슬아슬한 고갯길

제일 높은 곳에 또는 집집마다 처마 끝에서 예수상을 만났다. 그중에서도 이곳의 예수상은 역사적으로나 예술적인 면에서보다 규모면에서 압도적이었다. 이는 중남미대륙은 스페인과 포르투갈의 오랜 지배로 종교적으로 가톨릭 대륙임을 의미한다. 그런데 우리나라 전남 순천에 높이 50m가 넘는 세계 최대 규모의 예수상을 건립한다는 보도를 본 적이 있는데, 언제

어떤 모습으로 나타날지 궁금하다.

우리는 이곳에 머물 정해진 시간이 되어 하산해야 했다. 또다시 와 볼 수 있을까 하는 아쉬움에 다시 한 번 예수상 앞 전망대에 섰다. 대서양과 좌우로 펼쳐진 리우 시내의 마라카낭 축구경기장은 물론 코파카바나와 이파네마 비치, 케이블카가 오르내리는 슈거로프산이 한눈에 들어왔다. 이 황홀한 전경을 보기 위해 매년 수백만 명이 이곳을 찾는다니, 죽기 전에 와 볼 가치가 있는 곳임에 틀림없다.

이 예수상은 2007년 7월 중국의 만리장성, 요르단의 고대도시 페트라, 페루의 잉카 유적지 마추픽추, 멕시코 치첸이트사의 마야 유적지, 로마의 콜로세움, 인도의 타지마할 등과 함께 신세계 7대 자연경관의 하나로 등재되었다. 이어 브라질 정부는 2009년 12월 예수상을 역사예술 유적으로 지정하였다.

한편 브라질 정부는 예수상이 7대 불가사의로 등재된 후 코르코바도산 정상을 성역화하고 주변 지역 정비작업에 착수해 관광객 유치에 큰 효과를 보고 있다. 그러나 예수상 아래의 해변가는 무장 경비원들이 지키는 고급 주택들이 즐비하고, 뒤쪽으로는 예수조차 버렸다고 하는 빈민촌 파벨라Favela가 빼곡하다. 파벨라는 브라질의 수많은 도시에서 볼 수 있고, 한 도시 안에도 여러 곳이 있다.

리우데자네이루에 있는 수백 개의 파벨라에는 경찰관마저도 들어가기 만만치 않다고 한다. 조직화된 파벨라가 가진 수류탄과 기관총 등은 경찰보다 강한 면이 있기 때문이다. 그래서 파벨라 내에서 종종 총격전이 벌어지는데, 최근에 파벨라 지역이 새로운 관광 형태로 개발된 이른바 슬럼 관광이 진행될 정도로 서서히 안전을 찾아가고 있다고 한다. 그 오래전에 탄생한 예수가 약자와 가난한 자의 편이었다는 것을 생각하면 이 사회가 지닌 아이러니함을 그대로 보여 주고 있음도 기억해야 할 것이다.

우리는 대서양으로 빠지는 구아나바라만 어귀에 돌출된 슈거로프산 정상으로 오르는 케이블카를 타러 갔다. 이 바위산 이름이 '설탕덩어리'라는 뜻이라고 하여 재미있었다. 16세기 포르투갈 지배하에 브라질에서 설탕 무역이 한창일 때 사탕수수를 끓여 정제한 후 슈거로프라는 원뿔 모양의 진흙 용기에 보관했는데, 이 바위산의 모양이 그 용기를 닮았다고 하여 붙여진 이름이다. 이렇듯 이름의 유래를 살펴보면 의외로 역사적 사실을 알 수 있는 묘미가 있다.

슈거로프 바위산 정상에 오르기 전에 먼저 리우에서 최초의 정착지이자 부촌인 우르카Urca Hill로 갔다. 케이블카로 정상에 오르면서 사방에 펼쳐진 기막힌 경치에 모두 마음을 빼앗기지 않을 수 없었다. 우리나라 북한산 인수봉과 닮은 슈거로프 산봉우리까지 케이블카가 20분 간격으로 쉴 새 없이 왕복하고 있었다.

눈앞에 펼쳐진 구아나바라만을 가로질러 리우 시와 니테로이 시를 잇는 13.3km의 리우니테로이대교Rio-Niteroi Bridge는 리우의 아름다움을 더해주는 듯 길게 바다 위에 누워 있다. 이곳의 아름다움을 배경으로 할리우드 영화 〈분노의 질주〉를 촬영했다고 한다.

예수상과 슈거로프산을 돌아보고 커다란 숙제를 풀었다는 생각이 들었다. 이곳을 배경으로 한 007첩보영화나 1990년 미국에서 제작된 〈와일드 오키드Wild Orchid〉 등에서 보여 준 이곳의 절경을 꼭 보고싶은 바람을 갖고 있었고, 남미대륙 일주 마지막 코스라는 점에서 여행의 의미가 컸기 때문이다.

❶ 리우 코파카바나 비치 전경 ❷ 무더운 리우 거리를 활보하는 여인들
❸ 슈거로프 정상을 오르는 케이블카

70
TAXI

:: 리우를 다녀간 식민시대의 옛 선배들

아마존강 유역과 브라질 내륙, 대서양안의 리우 등을 보고 귀국하는 날, 오후 출발하는 비행기라 멀리 가기에는 시간이 충분하지 않았다. 그래서 호텔에서 도보로 5분 거리에 있는 그 유명한 코파카바나 비치 주변에서 느긋하게 시간을 보내기로 했다.

상큼한 바다 냄새가 나그네의 마음을 자극했다. 4km나 길게 이어진 모래사장과 고층 건물이 다정한 가족처럼 잘 어우러져 있다. 비치 남쪽 끝에는 리우데자네이루 항구를 보호하기 위해 1914년에 세운 코파카바나 요새 Fort Copacabana가 자리잡고 있고, 북쪽 끝에는 1779년에 건립된 두크 데 카시아스 요새Fort Duque de Caxias가 있다.

이 두 요새 사이에 펼쳐진 비치는 리우의 역사를 담고 있는 매혹적인 명소다. 해변길을 따라 산책을 하거나 자전거를 타는 사람들로 붐볐다. 나는 7레알을 주고 파라솔과 비치의자를 3시간 동안 빌렸다. 그리고 그간 일어났던 일들을 기록하면서 지나가는 사람들을 바라보았다.

눈앞에는 브라질에서 두 번째로 큰 리우 항구를 드나드는 크고 작은 배들이 아른거렸다. 문득 리우 항구에서 나와 항해를 시작하려는 배를 보면서 일전에 읽은《경성 에리뜨의 만국 유람기》에 소개된 '세계 각국의 괴이한 항구로 떠나는 엽기행, 남미 리우 항'이 생각났다. 1935년에 간행된《삼천리》라는 잡지에 실린 마도로스 홍운봉이 쓴 항해 여행기에 남미 리우 항 이야기가 프랑스 마르세유 항과 함께 게재되었던 것이다.

그는 "조선사람으로 아직 조선 3경景도 모르는 내가 행복인지 불행인지 마도로스가 된 이유로 세계 3대 경 가운데 첫째라 불리는 리우 항의 아름다운 하천을 직접 보게 되었다" 하면서 "리우도 표면만 훑어보면 미항이지만 이면에 한걸음 들어서면 살인병자, 불량한 매음부가 가득 찬 악마의 도시다"라고 썼다. 그로부터 80년 이상이 지난 지금 뭔가 달라진 게 있을까 자문해 본다.

아무튼 지금이야 해외여행기가 흔하지만 지금까지 잘 알려지지 않은 1920~1930년대의 해외기행문은 나에게 큰 의미를 주었다. 당시 마도로스로 암울했던 고국을 벗어나 정처없이 세계를 떠돌던 홍운봉의 심정을 이해하고 싶었다. 그는 정치가도 독립운동가도 아니었지만, 기지 넘치는 선원으로 나라 잃은 설움을 늘 분방하고 매춘이 넘쳐나는 항구 분위기에 젖어 마음을 달래고 있었다.

더욱 장하고 신기한 것은 자신의 리우 여행담을 글로 남긴 일이었다. 왜냐하면 그가 남긴 글을 80년이 지난 지금 그가 지났던 항구에서 그와 다른 신분과 입장의 내가 읽고 있다는 사실이다. 그는 식민지 조선인이었지만 일찍이 세상의 움직임을 알았던 세계인으로서 당시 유행하던 제국주의를 경험하고 있었다는 것이다.

사실 어린 시절 나도 마도로스가 되어 세계를 일주하면서 보다 넓은 세계를 알고 싶었다. 그런데 그는 80년 전에 이미 실행하고 있었다. 언젠가 훗날 내 글을 읽고 이곳에도 나를 기억해 주길 바라는 마음도 없지 않았다. 그것이 글을 쓰는 이유 중의 하나니까.

그리고 또 이곳을 찾았던 사람은 조선이 낳은 세계적인 무용가 최승희다. 1940년 1월 27일자 동아일보에 '지구 우를 달리는 세기무희 최승희, 남미까지 풍미'라는 기사가 실렸다. 그녀는 1937~1940년 사이에 미국, 유럽, 중남미 등 해외공연을 하는 가운데 1940년 브라질 리우데자네이루를 시작으로 61회에 걸쳐 멕시코, 페루, 칠레, 중남미 공연을 펼쳤다고 한다. 구체적인 공연 활동은 알 수 없으나, 그녀는 오빠 최승일에게 보낸 편지에서 "나는 조선의 리듬, 더 크게 말하면 동양의 리듬을 갖고 서양으로 싸우러 건너간다. 어떤 경우에라도 민족은 망하지 아니하고 그 민족의 예술도

결단코 망하지 않는다"라고 썼다. 자신이 누구인지를 확실히 인식하고 있던 그녀는 세계 무대에서 가장 아름다운 예술가 중 한 사람으로 호평받으며 순회공연을 성공시켰다.

그 외에도 이름을 남기지 않고 이곳을 거쳐한 수많은 선배들 가운데 기억해 둘 사람은 1960년을 전후하여 이 땅을 밟은 브라질 농업 이민들의 역사가 살아 숨쉬고 있다는 사실이다. 이처럼 암울하고 어렵던 시절, 오래전에 이 항구를 거쳤던 우리 선배들을 이곳 비치에 초대하여 시공간을 넘는 대화를 나누어 보고 싶은 마음이 솟아났다.

:: '1월의 강' 리우데자네이루를 떠나다

이제 이곳을 떠날 시간이 점점 가까워 왔다. 코파카바나 비치 북쪽 끝에 우뚝 솟은 슈거로프산을 끼고도는 구아나바라만 어귀가 보인다. 이 좁은 어귀를 돌아 들어가면 1502년 1월 1일 포르투갈 항해자들이 발견했다는 리우데자네이루강이다. 사실 이는 강이 아니라 대서양 해안선이 길게 이어지다가 갑자기 내륙 31km까지 깊숙이 움푹 들어온 바다였다.

이 움푹 들어온 바다를 잘못 알고 강이라 부르게 되었다니, 당시의 혼란한 상황이 그려졌다. 여러 우여곡절을 겪으면서 포르투갈어로 강이란 Rio와 1월이라는 Janeiro가 합성된 '1월의 강'이란 뜻인 리우데자네이루Rio de Janeiro라는 이름이 지켜져 오늘날 대도시를 형상하였다고 한다. 참으로 지명이 이렇게도 지어지는구나 생각하면서도 리우데자네이루라는 발음이 좋게만 느껴졌다.

그런데 탐험대에 의해 강이라고 오인된 구아나바라만의 다양한 생태계가 최근 심각한 피해를 입고 있다는 안타까운 얘기도 들려왔다. 이는 도시화, 삼림벌채, 하수폐기, 쓰레기와 기름 유출 등으로 인한 해양오염이 주된 이유였다. 지금도 1,200만 시민의 하수 오물 중 70% 이상이 처리되지 않은 채 만으로 흘러 들어간다는 경고가 남의 얘기처럼 들리지 않았다.

이제 부지런히 호텔로 돌아가 미리 챙겨 놓은 배낭을 메고 공항으로 가는 미니셔틀에 올랐다. 브라질의 유명한 보사노바 음악가 이름을 딴 리우데자네이루 갈레앙 국제공항Rio de Janeiro-Galeão International Airport은 규모면에서는 손색이 없었지만, 인천공항에 비하면 인터넷 접속도 잘 안 되고 이용하려면 돈을 지불해야 접속할 수 있다.

여기서 며칠 전 삼바춤 공연 식당에서 만났던 폴란드 부자를 다시 만나니 반가웠다. 우리는 그간 있었던 일들을 얘기하며 아쉬운 작별 인사를 나누었다.

드디어 리우 공항을 이륙했다. 비행기는 브라질리아 인근 상공과 아마존강 유역을 지나 북상했다. 아마존강 상공을 지날 무렵 뭔가 해냈다는 묘한 감정이 되살아났다. 리우를 떠난 지 거의 10시간 만에 경유지인 마이애미에 도착했다. 미국 입국을 위해 길게 줄을 섰다. 승객은 중국인 두어 명을 빼고는 모두 영어가 아닌 스페인어를 쓰는 중남미 사람들이었다.

비행기는 또다시 마이애미를 이륙했다. 마이애미의 아름다운 해안을 내려다보니 가족과 함께 마이애미와 키웨스트를 포함하여 플로리다를 여행하던 생각이 났다. 이륙한 지 3시간 조금 넘어 댈러스에서 인천공항으로 가는 비행기를 바꿔 타기 위해 내렸다.

댈러스에서 다시 이륙했다. 저렴한 항공기를 이용하자니 여러 차례 환승은 불가피한 일이었다. 그런데 이것은 나에게는 그렇게 나쁘지만은 않다. 두루두루 세상을 더 볼 수 있는 기회라고 생각하기 때문이다.

귀국 비행기 옆 좌석에는 군산의 미공군 소속 군인이 앉아 있었다. 한국에서 9개월 근무하다가 휴가차 가족이 있는 플로리다 템파에 다녀오는 길이라고 했다. 그는 부인이 콜롬비아 출신이라며 휴대폰 속의 사진을 보여 주었다. 미인이었다. 나도 군생활을 하면서 미군과 합동훈련을 한 적이 있다고 했더니 반가워했다. 그는 군인답게 한국으로 오는 15시간 내내 절도 있게 나를 대해 주었다. 고마운 일이었다.

일본 상공을 지나 우리 영공에 들어왔다는 것을 감지하자 마치 집에 온 듯 마음이 들뜨기 시작했다.

제2부

안데스산맥과
팜파스 대평원의 농업문명

잉카의 나라 페루

:: 태평양을 건너 멕시코로

10여 년 전 남미대륙을 다녀오면서 기행문을 남겨야겠다고 생각했었다. 그러나 한 번 여행으로 거대한 남미대륙을 말한다는 것은 어불성설이어서, 한 번 더 다녀온 뒤에 쓰기로 하고 기회를 기다렸다. 마침내 아마존강을 횡단하고 나서 글을 쓰게 되었다.

그러니까 2007년 1월 6일 토요일 새벽 3시부터 이야기는 시작된다. 춘천에서 3시간 정도 걸리는 인천공항까지 가려면 새벽 4시 30분 버스를 타야 하는데, 새벽 1시까지 출국 준비를 했으니 두어 시간 잤나 보다. 밖에는 눈인지 비가 내리는지 도로가 젖어 있었다. 춘천 시외버스터미널은 이미 사람들로 북적댔다.

인천공항에 도착하자마자 탑승 수속을 하고 4주간의 여행자보험을 들었다. 사고야 없는 것이 최고지만, 만일의 경우를 대비하는 것이 보험 아닌가.

미국 서북NW 항공기는 만석이었다. 미국으로 어학연수 가는 학생들 때문이었다. 이륙한 비행기가 터뷸런스turbulence라는 급격한 기류 변화로 요동을 치자 사람들은 공포에 질린 채 소리를 질렀다. 기내 경고음 소리에 서비스를 멈춘 승무원들까지 자리에 앉아 안전벨트를 조였다.

언젠가 케임브리지대학에 들렀다가 아프리카 탄자니아로 가는 영국항공을 탔을 때 일이다. 북아프리카 사하라 사막 상공을 지날 때 갑자기 고도가 수천 미터 떨어졌다. 그때 승객들의 나지막한 신음소리는 죽기 직전에 내는 소리였다. 그러다가 고도를 되찾았을 때 사람들의 얼굴에 눈물이 흘러내리던 기억이 되살아났다. 죽었다가 살아난 사람들의 모습이 바로 이런 거구나 하는 생각이 들었었다.

환승하기 위해 내린 일본 나리타 공항은 영상 6도로 부슬부슬 비가 내렸다. 그때 아이를 업은 아주머니가 미국 가는 비행기를 바꿔 타야 한다며 도와줄 사람을 찾고 있었다. 나는 그분을 미국으로 가는 항공편이 있는 곳까지 안내해 주었다.

그러고 나서 요미우리신문讀賣新聞을 보았더니, 일본 홋카이도에서부터 동해와 태평양 연안의 일본 열도를 따라 폭풍우를 동반한 강력한 기류가 흐른다는 예보가 실려 있었다. 이곳에서 나는 멕시코시티로 가는 멕시코항공AERO MEXICO으로 갈아탔다. 조금 전과는 달리 안쪽 좌석은 거의 비어 있고, 창가 쪽으로만 사람들이 앉아 있었다.

일본을 벗어나 태평양으로 나오니 1차 목적지인 멕시코 티후아나Tijuana까지 거리가 9,393km임을 알려 주었다. 다행히 기체는 평형을 유지하고 있었고, 나이가 제법 들어 보이는 승무원들은 세련되고 당당해 보였다. 이전에 멕시코를 여행할 때 본 멕시코인들이 아니었다. 이목구비가 시원시원한 미인들이었다.

내 좌석 건너 옆에 미국과 멕시코의 국경 리오그란데강을 사이에 두고 텍사스 주와 마주 보고 있는 레이노사Reynosa 시의 LG 플라즈마 디스플레이 패널 공장 감독으로 간다는 40대 한국 남자가 타고 있었다. 그 공장은 현지의 값싼 노동력을 결합하여 북미 시장을 공략하는 전초기지이며, 거기에 LG 외에도 한국 기업이 여러 개 더 진출해 있다고 한다. 또한 그곳은 미국으로 건너와 일하는 멕시코 계절 노동자가 많은 게 특징이라면서 한국인이 납치되는 등 치안상태가 좋지 않아 조심해야 한다고 걱정스런 말을 했다.

멕시코 티후아나에 도착했다. 그 LG 공장 감독은 국내선으로 환승해야 한다면서 가버렸다. 여기서도 멕시코시티까지는 1,850km로 짧지 않은 거리였다. 두어 시간 기다리다 타고 왔던 비행기에 다시 탑승했다. 비행기는 길게 늘어선 캘리포니아반도를 따라 남하했다. 수많은 캘리포니아만의 섬들은 흘러가는 구름 조각처럼 한가로이 떠 있는 듯 보였다.

이윽고 5년 만에 다시 멕시코시티 공항에 도착한 시간은 오후 3시가 넘어서였다. 공항에 내려 배낭을 어디서 찾아야 하는지 몰라 애를 먹었다. 다른 국제공항과 달리 우왕좌왕하는 이들은 나뿐만이 아니었다. 쉽게 짐을 찾을 수 있을 것이라 안이하게 생각한 것은 잘못이었다. 공항 구조는 복잡한데 사람들이 붐벼 혼잡하기 이를 데 없었다.

결국 시간 내에 짐을 찾지 못해 비행기를 놓치고 말았다. 인천공항에서 짐을 멕시코시티 공항에서 찾아 다시 탑승 수속을 밟아야 한다고 알려 준 말이 머릿속을 맴돌았다. 그런데 배낭을 비행기에 실어 페루의 리마로 보냈다는 것을 알았을 때 이미 비행기는 떠나고 말았던 것이다. 이러한 사정을 들은 항공사는 밤늦게 리마로 떠나는 칠레항공을 연결해 주었으나 6시간 이상을 공항에서 보내야 했다. 시내 구경이라도 할 생각으로 공항 밖으로 나왔다.

손님을 안심시키려는지 가슴에 명찰을 단 운전기사들이 대기하고 있었다. 그중 한 사람에게 시내 중심가까지 왕복 드라이브를 하고 싶다고 했더니 왕복 2시간 이상 걸리고 30달러를 달라고 했다. 그런데 차를 어디다

멕시코시티 소칼로 부근의 네온사인

두었는지 공항 밖으로 15분 정도 따라갔다. 가면서도 마음이 편치 않았다. 어두운 골목길을 지나 도착한 곳에 폐차 직전의 낡은 차가 기다리고 있었다. 정식 공항택시가 아닌 개인택시였기 때문에 차를 외진 곳에 숨겨 놓았던 것이다. 그런데 시 중심가인 소칼로까지는 겨우 10여 분 걸리는 10km 정도 거리였다. 2시간 걸린다는 얘기는 거짓말이었다.

네온사인이 비치는 소칼로에 내려 예전에 가족과 함께 거닐던 대성당 앞과 시장거리 등을 걸었다. 시내를 한 바퀴 돌고 공항으로 돌아오니 비행기를 놓친 마음이 다소 풀렸다. 이때 운전기사는 팁을 줄 때까지 손을 내밀고 있었다. 어두운 밤길을 무사히 돌아오게 해 준 그에게 고마움을 표시했다.

공항에 돌아와서도 시간이 남아 공항 건물과 연결된 호텔 사우나장을 찾았다. 땀을 뻘뻘 흘리며 생각지도 않았던 시간을 보낸 다음 탑승 수속을 마치고 출발 대합실로 들어섰다.

그런데 정복을 입은 이민국 직원이 다가오더니, 우리 돈 5,000원짜리 지폐를 어디서 얻었는지 달러로 바꿔 달라고 했다. 대략 5달러의 가치가 있다고 했더니, 10달러를 달라고 졸랐다. 5달러밖에 안 되는 것을 어떻게 10달러를 주느냐고 했더니 결국 5달러를 받아들고 사라졌다. 짧은 시간에 이런 저런 일을 겪은 나는 다시 비행기에 올라 리마로 날아가기 시작했다. 날짜 변경선 때문에 나의 1월 6일 하루는 48시간이었다.

:: 페루 리마에서의 박물관 나들이

기체가 흔들리는 바람에 선잠을 깼다. 지난밤 11시 35분에 이륙한 비행기는 계속 날고 있었다. 그런데 1만 마일이나 되는 16,000km, 얼추 4만 리를 여행했는데도 만난 이들이라고는 공항과 기내에서 만난 사람 그리고 시내에서 스쳐간 사람들뿐이었다.

드디어 남미대륙 여행이 본격적으로 시작되는 잉카제국의 나라 페루 수도 리마에 도착했다. 현지 시간으로 1월 7일 일요일 새벽이었다. 그런데 함께 오지 못한 배낭의 행방은 묘연했다. 미리 연락해 둔 후배인 국제감자연구소 김현준 박사가 아들 동욱 군과 함께 공항에 나와 주었다. 우선 김 박사 집에 잠시 들렀다가 그의 안내로 교회에 가서 차분하게 마음을 추스렸다.

리마 한인교회는 작지만 예쁜 공동체의 모습이었다. 교회에서 매월 발행하는 《등대》라는 책에 이런 글이 실려 있었다. 18세기에는 민중을 발견하고, 19세기에는 여자를 발견하고, 20세기에는 어린이를 발견하고, 21세기에는 노인을 발견했다는 것이다. 중세 귀족사회에서 민주시민사회로 바뀌면서 그간 소외되었던 여성과 어린이 그리고 노인의 인권과 생존권을 존중하는 사회로 발전했다는 역사의 흐름을 압축해 놓은 말이었다.

이역만리 타국에 살면서 서로 어려움을 나누고 돕는 공동체가 바로 교회였다. 그들의 눈에 비친 나는 스쳐가는 나그네지만 그들과의 대화 속에 한민족으로서의 동질감은 지울 수가 없었다.

교회에서 나와 제일 먼저 가보고 싶은 곳은 잉카의 역사를 고스란히 안고 있는 국립인류고고학박물관Museo Nacional de Antropologia, Arqueologia e Historia del Peru과 황금박물관이었다. 그 나라의 박물관은 그 나라를 아는 첫걸음이기 때문이다.

많은 사람들이 페루를 찾는 이유는 아마존의 열대우림보다 고대 잉카제국을 만나기 위함이다. 그래서 잉카를 알아가는 첫걸음으로 리마 시내 볼리바르 광장에 있는 인류고고학박물관을 찾았다. 리마에 다양한 박물관이 여럿 있지만 규모와 수집 유물에서는 이 나라 최대였다. 이 박물관은 토기, 면직물, 황금, 은 등 잉카시대는 물론 잉카시대 이전의 문명이었던 모체, 파라카스, 티앙와나코, 차빈, 우아리, 치무, 나스카 시대의 유물 30만여 점을 소장하고 있다.

전시품 중 파라카스에서 2500여 년 전에 발굴된 면직물은 유명하다. 또한 이 건물은 페루 독립 영웅 호세 데 산마르틴 장군이 살던 곳이다. 이처럼 볼리바르나 산마르틴이 붙은 지명이나 건물명만 알아도 남미의 근대사를 이해할 수 있을 것만 같다. 즉 독립운동을 전개한 시몬 볼리바르Simón Bolivar나 산마르틴Jose de San Martin이라는 지명은 남미대륙 여기저기에서 많이 만날 수 있다. 하긴 라틴아메리카 여러 나라를 독립시킨 가장 중요한 인물을 꼽으라면 남미 사람들은 한결같이 시몬 볼리바르와 산마르틴이라고 입을 모은다.

볼리바르는 나폴레옹이 스페인을 공격하자, 스페인의 남미에 대한 관심이 약화된 틈을 타 콜롬비아, 베네수엘라, 에콰도르, 페루, 볼리비아 등 5개국을 해방시켰다. 특히 볼리비아는 볼리바르의 이름을 기념하기 위해 국명

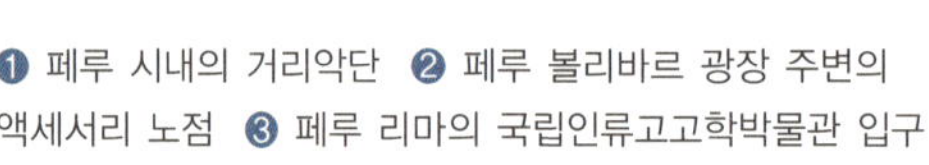
❶ 페루 시내의 거리악단 ❷ 페루 볼리바르 광장 주변의 액세서리 노점 ❸ 페루 리마의 국립인류고고학박물관 입구 ❹ 페루 황금박물관에 있는 황금 투미

을 그의 이름을 따서 지었다. 한편, 산마르틴은 아르헨티나, 파라과이, 칠레 등 남미 남부를 해방시킨 독립 영웅이다. 이렇게 서로 다른 지역에서 활동하던 두 영웅은 에콰도르 무역 중심지였던 과야킬Guayaquil 항에서 만나 회담을 진행했다. 그러나 산마르틴이 페루 해방을 볼리바르에게 넘기

고 갔다는 얘기 외에 둘 사이에 무슨 말이 오갔는지는 알려지지 않았다.

그런데 더욱 관심을 끄는 것은 두 사람이 권력 다툼 없이 남미대륙이 독립하는 데 협력했다는 점이다. 하지만 산마르틴은 급격한 사회혁명을 우려하여 왕실체제를 유지한 채 스페인과의 회담을 통한 독립을 원했다. 반면 볼리바르는 자유와 평등을 주장하는 공화정 수립을 원하는 등 정치적 견해가 달랐다.

이들이 등장하기 전에는 스페인이나 포르투갈의 통치에 대한 산발적인 저항이 있었을 뿐, 힘과 조직을 가진 독립운동은 이들에 의해 본격화되었다. 이는 영화 〈미션〉에서 느꼈던 것처럼 예수회 선교사들의 활동으로 종주국에 대한 저항의식의 약화와 스페인과 포르투갈의 가혹한 통치방식이 한몫 했을 것으로 보고 있다.

그러나 이들의 독립운동도 영국의 지원이 없었으면 쉽게 이루어지지 않았다는 평가다. 이는 당시 스페인과 경쟁관계에 있던 영국이 시장을 확보하기 위해서 라틴아메리카의 독립을 도왔던 것이다. 이처럼 독립운동을 하는 쪽과 이를 지원하는 쪽이 노린 것은 동상이몽이었지만, 스페인과 포르투갈 왕실의 압정에서 일단 벗어나려는 목표는 같았다.

거기에 더하여 볼리바르는 라틴아메리카를 하나의 통일체가 되는 것을 원했다. 이는 미국이 하나의 연방국가로 성장하고 있는 데 비해 남미가 분열될 경우 미국의 주도에 말려들 수밖에 없는 상황에 이를 것이라고 우려했기 때문이다. 그의 통일체 구상을 이루기 위하여 1825년 남미제국의 최초 모임인 아메리카회의를 당시 콜롬비아에 속했던 파나마에서 개최하였다. 그러나 거대한 남미대륙의 지리적 거리와 각국 간의 인종, 지역 간의 대립으로 통합문제는 여의치 않았다. 또 라틴아메리카가 하나로 통합되는 것을 원치 않았던 미국과 영국 등의 분열정책으로 남미대륙은 20여 개 국가로 분열되고 말았다.

이렇게 박물관에 들어가기도 전에 만난 광장 이름조차도 많은 역사적 사연을 담고 있으니, 이 거대한 대륙을 단숨에 이해한다는 것은 불가능했다. 다만 알 수 있는 데까지만이라도 제대로 알았으면 하는 마음이었다. 박물관 전시 내용은 고대부터 지금에 이른 과정을 페루뿐만 아니라 안데스산맥을 둘러싼 잉카 이전의 문명부터 이 지역에서 흥망성쇠의 길을 걸었던 문명을 조목조목 알기 쉽게 설명해 놓았다.

라틴아메리카와 태평양의 여러 섬 문명의 유물을 많이 소장하고 있는 뉴욕 메트로폴리탄 박물관에서 만난 라틴아메리카 역사유물보다 현장에서 유물들을 보니 실감이 났다. 다만 오래 머물 시간이 부족한 것이 아쉬울 뿐이었다.

이어서 서둘러 황금박물관을 찾았다. 국립박물관과는 달리 개인이 운영하는 곳으로 리마의 교외 주택가 유칼립투스 나무에 둘러싸인 곳에 자리잡고 있었다. 여러 번 와 본 동욱 군과 동행하지 않았다면 금방 찾지 못했을 것 같았다. 설립자인 미구엘 무이카 갈로Miguel Mujica Gallo는 처음에는 세계의 구식 무기 등을 수집하던 중 고대 중앙 안데스 문명 최고의 황금 유물이라는 다목적 칼 '황금으로 만든 투미Gold Tumi'의 아름다움에 매혹된다. 이 투미를 평가하는 이들 중에는 3,300여 년 전 이집트의 파라오였던 투탕카멘Tutankhamen의 황금 마스크와 견주기도 한다.

이후 고대 페루의 유물이 도굴꾼과 암시장 상인들을 통해 해외로 유출되는 것을 안 그는 박물관을 설립했다. 현재 이곳 황금박물관의 1층 무기박물관과 지하 황금박물관에는 4천 점 이상의 무기와 황금 유물 등 무려 45,000점이 소장되어 있어 국제적으로 명성이 높다. 일본의 무구들도 보여 수집가의 열정을 읽을 수 있었다.

말하자면 그는 우리나라 유물이 일본으로 반출되는 것이 안타까워 우리나라 최초로 사립미술관을 세워 우리 유물이 일본으로 유출되는 것을 막아

온 간송미술관을 설립한 전형필 선생과 같은 존재였다. 한 개인의 노력이 낳은 현재의 황금박물관은 세계적인 관광명소이자 세계 각국에서 유물전을 순회 개최하여 페루 문명의 진면목을 보여 주고 있다.

황금 유물로 가득한 박물관을 보면서, 1999년 1월 서울 63빌딩에서 열린 잉카황금유물전Gold of Inca을 참관했던 기억이 났다. 그러나 현장에 와서 여러 모양의 황금 유물을 보니 저절로 탄성이 터져 나왔다. 박물관을 나오면서 《고대 페루의 황금Gold of Ancient Peru》이란 화보집을 샀다. 리마의 여러 박물관 중 두 곳만 보는 것으로도 남북미대륙을 통털어 최대의 제국이었던 잉카 문명을 접할 수 있었던 건 행운이었다.

:: 고향 냄새 나는 국제감자연구소를 찾아

어둠이 막 가신 월요일 새벽. 10시간의 시차도 풀린 듯하고 동네 구경도 할 겸 조깅복으로 갈아입고 김 박사 집 밖으로 나왔다. 20분 정도 달리자 땀이 나기 시작했다. 라오스에 일 년간 체류할 때는 거의 하루도 빠지지 않고 뛰었었다. 그 덕분에 면역력을 키워 위암을 이겨 낼 수 있었고, 10km 단축마라톤 59분대 기록도 가지고 있다.

마을을 둘러싸고 있는 울타리 안에 다시 집집마다 높은 담을 쌓아 놓았다. 아마도 중산층 이상의 부자 동네여서 그렇겠지만, 그만큼 치안이 불안하다는 거였다. 최근 우리나라에서 벌이고 있는 담장 허물기 운동과는 정반대였다. 하긴 우리나라도 1970~1980년대에 담장을 높이는 것도 모자라 그 위에 철조망을 치거나 유리조각을 붙여 접근을 막았던 모습 그대로였다. 그러나 부촌을 둘러싼 높은 철조망과 무장 경비원들이 정문을 지키는 필리핀 정도는 아니었지만, 이 나라의 울타리 높이와 경제수준과는 반비례하고 있음을 보여 주었다.

조깅을 마치고 아침 식사를 한 후 국제감자센터The International Potato Center, CIP를 방문하기로 했다. 사실 김 박사는 우리나라의 대표적인 감자 박사 중 한 사람이다. 그는 강원도에서 태어나 공부하고 농촌진흥청 고령지농업기술센터에서 감자 연구를 하던 중 이곳에 파견되어 감자 연구를 진행하고 있었다. 감자바위라는 별칭에 맞게 우리나라를 대표하는 감자연구소는 강원도 대관령에 있다. 그리고 그 핵심 연구자는 김 박사 외에 조현묵 박사와 강원대 임학태 박사 등 모두 강원대 출신들이다. 특히 조현묵 박사는 감자를 둘러싼 이야기를 담은 《잉카견문록》이란 책을 펴내 호평을 받았다.

안데스나 강원도의 고령지는 모두 감자의 생육조건에 알맞은 높은 지형과 기후가 비슷하기 때문에 여기에 맞는 인력이 배출되는 것은 당연하다는 생각이다. 뿐만 아니라 멕시코 고원지대와 높고 높은 안데스산맥이 고향인 옥수수도 강원도가 주산지다. 이 두 작목은 쌀, 밀, 콩, 보리와 함께 인류의 생명체를 지켜 주는 귀하고 귀한 작물들이다.

특히 남미대륙과 독일, 러시아, 영국 등에서는 감자가 주식이며, 100개국 이상에서 생산되고 있다. 그리고 아일랜드 감자 대기근에서 보았듯이 우리 인류에게 감자는 큰 영향을 미쳐 왔다. 조현묵 박사 말이, 지구가 멸망하게 될 때 가장 최후까지 남을 동물은 사막에서도 생존이 가능한 바퀴벌레지만, 식물은 너무 춥거나 더운 지역이 아니면 재배가 가능한 감자일 거라고 한다. 이는 척박한 토지에서 낮은 수분량에서도 재배가 가능하고 옥수수에 비해 비료 소비량이 낮은 작물이기 때문이다. 이처럼 적은 수분과 비료 소비량이 적은 감자는 대장암 예방, 항산화, 빈혈 예방, 나트륨 배출, 스트레스 완화 등에 탁월한 효과가 있다.

이런 이유 때문인지 미국 항공우주국은 이곳 국제감자센터와 함께 화성과 같은 극한 상황을 가정한 모의 평가를 통과한 감자 품종 100개를 경작

❶ 감자 수호신 문양이 새겨져 있는 페루 국제감자연구소 앞에서 ❷ 국제감자연구소에서 개발된 감자를 놓고 이야기를 나눈 쿠르트 박사, 김현준 박사와 함께 ❸ 리마 볼리바르 공원 주변을 경계하는 경찰과 경찰견 ❹ 리마의 태평양 해안 절벽과 도로

하며 실험하고 있다. 이 화성 재배 후보군에 들어간 감자 품종들은 국제감자센터에 등록된 4,500개의 품종 중에서 선발되었다. 이 중 40개는 안데스 고유종으로 암석지대, 건조한 지역 등 다른 생태학적 지역에서도 재배가 가능한 것으로 알려졌다. 다른 60개는 바이러스에 강한 성질을 가지거나 수분이 거의 없는 지역과 염분 지역에서도 잘 생존할 수 있도록 유전자를

조작한 품종들이다.

김 박사와 함께 도착한 국제감자센터 입구에는 프레 잉카시대인 나스카 문명을 키웠던 남부 해안지대에서 출토된 감자 수호신 문양이 새겨져 있었다. 두 눈을 부릅뜨고 양손에 감자가 달린 식물을 들고 서 있는 이 수호신을 섬기는 인디오들에게 감자는 바로 생명이자 숭배의 대상 이상이었다. 이 수호신 앞을 지나 김 박사가 진행하는 실험실을 살펴보았다.

이어 쿠르트 박사로부터 센터에 대한 설명을 듣고 30분간 질의응답 시간을 가졌다. 1971년에 설립된 연구소는 감자와 같은 뿌리작물을 통해 개도국의 빈곤 감소와 빈곤층의 성평등, 천연자원의 파괴 같은 시급한 문제를 해결하여 농촌사회를 위한 지속가능한 활동을 하고 있다고 한다. 본부는 리마에 있으나 30여 개국에 지역본부를 두어 글로벌 네트워크를 가지고 있단다.

감자의 고향은 페루 안데스의 해발 4,500m까지 이르는 광활한 고원지대다. 1만 년 전부터 감자를 재배해 온 페루엔 무려 4,500개의 품종이 존재한다. 이러한 품종을 지키기 위하여 안데스 고원지대의 농부들은 오래전부터 전통적인 농법으로 감자를 재배해 왔다. 그런데 기후 변화로 인해 줄어드는 감자를 지키기 위해 다양한 연구와 감자 유전자 보존에 노력을 기울이고 있다면서 지원을 부탁했다.

이어서 1902년에 설립된 라몰리나 국립농대National Agrarian University-La Molina 캠퍼스를 방문했다. 이곳에는 농업경제와 농촌개발을 포함한 농업 관련 12개 학과와 대학원이 있고 농업에 관한 전반적인 연구와 교육이 진행되고 있었다. 김 박사의 주선으로 몇몇 교수를 만나 페루의 농업과 식량에 관한 얘기를 나누었다.

농업 관련 견학을 마치고 리마의 중심가로 돌아왔다. 왕들의 도시라는 별명처럼 스페인 식민지 시절 곳곳에 남아 있는 유럽풍의 건축물과 성당 등 유적들을 보면서 마치 몇 세기 전의 도시에 서 있는 듯한 착각에 빠졌다. 그런데 눈을 돌려 보면 새롭게 변화하려는 모습도 역력했다. 인구 1천만 명에 가까운 리마는 브라질 리우데자네이루와 상파울루, 아르헨티나의 부에노스아이레스, 멕시코의 멕시코시티와 더불어 중남미 5대 도시답게 크고 복잡했다.

신시가지이자 리마 여행의 시발점인 미라플로레스Miraflores 지구의 케네디 공원에 섰다. 주변에는 해안선과 쇼핑가가 들어선 리마의 역사지구와 인접한 신문화의 중심지로 여행자들로 붐비는 곳이다. 그래서 언제 어디서 나타날지 모를 테러행위를 막으려고 덩치가 큰 셰퍼드 경찰견의 목줄을 쥔 무장 경찰들이 주변을 경계하고 있었다.

벤치에 앉아 한참 동안 각양각색의 사람들을 바라보았다. 콜럼버스가 아메리카대륙에 온 이래 이토록 다양한 인종을 만들어 놓은 것에 대해 놀라지 않을 수 없었다. 본래의 백인인 스페인인español과 원주민 인디오indio 그리고 노예로 잡혀온 흑인negro들이 500여 년이라는 긴 시간이 지나면서 서로 피를 섞어 다양한 인종을 탄생시켰다.

통계자료를 보면 본래의 세 인종을 빼고도 대략 20개의 혼혈인이 있다. 이는 페루만 말하는 것이 아니라 라틴아메리카 전부에 해당되는 것이다. 세 인종에서 나온 인종을 크게 구분해 보면, 스페인인+흑인을 '노새'라는 뜻을 지닌 물라토mulato, 스페인인+물라토를 '무어인'이란 뜻의 모리스코moriscofh, 흑인+물라토를 삼보zambo, 삼보+물라토를 삼보이고zambohigo, 스페인인+인디오를 메스티소mestizo, 메스티소+인디오를 촐로cholo, 인디오+흑인을 중국인이란 의미의 치노chino, 치노+흑인 사이를 레치노rechino 또는 크리오요criollo 등으로 부르고 있다.

그런데 페루의 경우 총인구 3,300만을 인종별로 나누어 보면 토착 원주민이 45%로 가장 많다. 이어 스페인인과 토착 인디오와의 혼혈인 메스티소가 37%, 백인 15%, 흑인 1.3%이며, 주로 중국인과 일본인으로 이루어진 아시안계 1.2%, 기타 0.5%로 나타나 있다. 그래도 토착 원주민이 많은 이유는 고산준령의 안데스산맥으로 인해 교류가 쉽지 않은 지형적인 고립 때문이 아닐까 생각했다.

그러나 앞으로 시간이 갈수록 새로운 조합으로 이어져 더 많은 인종이 나올 것이라는 추측을 할 수 있다. 이렇게 세분하여 인종을 구분하지만 실제로 인종에 따른 사회계층은 최상위에 백인이 있고, 차례로 인디오, 메스티소, 물라토, 삼보, 흑인 등의 순서로 구분되어 있다니, 얼굴색이 사회계급장은 아닐 텐데 아직도 피부에 대한 인식이 야속할 뿐이다. 그러나 긴 세월이 지난 오늘날 2차, 3차 혼혈인들이 다수사회를 형성하면서 새로운 계층 이동이 일어나고 있다. 앞으로 500년이 더 흐르면 세상은 다시 한 번 바뀔 것이다.

케네디 공원을 벗어나 태평양이 잘 보이는 언덕 위로 올라섰다. 넘실대는 파도는 그 옛날 파나마에서 황금의 잉카제국이 있다는 소식에 남진한 스페인군이 1535년 이곳을 수도로 삼아 옛 잉카지역을 통치했던 일을 모르는 듯했다. 이곳 리마 대성당에 잠들어 있는 정복자 피사로Pizarro는 무슨 생각을 하고 있을까 궁금했다. 천민 출신으로 어려운 시절을 보낸 피사로는 용병으로 참여하여 신대륙으로 건너와서 파나마 식민총독까지 올라 대륙의 성격을 바꾸어 놓았으니, 그에 대한 재평가를 내릴 만한 시점이라고 생각한다.

해안 절벽을 뒤로한 채 시내 전경이 잘 보이는 곳에 자리잡은 코이카 리마 사무실을 찾았다. 잉카제국의 수도였던 쿠스코Cuzco에 갈 때 들러볼 마을을 소개받기 위해서였다.

장봉순 소장이 반갑게 맞아 주었다. 그리고 코이카 단원이 봉사하는 마을을 소개해 주고 단원에게 안내도 부탁해 주었다. 사실 나는 캄보디아와 라오스 등에서 코이카 농촌개발전문가로 일한 경험이 있어 이런 부탁을 했던 것이다.

코이카 사무실를 방문하고 난 뒤 반가운 소식이 전해졌다. 멕시코시티에서 잃어버렸다고 생각한 배낭을 공항에 보관하고 있다는 것이었다. 리마에 도착하면서 김 박사가 공항에 신고해 놓았기 때문에 가능한 일이었다. 공항에 가서 배낭을 보니 잃어버렸던 식구를 만난 듯 반가웠다.

:: 잉카제국의 수도 쿠스코의 황토색 지붕

리마에서의 일정을 마무리하고 쿠스코로 갈 준비를 했다. 이튿날 새벽 1,000km 이상 떨어진 페루 제2의 도시 아레키파Arequipa로 떠나는 김 박사 가족과 함께 공항으로 향했다. 북적거리는 공항에서 김 박사 가족과 헤어져 쿠스코로 가는 비행기에 올랐다.

비행기에서 만년설이 쌓인 안데스산맥 봉우리들을 내려다보니 기분이 야릇했다. 처음 보는 남미, 말로만 듣던 안데스산맥은 웅장함과 외경스러움 그 자체였다. 드디어 약 600km를 날아 쿠스코에 왔다. 상공에서 내려다본 건물 지붕은 황갈색 기와로 온통 도시가 황토빛이었다. 마치 하늘로부터의 공격을 막기 위한 보호색으로 보였다. 뭔가 심상치 않은 과거를 엿보게 했다.

쿠스코는 해발 3,399m에 있으면서 4,000~6,000m 고봉들의 계곡 속에 세 개의 강줄기가 합류하는 곳에 위치해 있다. 잉카인들은 이곳을 지구의 중심지라고 생각하고 있다. 그리고 태양의 축복을 받은 성지라고 믿었던 인구 40만 명이 넘는 유서 깊은 도시였다.

이곳에 오기 전에 리마의 여행사를 방문하여 현지 가이드를 예약해 두었다. 공항에 나온 가이드는 스물한 살의 혼혈 여대생이었다. 공항 로비에

❶ 비행기에서 내려다본 안데스 고봉의 만년설
❷ 하늘에서 찍은 황토색 지붕의 쿠스코 시
❸ 쿠스코 성당 앞 광장에 대기 중인 대우 티코 택시
❹ 쿠스코 중앙광장에 나온 인디오 아낙네들
❺ 쿠스코 박물관 앞에서 알파카를 끌고 나온 모녀

는 페루 원주민 전통악기 공연팀이 손님들을 위해 연주를 하고 있었다. 피리 종류인 안타라antara와 케나quena 그리고 차랑고Charango라는 현악기가 내는 맑고 구슬픈 소리는 뭔가 갈구하는 듯한 애절함이 서려 있었다.

그녀는 우리나라 대우자동차인 중고 티코를 타고 중급호텔로 안내했다. 그리고 준비해 온 지도를 보여 주며, 잉카의 흔적을 더듬어 볼 수 있는 잉카박물관Museo Inka부터 안내하겠다고 나섰다. 시내 중심가는 아르마스 광장을 중심으로 스페인풍의 이국적인 풍경이 넘쳤다. 우리는 주저없이 박물관에 들어섰다. 입구에는 전통 인디오 모자를 쓴 여인들이 전통 민예품을 팔고 있었다.

박물관에 전시된 유물들을 보니 잉카의 역사가 한눈에 들어왔다. 사실 이곳에 오기 전까지는 잉카라는 말만 들었지 그 실체를 제대로 설명할 수 없었다. 남북미대륙을 통틀어 많은 문명이 흥망을 거듭했지만, 그중에서 가장 발달했던 문명은 중미와 멕시코 남부에 걸쳤던 마야Maya, 멕시코 중부의 아즈텍Azteca, 그리고 남미대륙 안데스산맥 중앙 페루를 중심으로 하는 잉카Inca 문명이었다. 이 세 문명은 모두 라틴아메리카에 속한 인디오의 고유 문명이었다. 나는 앞서 마야와 아즈텍 문명 유적지를 둘러보았던 터라 잉카 문명과의 관계를 비교해 보는 여유가 있었다.

잉카제국이 출현하기 훨씬 전의 안데스 산악지대와 해안지대에서 1만여 년 이전부터 발전되어 오던 기술과 문화를 이어받아 통일된 새로운 잉카 문명을 세웠다. 즉 중앙 안데스의 많은 종족들의 제도와 과학기술, 관습 등을 바탕으로 하나로 통합하면서 화려한 문명으로 승화시킬 수 있었던 것이다.

북부 해안지대에서 발달한 모체Moche, 시칸Sican, 치무Chimu 문화와 중부 해안지대의 우아리Huari, 찬카이Chancay 문화, 그리고 남부 해안지대의 파라카스Paracas와 나스카Nazca 문화가 있었다. 또한 북부 고원지대에는 차빈Chavin, 중부 고원지대의 우아리Huari 문화가 있었고, 티티카카 호수 지역의 티아와나코Tiahuanaco 문화 등이 각각 발달해 있었다.

이렇게 다양한 문명이 남긴 유물을 보고 설명을 듣고서야 잉카라는 의미를 비로소 이해할 수 있었다. 신화 속의 창시자로 1200년경 쿠스코를 건설한 초대 왕 망코 카팍Manco Capac으로부터 1533년 스페인 정복자들에 의해 처형된 아타우알파Atahualpa 왕에 이르는 13왕을 지칭하는 것으로 실제 잉카 칭호를 처음 사용한 왕은 6대 잉카 로카Inca Roca였다.

이처럼 잉카 칭호는 군주에게 붙이는 것이었으나, 점차 왕가와 가까운 귀족도 사용하였다. 지금도 일부 옛 잉카 영토에서는 시장을 잉카라고 부르고, 잉카제국의 일반 백성도 최근에 와서는 잉카라는 칭호를 사용하고 있다고 한다. 페루의 초등학생들은 잉카제국의 13왕의 이름을 모두 외우고 있는데, 실제 역사적인 기록이 보존되어 있는 왕은 1438~1471년 사이에 통치한 9대 파차쿠텍 유판키Pachacutec Yupanqui 왕부터라고 한다.

이들은 12세기 무렵, 티티카카 호수에서 발원하여 인근의 쿠스코를 수도로 점차 세력을 확장해 나갔다. 그리하여 잉카제국은 광대한 남북미대륙 전체에서 가장 큰 나라로 성장하였다. 전성기에는 오늘날의 콜롬비아 남부에서 에콰도르, 페루, 볼리비아, 칠레 북부와 아르헨티나의 일부를 지배하였다. 그 영역 안에는 약 2,500만 명의 백성이 살고 있었다. 이는 마치 남미판 징기즈칸의 원나라와 같은 성격이 아닐까 하는 생각이 들었다.

그런데 이렇게 거대한 영토와 인구를 다스리며 과학적인 재능을 지닌 잉카인들에게 문자가 없었다는 얘기는 의외였다. 그 대신 끈 매듭과 색깔로 구분하는 키푸스Quipus라는 것을 이용하여 국가를 운영했다. 가령 붉은 매듭은 전쟁, 노란색은 금을 나타내고, 끈의 길이, 색깔, 매듭의 수 등으로 농작물 수확량, 인구 수, 세금액과 납부기한 등도 기록했다.

이러한 것을 볼 때 그들의 역사는 구전으로 전달되었음을 의미한다. 그런

❶ 쿠스코 박물관에 만들어 놓은 마추픽추 모형 ❷ 쿠스코 박물관에 전시 중인 황금 유물 ❸ 잉카인이 물샐틈없이 정교하고 쌓아 놓은 돌담길 ❹ 큰 바위를 정교하고 쌓아 올린 쿠스코 잉카제국의 돌 성터 앞에서 관광객들이 팔을 벌려 잉카인의 축성 기술에 감탄하고 있다.

데 질병이나 전쟁 등으로 구전사가 죽음으로써 그들의 역사는 사라지고 상상으로 추측할 수밖에 없었다. 따라서 제대로 된 역사를 알기 위해서는 고고학자들에 의한 유물 발굴과 발굴된 유물에 대한 역사적 해석이 중요하게 되었다. 이러한 현상은 아프리카 일부 지역과 태평양의 많은 섬들에서도 반복되고 있다.

가이드 여학생과 함께 쿠스코의 옛 골목길과 성터를 걸으며 잉카인의 체취를 한없이 느꼈다. 당시 새로운 잉카가 즉위하면서 지은 왕궁의 돌벽 앞에 많은 관광객들이 서서 면도날조차 끼워 넣을 수 없을 정도로 빈틈없이 쌓아올린 모습에 감탄했다. 그런데 이러한 거대한 돌들을 어디에서 어떻게 운반했는지는 확실하지 않다. 이집트의 피라미드와 스핑크스, 캄보디아 앙코르와트에 쓰인 거대한 돌들의 채취와 운반에 관한 얘기가 빠지지 않듯이, 이곳 역시 돌의 출처와 운반 방법 그리고 석축 방식에 대한 얘기가 중요 화젯거리였다.

옛 잉카시대의 좁은 길을 빠져 나오니 넓은 광장을 중심으로 정복자들이 세운 서구식 성당 등의 구조물들은 잉카 문명의 구조물과는 엄청난 시공간의 차이를 극명하게 보여 주었다. 그러면서 잉카제국의 문명과 스페인 문화가 아슬아슬하게 조화를 이루고 있었다.

저녁 식사 때 코이카에서 파견된 자원봉사자들을 한국 식당에서 만났다. 리마 코이카 사무소의 장봉순 소장이 부탁했는지 5명이나 나왔다. 그들이 하고 있는 일과 그들이 본 이곳 현지 사정을 귀담아 들었다. 이때 이곳 한국 식당을 찾아온 젊은 여성은 혼자서 6개월째 남미를 여행 중이라고 했다. 현지에서 돈을 벌어 여행비를 마련하고 말도 배우며 느린 여행을 하고 있다고 한다. 참으로 용감한 한국인이었다.

:: 하늘 위의 도시 마추픽추

이미 마음은 잉카 문명의 마지막 진수이자 잃어버린 도시, 공중의 도시, 하늘의 정원, 숨은 도시, 요새 도시, 세계 7대 불가사의 중의 하나로 불리는 마추픽추Machu Picchu에 가 있었다. 미리 예매해 둔 기차표를 가지고 쿠스코 중심가에서 12km 떨어진 포로이Poroy역을 아침 6시에 출발했다.

속도와는 거리가 먼 정감 넘치는 협궤 완행열차는 약 75km를 3시간 반 동안 천천히 달렸다.

열차는 아마존강 상류인 우루밤바강Urubamba River을 끼고 잉카의 사크레드 계곡Sacred Valley of the Incas의 우루밤바 역과 2,792m의 오얀타이탐보Ollantaytambo 역을 지나 마추픽추 아래 마을인 해발 2,040m의 아구아스 칼리엔테스Aguas Calientes까지 간다. 이처럼 고산지를 지나기 때문에 여행사에서는 고산병에 유의하라고 주의를 주었다.

쿠스코를 벗어나니 주위는 온통 산악지대다. 단번에 높은 고개를 넘지 못하여 앞으로 가다가 다시 뒤로 가는 등 지그재그로 올랐다. 이른 아침이어서 승객은 그리 많지 않았다. 360도 밖이 훤히 내다보이는 투명유리 지붕 너머로 험산준령의 경치를 보는 것은 마치 마법 캡슐에 앉아 있는 듯한 기분이었다.

산 위로 올라갈수록 낡은 집과 가난한 사람들의 모습이 보였다. 위로 올라갈수록 경제적 지위는 반대로 낮아지고 있었다. 일 년에 수백만 명이 타고 오르내리는 열차는 철로를 따라 늘어선 흙집 옆을 기적소리를 내며 달렸다. 더욱이 굴곡이 심하여 기차가 커브를 돌면서 내는 소리는 그들의 마음을 더 심란하게 할 것 같아 안타까웠다. 간혹 우기 때 산사태로 흙더미가 철로를 덮쳐 열차 운행이 중단되기도 한단다.

하지만 산 위에 펼쳐진 고원평야에는 온갖 곡식이 잘 자라고 있고, 소와 양들도 무리지어 한가롭게 풀을 뜯고 있었다. 그런데 갑자기 검은 먹구름이 억수 같은 비를 뿌리면서 유리 천장을 사정없이 강타했다. 바깥 날씨가 바뀌면서 차내 온도도 뚝 떨어졌다. 사람들은 긴팔 옷을 꺼내 입었다. 남반구인 이곳은 우리나라와는 반대로 비가 내리는 한여름철이었다.

마추픽추를 오르내리는 미니버스가 출발하는 아구아스 칼리엔테스 역에 도착했다. 비는 여전히 내리고 사람들은 우비를 사 입느라 법석이었다. 이어

미니버스는 8km 떨어진 마추픽추 산 위로 오르기 시작했다. 10여 개의 굽이를 돌고 돌아 20분 만에 마추픽추 정상 가까이 있는 매표소에 도착했다.

다행히 내리던 비는 멈추었다. 산 위에서 바라본 주변 경관은 그야말로 영혼도 감탄할 장관이 눈앞에 펼쳐졌다. 새조차 접근하기 힘들다는 안데스의 한 봉우리에 인류가 쌓아 놓은 신비로운 유적이 기다리고 있었다. 우루밤바강이 깊은 계곡을 돌아가며 내는 우렁찬 소리와 산세의 기상은 위엄을 보여 주기보다는 오히려 경이로움 그 자체였다. 모두 한결같이 두 손을 높이 들고 탄성을 질렀다. 이는 자연이 주는 아름다움과 인간이 남긴 걸작에 반한 모습들이었다.

높게 솟은 기암절벽과 울창한 숲으로 둘러싸인 공중도시는 오랫동안 홀로 신비를 간직한 채 서 있었다. 고대 잉카제국의 마지막 순간을 지킨 잃어버린 태양의 도시 마추픽추는 1911년 미국 예일대 역사학 교수인 하이럼 빙엄Hiram Bingham, 1875~1965이 발견할 때까지 숨은 채로 공중에 있었다. 잉카 문명의 패망과 잉카인의 마지막 저항이 서려 있는 안데스 밀림 속 바위산 정상의 공중도시 마추픽추를 처음으로 세상에 알린 빙엄 교수가 이곳에 올랐을 때의 첫 심정은 어떠했을까.

혼자 올라온 영국인과 눈이 맞았다. 우리는 마추픽추를 멀리서 내려다보기 위해 해발 3,082m의 몬타나 마추픽추Montana Machupicchu 산을 올랐다. 한참 오르다 돌아보니 하늘의 정원이라 부르는 도시는 마추픽추의 절벽을 절묘하게 깎아 만든 계단식 밭과 그 뒤에 병풍이 된 해발 2,682m의 우아이나픽추Huaynapicchu산은 신비롭기만 하였다. 이 산의 아찔한 절벽을 끼고 도는 우루밤바강의 매혹적인 조화에 다른 경치는 눈에 들어오지도 않았다. 이 광경에 매료된 영국인과 나는 서로 엄지손가락을 치켜올리며 사진기 셔터를 눌러댔다.

우리는 산 정상 허리를 감아도는 잉카 트레일Inca Trail을 따라갔다. 가슴

❶ 열차가 산 위로 올라갈수록 가난한 사람들이 많았다.
❷ 360도 밖을 내다볼 수 있는 투명유리 지붕의 마추픽추행 열차
❸ 마추픽추 주변의 험악한 산세
❹ 마추픽추의 주택지구 모습
❺ 마추픽추의 정교한 수로 시스템

❶ 마추픽추 언덕길을 오르는 관광객

❷ 마추픽추 계단식 밭

❸ 하늘의 도시이자 하늘의 정원이라 부르는 마추픽추

❹ 몬타나 마추픽추에 함께 올라온 영국인과 함께

❺ 바위 절벽에 ㄷ자로 홈을 파고 낸 잉카 트레일

이 서늘해질 정도의 90도에 가까운 높은 바위 절벽에 ㄷ자로 홈을 파고 통로를 만든 잉카 트레일이 있었다. 이 잉카 트레일을 트레킹하려면 별도의 허가와 가이드를 동행하지 않으면 안 되었다. 그래서 바닥이 까맣게 내려다보이는 절벽 위의 트레일 입구에 서서 보는 것만으로 만족해야 했다.

잉카 트레일은 쿠스코를 중심으로 북쪽 에콰도르의 키토Quito에서 남쪽으로 칠레 산티아고Santiago, 동쪽으로 아르헨티나의 멘도사Mendoza를 잇는 총 40,000km의 길이다. 거대한 잉카제국을 잇는 트레일은 4,000m가 넘는 빙하 고산지대와 험준한 산악과 정글의 소로小路를 포함하는 제국을 통치하기 위한 길이었다.

이 잉카 트레일은 황제에게 바치는 진상품과 쿠스코에서 각 지역의 지배자들에게 메시지를 전하는 통로로 차스키chasqui라는 2인조 파발꾼들이 2~3km마다 있는 탐보라는 가게나 여관을 이용하며 달렸다. 이러한 탐보는 전 도로망에 1천 개 이상 있었으며, 이 길을 따라 잉카의 상업이 번창했다. 그들은 1시간에 18km를 뛰었다고 하니, 하루 평균 280km 정도의 속도로 소식을 전달했다. 이 길은 고대 세계에서는 로마에서도 볼 수 있었던 도로망이었다.

그러나 최근에 쿠스코에서 마추픽추 사이의 고고학적 가치가 있는 해발 2,380m부터 최고 4,200m까지 오르내리는 약 47km의 잉카길을 개방하여 인기를 끌고 있다. 보통 여러 개의 코스로 나누어져 있으나 3박4일 트레킹 코스가 일반적이었다. 기후적으로 4월부터 10월 사이에 가능하며 6월에서 8월 사이가 가장 좋지만 4,200m까지 올라야 하는 힘든 코스다. 그런데 이 길은 엄격히 통제되어 자격을 가진 가이드만이 허가받은 여행사를 통해서 갈 수 있고, 몇 개월 전에 사전예약을 해야 한다는 등의 제약조건이 있다. 나는 이러한 조건을 맞추기 어려워 일찌감치 잉카 트레일 답사는 접어 버렸다.

몬타나 마추픽추 산을 내려오면서 마추픽추로 흐르는 샘터를 찾아냈다. 이곳에서 마추픽추로 물이 흘러갔던 것이다. 영국인과 나는 물줄기를 따라 해발 2,430m 마추픽추의 정원도시로 내려왔다. 하늘 아래 1번지 잉카 도시로 스페인 정복자의 침략을 막고 식량을 자급하기 위해 돌로 쌓아올린 계단식 밭도 무너지지 않고 남아 있었다.

총면적 13km²에 태양의 신전, 처녀의 샘 등의 공공구조물은 돌로 가공하여 쌓았고, 200여 호의 돌로 쌓은 집은 석회질이 섞인 어도비adobe로 문틈에 넣어 바람을 막았다. 또한 종교구역, 주거구역, 농사구역으로 구분하여, 주거지역은 기능에 따라 주택단지, 장터, 모임장소, 농산물 가공장, 해시계, 법정과 감옥 그리고 공동묘지 등을 분리하여 건축하는 등 도시공학적인 설계를 했다. 그리고 평균적으로 3m씩 오르는 계단식 밭이 40단과 3천여 개의 계단으로 연결된 석조 도시다.

이 도시 건축물 사이로 정교한 수로시설을 타고 물이 졸졸 흐르고 있었다. 이 수로들을 지나 우루밤바강이 끼고 도는 해발 2,682m의 우아이나픽추산을 올랐다. 그런데 원추형의 급한 경사를 이룬 봉우리를 오르는 데는 거의 네 발로 기다시피할 정도였다. 반대쪽의 몬타나 마추픽추의 절경은 또 다른 묘미를 느끼게 했다.

다시 바람을 타고 짙은 구름이 봉우리를 감쌌다. 미니버스 안내인이 호루라기를 불며 하산을 독려했다. 바로 눈앞의 사람을 겨우 알아볼 정도로 구름이 몰려들었다. 이런 급격한 기후 변화는 우기 때 흔히 볼 수 있는 것이라 했다. 구름이 끼기 전에 이나마 볼 수 있었던 것은 행운이었다.

비를 머금은 구름은 산을 타고 빠르게 흘러갔다. 잉카인들은 도대체 무슨 일이 있었길래 이런 험악한 오지 위에 도시를 건설했을까 그리고 여기에 살던 잉카인들은 갑자기 어디로 사라진 것일까? 일설에 의하면 이들은 이곳을 떠나 스페인군의 손이 닿지 않는 또 다른 잉카제국을 만들었을 것이라 했다.

:: 쿠스코로 돌아오는 기차에서의 패션쇼

미니버스는 굽이굽이 커브길을 돌며 고개를 내려오기 시작했다. 산 위 미니버스 정류장에서 본 붉은 옷을 입은 소년 한 명이 굽이를 돌아 내려올 때마다 미리 언덕길을 타고 내려와 굽이진 길목에서 손을 흔들고 소리를 지르며 관심을 끌었다. 처음에는 누군가 의아했다.

그러나 이 소년은 수십 개의 굽이를 돌 때마다 먼저 내려와 같은 행동을 반복했다. 드디어 8km를 하산하여 마추픽추 도시로도 불리는 아구아스 칼리엔테스에 도착하자 약속이나 한 듯 운전수는 차문을 열어 주었다. 이때 소년은 숨을 헐떡이며 차에 올라탔다. 그러고는 앞쪽에서 뒤쪽으로 가며 손을 내밀었다. 모두 기꺼이 1달러씩 그의 손바닥에 올려놓았다. 정상 부근에는 20여 명의 어린이가 잉카족의 붉은 옷을 입고 차례대로 버스와 경주하듯 산을 내려오기 시작했다.

정상에 올라가기 급급하여 미처 구경하지 못한 '온천'이란 뜻인 아구아스 칼리엔테스 마을은 1901년 쿠스코 철도를 건설하는 과정에서 생긴 정착민촌으로 1931년 철도 준공 이후 더욱 커졌다. 마추픽추로 오르는 버스는 물론 외부 도시에서 온 버스나 기차의 종착역도 여기였다. 그런데 마추픽추에 오르는 버스노선이 생기기 전에는 이곳에서 산길을 따라 걸어 올랐다고 한다. 이곳은 일 년 내내 100만 명 이상의 여행객들로 붐비는 세계적인 명소가 되었다. 그런데 최근 관광객의 급증으로 유적지의 훼손을 우려하는 목소리도 커지고 있다.

마을 중심지에는 마추픽추를 세운 것으로 알려진 파차쿠티 황제의 동상이 두 눈을 부릅뜨고 칼을 들고 선 모습은 마치 살아 있는 듯했다. 전통시장 안에는 잉카 문명을 상징하는 물건들을 파는 가게들이 즐비했다.

쿠스코로 돌아가는 기차는 올 때와는 전혀 다른 등급이었다. 쿠스코와 마추픽추를 오가는 기차의 등급은 열차회사에 따라 다르다. 아주 럭셔리한 열차를 포함하여 네 등급으로 나누어져 있는데, 이곳으로 올 때는 보통열차였지만 돌아갈 때는 자리가 없어 부득이 요금을 더 내고 한 량만 달랑 매달고 가는 특등석에 올랐다. 한 량인데도 단정한 여승무원 2명과 잘생긴 젊은 아시아계 남자 승무원 1명이 동승했다.

한참을 달리는 도중에 승무원 3명은 색다른 모습으로 변신하여 승객들을 즐겁게 해 주었다. 그들은 열차 통로를 오가며 잉카제국의 흥겨운 원주민 탈춤을 보여 주었다. 탈춤이 끝나자 여승무원들은 뒤로 묶은 머리를 풀더니 멋진 패션모델로 변신했다. 이렇게 변한 남녀 승무원들은 통로 한쪽 끝을 탈의실로 만들어 각자 20여 벌의 옷을 갈아입으며 패션쇼를 벌였다.

그리고 패션쇼가 끝나자 자신들이 선보였던 옷을 팔았다. 알고 보니 그들이 입었던 옷에는 번호표가 붙어 있었다. 사람들은 마음에 드는 번호를 기억해 두었다가 옷을 주문했다. 가장 인기 있는 것은 고산지대에 사는 알파카 털로 만든 여성 옷과 털모자였다. 나도 집에 가져갈 옷을 사고 싶었지만 짐이 되는 일은 가급적 참았다.

차내에서 탈춤이나 패션쇼를 보면서 처음으로 특별대우를 받는 느낌이었다. 또 하차할 때까지 수시로 먹을 것을 주었다. 당일치기 마추픽추 여행을 마치고 쿠스코로 돌아오니 저녁 9시가 훨씬 넘었다. 참으로 의미 있는 유익한 기차여행이었다.

:: 사크레드 계곡 탐방

1월 11일 목요일 호텔을 바꿔 보기로 마음먹고 길에 나섰다. 마침 시내 중심가인 아르마스 광장이 한눈에 들어오는 넓은 방을 찾아냈다. 그것도 저렴한 8달러였다. 다만 아침 식사는 인근 식당을 이용해야 했다.

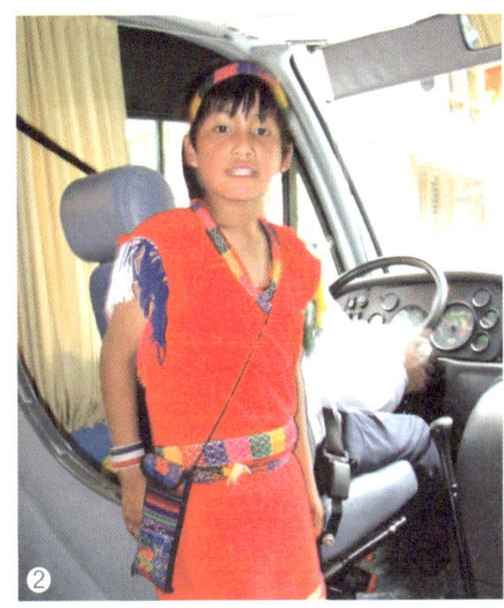

❶ 마추픽추 정상을 오르는 좁고 구불구불한 도로

❷ 마추픽추 정상에서 버스와 나란히 뛰어내려 온 인디오 소년

❸ 마추픽추 산 아래 있는 가게들

❹ 마추픽추 산 아래 마을 중심지에 자리한 잉카 황제 동상

❺ 마추픽추에서 쿠스코로 돌아오는 열차에서 모델로 변신한 여승무원의 패션쇼

호텔 로비에 부탁하여 아침 8시 30분 사크레드 계곡을 탐방하기로 하고 숙소를 나섰다. 사실 이 지역은 마추픽추 가는 길 중간에 있는데 기차를 타보고 싶은 마음에 미루었었다. 비가 조금씩 내리는 가운데 32명을 태운 버스는 쿠스코에서 마추픽추에 이르는 북쪽 30~80km 안에 있는 우루밤바강 계곡 인근의 사크레드 계곡으로 향했다. 도중에 산 위로 뻗어 올라간 엄청난 계단식 밭들 사이를 지났다. 이토록 깊은 계곡에 계단식 평야를 만들어 놓았으니, 이곳은 잉카 문명을 유지시킨 계곡 속의 식량 보고였다. 예나 지금이나 식량과 물 공급은 국가 건설의 전제조건이었음을 이곳에서도 보여 주고 있었다. 기록을 찾아보니, 피삭지구에만 계단식 밭 면적이 18만 평인 65ha에 달했다고 한다.

사크레드 계곡의 중심지인 피삭Pisac과 오얀타이탐보를 방문했다. 버스는 먼저 잉카 유적과 정기적으로 대규모 시장이 열리는 계곡 입구에 있는 피삭에 멈췄다. 구름도 걷히고 장날을 맞은 거리는 여행객들로 흥청거렸다. 언덕 위의 피삭 잉카 유적지에는 마추픽추의 공중도시와 구조나 건축물 등이 유사한 태양신전, 목욕탕, 제단, 분수대, 의식장소 등이 있었다.

피삭이 사크레드 계곡 입구에 세워진 것은 오얀타이탐보와 더불어 적의 공격으로부터 효과적으로 방어하는 요새의 하나로 세워진 것으로 보였다. 즉 이 계곡의 특징상 군사적인 방어와 종교 목적 그리고 계단식 경지 조성으로 식량을 확보하는 세 가지 목적을 달성하는 데 유리했기 때문이다. 피삭은 계곡 남쪽을, 오얀타이탐보는 계곡 북쪽을 방어하고, 오늘은 가볼 수 없었지만 언덕 위에 위치한 초케퀴라오Choquequirao는 계곡 서쪽 입구를 방어할 수 있는 지형적인 조건을 갖추어 사크레드 계곡은 완전히 요새화되었다고 볼 수 있다. 그리고 제일 안쪽에 마추픽추가 자리하고 있었던 것이다.

피삭 유적지에서 나와 시장으로 몰려갔다. 찐 옥수수 두 개를 사들고 옛 유물을 파는 가게 앞에 섰다. 그중에서 정교하게 조각한 옥수수와 돌도끼를 몇 개 샀다. 주인은 옥수수 조각상은 수백 년 전에 만든 것이고, 돌도끼 또한 천 년 이상 된 진품이라고 너스레를 떨었다. 아무튼 이때 산 두 종류의 유물은 진품 유무를 떠나 우리 집 기념품 유리관에 소중히 보관되어 있다.

버스는 다시 오얀타이탐보로 향했다. 이곳은 해발 2,792m 고지에 위치한 잉카 고고학 유적지로 잉카제국의 영역을 넓힌 9대 파차쿠티 잉카 황제가 정복한 지역이다. 그리고 당시 12대 잉카 와스카르Huascar의 남동생으로 잉카의 저항세력 지도자인 망코 잉카 유팡키가 죽을 때까지 페루를 정복하려는 스페인군과의 싸움에서 일진일퇴를 거듭하며 그들을 괴롭혔던 곳이다. 즉 잉카제국이 멸망하기 직전 스페인군에 맞섰던 마지막 항전지로 잉카 저항군이 여러 번 승리를 거둔 곳이기도 하다. 이를 증명이라도 하듯 마을 곳곳에 파괴된 신전과 부서진 석벽들이 남아 있었다. 그런데 여기에서 승리한 스페인군이 지척의 산 정상의 마추픽추를 몰랐다는 것도 수수께끼처럼 들렸다.

그 후 저항은 계속 이어져 피사로가 부하들을 매복시켜 카하마르카에서 마지막 잉카 황제인 아타우알파Athhualpa를 공격한 40년 후, 망코의 후손이었던 투팍아마르가 1572년 스페인군에 의해 참수당할 때까지 계속되었다. 이처럼 페루의 정복은 전광석화같이 시작되었고 끝났다. 1530년 프란시스코 피사로는 이복동생 두 명과 함께 200여 명의 병사를 데리고 파나마를 출항하여 전염병 등의 어려움을 극복하고 1532년 페루에 입성하였다. 그는 도착하자마자 잉카제국이 내전에 휩싸여 있다는 것을 알았다. 즉 와스카르 황제는 그의 이복동생 아타우알파에게 폐위당하고 그의 가족은 모두 처참하게 살해되었던 것이다.

이때 황제가 된 아타우알파는 스페인군과 대적하기 위하여 카하마르카 외곽에 진을 쳤다. 황제를 초대한 피사로는 황제가 가마를 타고 오자 건물 안에 매복하고 있던 병사들을 시켜 인디오 수행원이 손쓸 사이도 없이 황제를 포로로 잡았다. 이러한 세기의 사건은 스페인군을 지나치게 믿고 아무 무기도 지니지 않고 간 것이 화근이었다.

포로가 된 아타우알파는 유명한 제안을 했다. 피사로에게 자신을 풀어 주면 그 대가로 커다란 방에 사람 키만큼 채울 수 있는 황금을 주겠다고 했다. 그런데 황금이 도착하자 정복자들은 이를 바로 녹였을 뿐만 아니라 풀어 주겠다는 약속도 지키지 않았다. 오히려 이교도처럼 산 채로 화형에 처해 죽거나 기독교로 개종해서 교수형에 처해지는 둘 중의 하나를 선택해야 했다. 어떤 것을 선택해도 죽어야 했다. 1532년 카하마르카에서 일어난 일이었다.

이후 피사로는 잉카 트레일을 따라 전 잉카제국으로 신속히 군대를 보냈다. 그러나 초기의 빠른 성공에도 불구하고 스페인에 대한 잉카의 항전은 40년간이나 지속되었다. 이는 인디오의 점차적인 조직 정비와 정복자들 사이의 황금과 정치권력을 둘러싼 잔인한 싸움, 정복자와 본토 왕과의 분쟁 등이 있었기 때문이다. 그리고 정복군 대장이었던 프란시스코 피사로는 그의 추종자에게 암살되고, 이복동생도 부왕에게 반기를 들었다가 1578년에 처형되는 등 격렬한 모순이 진행되었던 것이다.

이렇듯 페루 잉카의 초기 정복 역사는 쿠스코를 중심으로 인디오와 인디오, 스페인인과 인디오 그리고 스페인인 간의 잔혹한 전쟁이 많이 일어났다. 그런데 멕시코의 아즈텍 문명을 정복한 스페인의 코르테스는 피사로와는 7촌 친척간이라니, 피는 속일 수 없는 것 같다.

정복자들이 정복지역에서 얻을 수 있는 권리는 황금도 있지만, 토지와 노동력을 수탈하고 이를 불법으로 행사할 수 있는 특권이었다. 그런데 이와 같은 특권은 라틴아메리카의 발전 저해 요인이라 볼 수 있는 스페인발

❶ 쿠스코 시내를 안내해 준 원주민 여대생 ❷ 사크레드 계곡 탐방에 동행한 칠레 여성
❸❹ 푸마의 의식공간으로 묘사한 마추픽추의 계단식 경지 ❺❻ 강력한 힘을 지닌 악어 모양으로 건설한 마추픽추의 주거지

❶
❷
❸
❹
❺
❻
A
B
C
D
E

봉건적 대토지소유제도를 이식시키는 계기가 되었다고 보고 있다.

사크레드 계곡의 두 지역을 보면서 재미있고 놀라운 사실은, 도시나 경작지를 건설할 때는 동식물 모양을 본뜬 설계했다는 사실이다. 즉 도시계획을 할 때 도시와 그 주변 지형을 보고 거기에 맞는 동식물의 모양으로 설계했다는 것을 알았다. 가까이에서는 알 수 없으나 멀리서 보면 어떤 동식물이라는 것을 알 수 있도록 설계했다는 점이다. 이는 그들의 인간과 자연과의 관계를 보는 철학인 것 같다.

현대 도시로 각광받는 브라질의 브라질리아를 비행기 모형을 따서 설계했다는 것도 잉카의 사고에서 새를 본뜬 것이 아닌가 하는 생각이 들었다. 오얀타이탐보는 옥수수 모양에서, 쿠스코는 퓨마에서, 마추픽추 산등성이의 주거공간은 강력한 힘을 지닌 악어 모양으로, 마추픽추의 경사진 계단식 밭은 푸마의 모양으로 만들었다. 이곳뿐만 아니라 잉카인들은 다른 곳에 주거공간이나 계단식 밭을 만들 때 같은 생각이었음을 알 수 있다. 이처럼 동식물의 힘과 용기 그리고 지혜 또한 종족의 증식과 번창을 갈구했던 것이다.

다시 고대 잉카와 스페인풍이 어우러진 고색창연한 쿠스코로 돌아왔다. 어둠이 깔리기 시작한 아르마스 광장을 지나 귀가하는 원색의 전통 옷에 높은 중절모를 쓴 원주민이 모습이 눈에 들어왔다.

:: 코라오 마을의 가난한 사람들

쿠스코에 오면서 만난 코이카 봉사단원들이 고생하고 있는 코라오 CCORAO 마을을 방문하기로 한 1월 12일 금요일 아침이다. 그곳은 산세바스찬 지역에 속한 해발 3,800m 고지대였다. 보통 여행 중에는 아침 일찍부터 움직이는데, 이날은 아침 9시가 넘어서야 아르마스 광장에서 봉사단원을

❶ 사크레드 계곡으로 들어가는 코라오 마을의 빨래터 ❷ 오얀타이탐보에서 만난 어린 인디오 남매

만나 마을로 향했다.

자동차 미션 분야 전문가인 박찬희 씨, 공예 전공자인 박은미 선생과 동행했다. 간밤에 퍼붓던 비도 멈추고 멀리까지 볼 수 있을 정도로 맑은 날씨였다. 코라오 마을이 내려다보이는 산마루터에는 코이카에서 도자기 기술을 제공하는 마을이라는 커다란 간판이 세워져 있었다. 마을 낮은 지역에는 잘 정리된 밭이 있고, 산비탈에는 계단식 밭이 산 위로 올라가고 있었다.

봉사단원이 수고하는 학교부터 찾았다. 방학이라 조용한 학교에 학생 3명이 나와 돌보고 있었다. 우리 봉사단원은 교실을 빌려 학생과 주민들에게 공예품 만드는 방법을 가르치고 있었다. 여기서 만든 여러 토기나 자기 등을 사크레드 계곡으로 가는 여행자들에게 팔아 가계소득에 도움을 주어 빈곤을 벗어나게 하는 것이 목표였다. 일종의 농촌관광을 활용하는 아이디어였다. 학생이나 주민들이 짧은 시간에 배운 솜씨치고는 괜찮은 작품들이 책상 위에 놓여 있었다.

학교 앞 개울 위에 놓인 아취형 다리는 선생과 학생들이 직접 만들었다고 한다. 학교 시설은 좋을 리가 없고, 학생들은 제대로 된 책과 공책조차 없었다. 그중에서 좀 괜찮아 보이는 미기엘이라는 학생의 집을 방문했다. 멀리서 보면 그렇게 평온하고 여유롭게 보이던 마을은 입구부터 폐허된 곳이 아닌가 싶을 정도로 황량했다. 마침 학생의 어머니는 집에서 땔감을 정리하고 있었다. 집 안과 밖에 양, 돼지, 닭, 개와 함께 지내고 있어 위생적으로 문제가 될 듯싶었다. 부엌 살림도 흙바닥에 꺼멓게 그을린 주전자와 양재기 정도가 전부였다.

마추픽추로 가는 길목의 마을이 이 정도면 길에서 떨어진 오지의 사정은 더욱 열악할 수밖에 없을 것이다. 가난 퇴치를 위한 단기적 처방은 매우 어려운 일이라는 것을 직감했고, 중장기적인 새로운 대안이 모색되어야 한다는 생각뿐이었다.

사크레드 계곡으로 끊임없이 몰려드는 관광객들을 대상으로 뭔가 만들어 파는 것도 대안일 수는 있다. 그러나 이는 언발에 물 붓는 일시적인 일일 뿐, 풀어야 할 문제가 산적해 있어 가슴이 답답했다. 이를 보면서 우리나라가 단기간에 펼친 가난 탈출 작전은 기적 같은 성공이었음을 생각하면 눈물이 날 지경이었다. 다행히 사크레드 계곡으로 들어가는 관광객들이 이 마을에 간혹 멈춰서기도 한다니, 이를 잘 이용할 아이템 개발에 신경을 쓴다면 의외로 좋은 결과를 낳을 수도 있을 것 같은 예감이 들긴 했다.

왁작거리는 소리가 나는 곳으로 갔다. 우리 농촌 아낙네들이 개울가에 모여 빨래하던 모습 그대로였다. 그들은 흙탕물이 흐르는 개울가에 모여 빨래를 하고 있었다. 나는 아낙네들의 빨래를 짜주면서 잠시 그들과 이야기를 나누었다. 마을을 뒤로하고 산마루 위에 다시 서서 내려다보니 마을은 여전히 평온했다. 이렇게 멀리서 아름답게 보이는 것처럼 그런 날이 오기를 빌며 시내로 돌아왔다.

:: 찬란했던 잉카의 농업과학기술과 내륙 염전

이제 쿠스코와 작별할 때가 가까워졌다. 아마도 잉카 문명을 다 이해하려면 이곳 방문은 너무 당연한 일이었다. 그리고 일생 잉카 연구에 몰두해도 알기 어려운 작업이라는 것이 피부에 와 닿았다. 하나를 알면 또 다른 하나가 기다리고 있기 때문이다. 그래도 떠나기 전에 보고 싶은 것이 있었다. 그것은 잉카제국의 농업과학센터 역할을 한 모라이Moray 유적지와 마라스Maras의 내륙 염전이다.

티코 택시를 빌려 타고 쿠스코에서 32km 떨어진 친체로Chinchero를 거쳐, 거기서 다시 20km 정도 더 떨어진 모라이로 향했다. 이 지역은 모두 해발 3,200~3,900m 고원에 있는 광활한 대평원 한가운데였다. 도중에 원주민 부부와 어린 아들이 소로 밭을 가는 것을 보고 그들에게 다가갔다.

밭은 작은 돌멩이 하나 없이 비옥해 보였다. 워워 하는 소리를 내며 아버지와 아들이 소를 몰았다. 인디오 전통 치마에 중절모를 쓴 아낙네는 풀을 뽑다 말고 일어서더니 삶은 감자를 내놓았다. 그리고 일하는 모습을 사진기에 담는 나를 위해 포즈를 취해 주기도 했다.

이들과 헤어져 다시 티코를 타고 달렸다. 광활한 고원 대평원은 신비함과 장엄함을 동시에 느끼게 해 주었다. 친체로에 가까워질수록 붉은 대지와 푸른 하늘의 절묘한 조화는 신만이 만들어 낼 수 있는 황홀한 광경이었다. 이 지역은 비의 딸로 태양과 달을 유혹할 수 있는 무지개가 태어난 곳이라 했다. 빨주노초파남보 일곱 색깔 무지개꽃 십자가가 나타나면 인디오들은 바라는 일이 이루어진다고 믿고 있다.

평원 한가운데 나타난 친체로는 전원도시였다. 성당 앞에는 인디오 여인들이 전통 민예품을 팔고 있었다. 특별히 살만한 것은 라마와 알파카로 만든 털모자였다. 그러나 이마저도 짐이 될 것 같아 다음 기회로 미루었다.

친체로를 벗어나 우루밤바 계곡으로 넘어가는 길목에 있는 잉카시대 대표적인 농업유적지로 걸음을 재촉했다. 드디어 로마 원형경기장이나 외계인의 비행접시와 닮은 크고 작은 네 개의 원형식 계단식 밭Terrace이 잘 보이는 가장자리 위에 섰다. 고도에 따른 여러 가지 작물의 재배 적응성을 시험했던 곳이다. 하나의 원형 계단밭의 높이는 약 1.5m로 밑바닥까지 150m나 된다니, 당시 잉카인에 대한 경외심이 생겨났다.

맨 밑바닥과 일반 평지의 농경지와는 5°C의 온도 차이가 나고, 습도와 미세기후 등의 변화 차이도 달랐다. 이런 서로 다른 재배 환경과 조건하에서 주로 옥수수, 감자, 조, 콩, 안데스의 뿌리작물 등 어떤 작물이 잘 적응하는지를 살폈다. 그리고 이에 알맞은 작물 선택과 품종 개발 그리고 재배법을 터득하여 농민에게 보급했던 것이다. 또한 돌로 만든 수로와 집수장과 어린 묘를 기르는 양묘장도 설치했었다.

대학에 입학하여 지금까지 40년 이상 농업 관련 공부를 한 사람으로 농업사적 가치가 있는 이런 현장을 직접 본다는 것은 흥분되고 감탄할 만한 일이다. 나는 한 계단씩 더듬으며 밑바닥까지 내려갔다. 바닥에는 풀이 자라고 있었다. 가만히 서서 몇 계단이나 되나 세어 보았다. 잘못 세었는지는 몰라도 모두 14개 계단이 지상을 향해 올라가고 있었다.

농작물을 고지대에서 재배하기 위하여 처음에는 낮은 곳에서 재배하다가 차츰 위쪽으로 올려 보내면서 적응시험을 했던 것이다. 이렇게 육종하여 얻은 품종을 국민에게 공급했다. 우리 옛 선조보다 앞선 농업과학기술을 지니고 있어 입이 벌어질 만도 했다. 이탈리아에서 온 두 사람이 바닥에 누워 원형시험장을 유심히 살펴보는 모습을 보면서, 혹시 농학도가 아닐까 하는 생각이 들었다. 다시 원형시험장 정상으로 올라왔다. 멀리 보이는 고산 준봉 위의 만년설은 그때 당시를 설명해 주는 듯한 모습이었다.

그런데 2009~2010년 쿠스코 지역의 심한 장마로 이 시험장의 동쪽 측면

❶ 어린 아들과 밭갈이를 하는 농부
❷ 잉카제국의 농업과학센터 역할을 한 모라이 유적지 ❸ 모라이 유적지 인근에서 밭일을 하는 인디오 여인 ❹ 마라스의 살리네라 내륙 염전

이 붕괴되어 고고학적 가치가 있는 이곳의 영구 보존에 대한 우려를 불러 일으켰다. 한편 항구적으로 보존하기 위한 복구작업을 하고 있으나, 자금 부족으로 애를 먹고 있다는 소식은 참으로 애석한 일이 아닐 수 없다.

아쉬운 대로 잉카인의 농업시험장을 둘러보고 쿠스코에서는 40km 떨어진 마라스의 살리네라 염전Salinera salt mines으로 향했다. 엉성한 나무 이정표를 따라 염전 입구에 섰다. 아래서부터 위로 차곡차곡 쌓은 듯한 작은 조각으로 된 계단식 소금밭은 또 다른 경관이었다. 소금밭은 위로 올라갈수록 염분 함유량이 많아 소금물이 흘러나오는 작은 동굴 샘으로 점차 좁아지고 있었다.

계단식 논두렁을 따라 소금물이 흘러나오는 샘까지 올라갔다. 사람조차 들어가기 힘든 작은 구멍에서 조금씩 흘러내리는 소금물은 위 염전부터 채우고 차례로 아래 염전으로 흐르게 하여 햇볕에 말려 소금을 얻어 냈다. 처음에는 30cm 높이로 소금물을 가두었다가 서서히 수위를 낮게 조절한다. 염전은 마을공동체 구성원과 가족이 가질 수 있으며, 가족 수에 따라 염전량이 할당되었다.

이러한 염전은 아주 오래전 바닷속 지층이었던 해양지각판과 대륙지각판이 부딪치면서 만들어진 안데스산맥으로 생겨난 소금광산이다. 소금물 샘터에서 내려다본 염전은 회색 내지는 흰색의 유리판을 깔아 놓은 듯한 그림 한 폭을 보는 듯 황홀했다. 내륙 염전은 에티오피아와 중국 티베트에도 있다는데 직접 본 것은 라오스에 이어 두 번째였다. 라오스는 지하에 흐르는 소금을 양수기로 퍼올려 건조시키는 방법이었는데, 이곳은 높은 샘에서 나오는 소금물을 낮은 염전으로 흐르게 하는 방식이었다.

700여 년 전 잉카시대에 만들어진 유적지 두 곳을 탐방하고 쿠스코로 돌아오니 또 저녁이었다. 그간의 피로도 풀 겸 사우나와 잉카 마사지를 경험하기로 했다. 여러 사람에게 길을 물어 좁은 골목길 막다른 곳에 있는 사우나장을 찾았다. 비교적 크고 잘 정리되어 있었지만, 이용료가 25솔, 우리 돈 8,000원이나 해 놀랐다. 여기에 수건과 슬리퍼, 실내복 대여료로 1,500원을 더 내라고 하더니, 9시 30분에 영업을 끝내야 한다며 조금 늦게 입장한 나에게 빨리 끝내라고 10솔을 깎아 주겠다고 했다. 한증실로 들어가니 뚱뚱한 오십 대 중년 남녀가 땀을 뻘뻘 흘리고 있었다. 그리고 욕조로 된 탕을 이용하려고 하니 다시 25솔을 내고도 20분 이상 이용할 수 없다고 해 이해가 가지 않았다.

내친김에 30솔을 더 주고 잉카 마사지까지 하기로 했다. 한쪽 귀퉁이에 놓인 침대 한 곳을 골라 누웠다. 원주민 남성이 전신 마사지를 하기 시작했다. 동남아 발마사지에 비해 개운하지 않았다. 잉카 마사지라는 말에 호기심이 생겼으나 마사지 기술은 부족했다. 끝났다고 몸을 흔드는 바람에 눈을 떴다. 부랴부랴 호텔에 돌아와서 보니 손목시계를 사우나장에 두고 와, 다시 가서 닫힌 문을 두드려 겨우 찾아왔다.

:: 티티카카 호수로 가는 고원도로

늦은 밤부터 힘차게 내리던 빗줄기가 약해지긴 했지만, 카세레스Caceres 호텔 처마 끝에 물방울 떨어지는 소리는 낭랑했다. 미리 짬을 내어 티티카카Titicaca 호수가 있는 푸노Puno 시로 가는 버스를 여행사를 통해 예약했었다. 아침에 버스터미널에 데려다주는 것까지 약속했는데 7시 30분에 온다던 여행사 직원은 8시나 되어서야 허겁지겁 티코 택시를 타고 나타났다. 그러고는 버스정류장이 아닌 푸노 쪽으로 가자고 택시기사를 재촉했다. 그가 늦는 바람에 10분 전에 출발한 버스를 놓쳤던 것이다. 그래서 우리는 버스 뒤를 따라가고 있었다. 이 버스는 쿠스코에서 211km 떨어진 푸노까지 가는 동안 역사문화 유적지 다섯 곳을 들를 예정이었다.

열심히 쫓아가 시내에서 50km 정도 떨어진 곳에서 약 150년 전에 세운 성당을 구경하는 버스를 만났다. 예매할 때 맨 앞자리를 예약해 준다고 했지만 뒤로 밀렸다. 그러나 책임을 다한 그를 나무라는 대신 오히려 감사를 표시했다.

이 버스노선은 기차와 마찬가지로 3,310m의 쿠스코보다 1,000m를 더 올라간 4,319m의 라라야 역이 있는 고개를 넘어 해발 3,855m에 위치한 티티카카 호수와 접한 푸노 시까지 간다. 쿠스코를 떠난 버스는 점점 고도를 높였다. 양쪽으로 웅장한 산을 끼고 그 사이에 펼쳐진 광활한 안데스 고원평야가 전개되었다. 관목과 풀로 가득한 초원에 라마와 알파카 무리를 몰고가는 원주민들의 모습은 목가적이었다.

버스는 인구가 희박한 고원지대의 작은 인디오 마을에 들러 사람들을 태우거나 내려주곤 했다. 버스가 멈출 때마다 4인조 인디오 전통악단의 애조 띤 음악소리가 심금을 울렸다. 특히 쿠스코에서 110km 떨어진 잉카의 고대도시 락치Raqchi의 크고 화려한 비라코차 신전Temple of Wiracocha 터, 건물벽, 도자기와 군사장비, 의식 목적으로 사용하는 옥수수 등의 곡류를 보관하는 원형 저장고 등은 잉카제국의 흥망성쇠를 보여 주는 유적지였다.

스페인인이 지나는 곳마다 잉카 유적지에 대신 세웠던 교회가 이곳에도 있었다. 그런데 아직 잉카 후예들은 가난을 벗어나지 못하고 전통 민예품을 늘어놓고 백인 여행자들의 처분을 기다려야 하는 모습은 애처로움을 넘어 신의 은총이 닿고 있지 않음에 야속하다는 생각마저 들었다.

몇 군데 유적지를 들른 버스는 다시 왕복 2차선을 달리기 시작했다. 이 도로는 잉카제국의 세력이 커짐에 따라 확장된 것이었다. 워낙 고산지대라 나무 한 그루 보이지 않는 삭막하고 스산한 계곡 사이를 달리는 버스는 대양을 항해하는 작은 조각배 같았다. 버스는 쿠스코-푸노 간 열차노선 중 가장 높은 라라야 역이 내려다보이는 고개 위에 멈춰 섰다.

해발고도 4,335m라고 쓴 안내판에 스페인어로 '즐거운 여행이 되길 기원한다'고 쓰여 있고, 그 옆에는 인근에 사는 인디오들이 양탄자나 옷감 등 민예품을 길가에 늘어놓고 손님을 기다리고 있었다. 어린아이는 자신이 기르는 라마나 알파카를 끌고 나와 관광객들 사이를 헤치고 다녔다. 이들에게 관심을 보이면 소년들은 물건을 팔아달라고 불쑥 손을 내밀었다. 그런데 대부분 고개 정상을 알리는 안내판이나 동물들과 사진을 찍는 것에 열중할 뿐이었다.

마침 라라야 역에 푸노로 가는 기차가 멈춰 서자 인디오 여인들이 물건을 팔려고 그쪽으로 몰려갔다. 쿠스코에서 푸노로 가는 열차는 중국 칭하이성青海省 시닝西寧 시에서 티베트 라싸Lassa로 가는 칭장철로Qingzáng Railway, 青藏鐵路와 리마에서 남쪽 안데스산맥 속의 해발 4,818m 되는 티클리오Ticlio 역으로 가는 철도에 이어 세계에서 세 번째로 높은 고산지대를 달린다. 칭장철로는 중국 내륙의 서부 대개발을 위하여 2006년에 개통한 것으로 총길이 1,956km에 해발 5,072m의 탕글라 고개Tanggula Pass, 唐古拉를 넘어야 한다. 그런데 이곳의 티클리오 역으로 가는 철도는 화물만 수송하고 여객열차는 없다고 한다.

이제부터 라라야 고개를 넘어 서서히 고도가 낮아지기 시작했다. 버스는 아야비리 마을을 지나 직물과 양모 거래의 중심지인 해발 3,825m의 후리아카Juliaca에 정차했다. 산악 고원지대의 중심지인 이곳에도 잉카 유적지가 있고 볼리비아나 남부의 여러 도시를 연결하는 교통의 요지였다. 200여 년 전인 1826년부터 개발되기 시작하여 양말이나 스웨터 등의 수공예가 발달한 도시로 스페인풍 분위기가 넘쳐났다.

:: 티티카카 호수 섬의 아리랑

이곳에 잠시 멈췄던 버스가 다시 출발했다. 이슥고 어둑어둑해질 무렵 푸노 시가 보이는 높은 언덕에 올랐다. 푸노 시가지 뒤로 검푸른 티티카카 호수의 신비스런 모습이 나타났다. 호수 너머로는 볼리비아가 희미하게 보였다. 꾸불꾸불 고갯길을 따라 내려갔다. 해발 3,830m에 이르는 세계에

❶ 락치의 크고 화려했던 비라코자 신전 터
❷ 비라코자 신전 근처에서 인디오 할머니 두 분이 쓸쓸히 앉아 있는 모습
❸ 고원 마을마다 인기리에 팔리는 알파카 털모자
❹ 표고 4,335m의 라라야 고개에서
❺ 페루에서 최고 높은 라라야 역에 정차한 기차

서 가장 높은 곳에 있는 도시에 내렸다. 2007년 1월 14일 토요일, 어둠이 깔리기 시작할 무렵이었다.

푸노의 첫 느낌은 오래되고 낡은 건물이 보이기는 했지만, 쿠스코보다는 조용하고 차분한 로맨틱한 분위기였다. 버스에서 내려 어디로 갈까 망설이고 있는데 같이 타고 온 승객 중에 이곳에 산다는 여인이 여행사로 안내해 주었다. 마침 퇴근을 준비하던 사장이 배낭을 멘 나를 보더니 반가워했다.

영어가 유창한 사장에게 티티카카 호수를 구경하고 볼리비아로 들어가고 싶다고 했더니, 볼리비아에 입국하려면 비자를 얻어야 하는데 오늘이 토요일이라 이곳에 며칠 머물러야 한다고 했다. 이 말은 듣고 볼리비아 방문은 훗날로 미루었다. 그리고 내일 하루 티티카카 호수에 있는 섬을 둘러보는 일정을 잡았다.

이튿날 아침 6시부터 우로스 섬Uros Floating Islands을 방문하고, 칠레 국경까지 가는 일정을 예약했다. 그리고 여행사에서 소개한 호텔에 여장을 풀고, 이곳의 명물인 송어구이로 저녁을 먹었다. 맛도 좋고 값도 저렴했다. 식당 여주인은 나홀로 여행자인 내게 이런저런 말을 걸어 주었다.

식당 밖에서는 축제가 있었는지 밴드를 앞세우고 버버리 코트에 머플러를 두른 신사 100여 명과 부인 등이 100m 정도 길게 늘어서서 행진을 했다. 그들은 좌우로 스탭을 밟아가며 시내를 떠들썩하게 만들었다. 이 거리 행진은 유네스코 인류무형문화재로 등재되어 매년 2월에 열리는 가톨릭의 전통과 안데스 인디오의 세계관이 가미된 칸델라리아 성모마리아 축제Candelaria Festival와는 별개라고 했다. 특히 2월에 수호성인 칸델라리아를 추모하는 축제가 있는데, 이때 전국에서 화려한 의상을 입은 수십만 명의 무용수와 수백 개의 전통무용단이 18일간 공연을 한다고 한다. 브라질 리우의 삼바 카니발과 볼리비아의 오루로Oruro 카니발과 비교되는 세계적인 축제가 이곳에서 열리는 줄은 몰랐다.

이 도시는 작은 주청 소재지지만 꿈과 낭만이 넘치는 곳이었다. 식당 주인은 이렇게 혼잡할 때는 소매치기를 조심해야 한다고 주의를 주었다. 그런데 갑자기 고산병 증세가 나타났는지 머리가 띵해지더니 어질어질했다. 얼른 숙소로 가서 편히 쉬어야겠다는 생각이 들었다.

여태까지 아무 탈 없이 잘 왔는데, 밤새 머리가 아파 잠을 설쳤다. 어제 저녁에 송어구이를 잘못 먹었나 싶어 정로환 세 알을 먹었다. 4,000m 되는 고원지대에서 벌써 며칠을 보내고 있었지만, 아프리카의 킬리만자로나 에베레스트의 5,800m 고지대에서의 경험을 살려 참기로 했다.

다음 날 아침 6시 푸노에서 대학을 다닌다는 린이라는 원주민 여학생이 나타났다. 투박하게 생긴 원주민이었다. 다행히도 영어로 의사가 통했다. 그녀는 원래 첫 배 출발시간은 7시 30분인데 나를 위해 여행사 사장이 배를 마련하느라 간밤에 애를 썼다고 했다. 이는 섬에서 나와 바로 다음 행선지인 아키레파로 가는 버스 시간에 늦지 않게 배려해 준 것이었다.

푸노만 부두에는 수백 척의 보트들로 가득했다. 린 양과 함께 검고 건장한 조타수가 모는 조그만 보트에 올랐다. 왱 하는 엔진소리와 함께 호수를 가로질러 나갔다. 물살을 일으키며 달리는데 린 양이 이미 티티카카 호의 많은 곳이 도시 확장으로 오염되었다며 안타까움을 나타냈다. 사실 이 호수는 그간 아름다운 자연환경과 때 묻지 않은 경치로 사랑을 받아왔으나, 지구온난화 등의 영향으로 수량이 줄어들어 수위가 낮아지고 있었다.

하지만 오염된 호수를 정화시키는 프로젝트가 있어 다행이라고 했다. 구름은 끼었어도 비는 내리지 않아 구경하는 데는 문제가 없었다. 하긴 이 지역의 연중 강수량은 610mm로 우리나라의 반도 되지 않은 반건조지역에 해당된다. 그리고 무엇보다 시원한 호수 바람을 쐬니 고산증이 사라졌다.

넓은 호수로 더 나아가자 바다와 다름없었다. 27개의 크고 작은 강물과 빙하물이 흘러들어 오는 대신 유출은 볼리비아의 데사과데로강 Desaguadero River으로 흘러가는 것과 증발에 의한 것으로 수량은 줄어들지 않는데 문제는 기후온난화로 빙하가 줄어드는 것이었다.

호수 면적은 서울시의 13.5배나 되는 8,135km²였다. 호수의 최대 길이와 넓이는 각각 190km와 80km이며, 해안 길이는 총 1,125km로 남미 최대다. 그리고 최대 깊이는 281m, 평균 깊이는 107m로 호수 내에 43개의 섬이 있다. 해발 3,812m에 위치한 호수 가운데를 경계로 페루와 볼리비아가 공유하는 국제 호수다.

호수를 사이에 두고 푸노 시와 코파카바나 시가 마주 보고 있다. 이렇게 높고 크고 얼지 않는 큰 호수로 인해 길이 79m의 2,200톤이나 되는 큰 배가 항행하는 지구상에서 가장 높은 호수다. 거기에다 볼리비아의 람사르 습지Ramsar Wetland를 포함하고 있어 세계 기록상 빼놓을 수 없는 호수임에 틀림없다.

우리가 탄 보트는 부두를 출발한 지 30분쯤 지나자 목적지인 우로스 섬에 닿았다. 미리 연락을 받았는지 붉은색 전통 인디오 의상을 입은 여인들이 반갑게 맞아 주었다. 섬에 첫발을 내디뎠을 때 보통 부둣가의 딱딱한 시멘트와는 반대로 물컹한 듯 사뿐히 안기는 느낌이었다. 4~6m나 자라는 갈대 토토라를 엮어 만든 떠 있는 갈대섬이었다.

이 갈대 두께가 무려 3m나 된다고 하니 놀라울 수밖에 없었다. 거기에 한 가족만이 사는 것이 아니라, 이 섬에 일곱 가족이 각자 갈대로 지은 집에서 살고 있었다. 뿐만 아니라 이 섬에는 꽃밭과 공동으로 고기를 잡는 낚시 구멍, 토마토와 채소 등을 키우는 텃밭도 있고, 돼지와 닭도 키웠다. 가축우리에서 나온 분뇨는 정원과 채소밭으로 보낸다고 한다. 또한 한쪽에는 태양열 전지를 설치하여 전구를 켜고 TV도 즐기고 있었다. 우리가 타고 온 모터보트와는 달리 거대한 갈대로 엮어 만든 배도 매어져 있었다.

한가운데에는 작은 운동장 겸 놀이터도 있어 섬 주민들과 배구놀이를 하였다. 배구를 할 만큼의 크기가 되고도 남았다. 재미있게 놀다가 한 가정씩 둘러보았다. 첫 번째 가정을 노크했더니 기다렸다는 듯이 인디오 전통의상을 입은 7명이 미소를 지으며 얼굴을 내밀었다. 그러고는 모두 집 앞에 서서 누구에게서 배웠는지 우리 동요인 〈산토끼〉와 〈엄마곰 아빠곰〉 노래에 맞춰 춤도 추었다. 거기에 찬송가 한 곡까지 거의 정확한 우리 발음으로 노래했다. 가락도 가사도 정확했다. 아마도 찬송가를 익힌 것으로 보아 선교사가 이곳을 방문했을 거라는 생각을 했다. 노래를 마친 그들은 예상했던 대로 손을 내밀었다. 나는 돈을 주기에 앞서 조건을 달았다. 이제부터 〈아리랑〉을 가르쳐 줄 테니 따라서 하는 것이었다. 그들은 박수를 치며 좋아했다.

먼저 아리랑을 선창했다. 내 노래를 들은 일곱 가구 사람들이 몰려들었다. 나는 아리랑을 한 구절씩 따라하게 했다. 어느 정도 익힐 때까지 10번 이상 반복했다. 그들은 가사를 잘 외우지는 못했지만 중학생 여자 아이는 제법 가사를 외웠다. 이렇게 노래 강습을 마치고 그들의 손에 얼마 안 되는 돈을 얹어 주었다. 아마도 나중에 그 섬에 간 우리나라 사람 중에 아리랑을 들었다면 다 내 덕일 것이라고 자부하고 싶다.

섬 안의 다른 집은 아침밥을 짓느라 풍로 앞에 앉아 열심히 부채질을 했다. 닭장에서 달걀을 꺼내 프라이를 만들고 있는 아낙네에게 정식으로 아침

❶ 쿠스코에서 티티카카 호수로 가는 약 4,000m 고원의 알파카와 라마 떼
❷ 고원 초원지대 한가운데 도로가 있고 그 너머로 만년설산이 있다.
❸ 티티카카 호수의 갈대 토토라를 엮어 만든 우로스 섬
❹ 티티카카 호수 위의 우로스 갈대섬에서 배구놀이를 하고 있다.
❺ 티티카카 호수 위 갈대섬에서 한 가족이 우리 동요를 부르고 있다.
❻ 갈대섬을 탐방하기 위해 티티카카 호수를 가르며 관광객을 태우고 오는 모터보트들

을 주문했다. 그녀는 계란프라이와 낚시 구멍에서 잡아올린 물고기 구이도 만들어 주었다. 참으로 운치 있는 아침 식사였다.

우로스 섬을 떠나야 할 시간이 되었다. 그들은 나를 위해 갈대섬 가장자리에 섰고, 나는 그들 앞에서 다시 한 번 아리랑을 불렀다. 그들이 따라 부르는 노랫소리를 들으며 우로스 섬을 떠나왔다.

이 호수에 있는 43개 마을에 한 섬마다 보통 4~8가구, 총 3천여 명이 거주하는데, 비록 한 섬만 방문했지만 그들의 삶을 체험한 것만도 행운이었다. 그러면서 그들이 여기에 살게 된 이유가 정복자인 백인들이 이 땅에 들어오면서, 그들을 피해 산속으로 숨어들거나 호수 한가운데로 쫓겨나게 된 것을 알고 씁쓸한 심정을 가누어야 했다.

:: 사막 속의 페루 국경을 넘어 칠레로

갈대 섬 구경을 마치자마자 숨 쉴 새도 없이 버스를 타고 서남쪽으로 292km 떨어진 해발 2,380m의 아레키파Arequipa를 향해 달리기 시작했다. 티티카카 호수보다 무려 1,500m나 낮긴 해도 여전히 고지대였다. 막상 푸노를 벗어나면서 줄어들 줄 알았던 높은 산들의 기세는 여전하였다. 버스를 타고 하산하는 것이 아니라 마치 행글라이더를 타고 산천경개를 구경하며 내려오는 듯한 느낌이 들었다.

나는 히말라야의 몇몇 고봉을 드나들면서 크면 큰 산맥일수록 올라가기 위해서 내려가야 하고, 내려가기 위해서 올라가야 한다는 것을 몸으로 익혀 잘 알고 있었다. 그렇게 등산이나 하산이 쉽지 않다는 말이다. 특히 페루는 면적이 한반도의 6배나 되는 129만km^2로 열대우림과 산악과 해안지대 사이의 건조한 사막지대가 있는 등 다양한 지형을 가진 나라다. 그중에서도 안데스산맥의 중추적인 위치에 있는 페루의 광활한 고원지대에

6,768m나 되는 최고봉을 비롯한 4,000m 이상의 산이 내뿜는 기氣가 잉카 문명을 이룩한 기개와 지혜를 낳은 것이 아니었을까 하는 생각을 하며 차창 밖을 내다보고 있었다.

차는 계곡과 수많은 작은 호수들 그리고 건조한 사막지대를 거침없이 달렸다. 차창 밖의 변화무쌍한 풍경에 넋을 놓고 바라보았다. 특히 콘도르가 4,000m 상공까지 날아올라 춤춘다는 깊은 대협곡과 도중에 만난 라마와 알파카를 몰고 다니는 원주민의 모습은 잠을 잘 수 없게 만든 볼거리였다. 그런데 아레키파에 거의 도착할 무렵 높고 짙은 회색의 미스티Misti산은 나의 마음을 끌고도 남을 만큼 미려했다.

5,822m의 원추형 모습은 아프리카 초원 위에 솟아오른 5,895m의 킬리만자로 산과 형제지간인 것 같은 생각이 들었다. 두 산 모두 화산이 낳은 비슷한 높이의 고봉으로 생김새도 닮은 데가 많기 때문이다. 또한 두 산 모두 겨울에는 중턱까지 흰 눈으로 덮여 신선의 모습을 보여 주었다.

그리고 대개의 화산이 그렇지만, 킬리만자로나 미스티산은 분화하면서 배출한 화산재가 오랜 세월이 흐르면서 토양을 비옥하게 만들어 그 지역의 농업 생산에 크게 도움을 주고 있다. 아무튼 미스티산에 가까이 접근할 수는 없었지만, 킬리만자로는 정상까지 올라본 경험이 있기에 정상에 오르는 감정을 느낄 수 있었다. 다만 킬리만자로는 처음 분화한 이후 폭발한 기록이 없으나, 미스티는 1985년까지 분화하는 등 계속 이어진 화산활동으로 피해를 주고 있다는 점이 달랐다. 여기에 최근까지 일어난 지진으로 인명과 재산 피해가 크게 일어나는 등 이 지역이 화산과 지진이 자주 발생하는 불의 고리에 속해 있음도 기억해 두어야 할 것이다.

아레키파 주위에는 미스티산 외에도 6,057m의 차차니Chachani산 등이 있어, 이 도시는 거산들의 품에 조용히 안겨 있는 듯했다. 드디어 버스터미널에 내렸다. 페루 제2의 도시로 인구 약 80만 명이 인접한 사막의 건조한 기후에도 불구하고 안데스에서 흘러내린 빙하물 덕분에 농축업이 성행하는 등 페루 남부의 집산지로서 기능을 맡고 있었다.

이 도시 역시 과거 잉카제국의 한 중심지였지만, 1540년 프란시스코 피사로에 정복당한 이후 두 문화가 공존하는 등 지금은 도시의 역사지구는 유네스코 세계문화유산으로 등재되어 많은 사람들이 찾는 관광지다. 시내를 둘러보니 스페인풍의 도시설계 양식이 눈에 익숙했다. 아르마스 광장을 중심으로 스페인 콜로니얼풍의 성당과 수도원, 박물관 등의 건축물과 그 주위에 식당, 호텔, 은행 등이 포진해 있고, 지역 풍토에 맞는 가로수 등은 남미 어디에서나 볼 수 있는 낯설지 않은 광경이었다.

짧게 아레키파를 둘러보고 서둘러 약 500km 떨어진 칠레와의 국경도시 타크나Tacna로 떠나는 비행기를 타기 위해 공항버스에 올랐다. 공항은 시내에서 8km 정도 떨어져 있다. 비행기를 타기 위해 활주로를 걸어갔다. 국내선 전용의 좁은 공간이었지만, 하늘에서 아레키파 주위의 산과 사막 경치를 보는 것도 흥미로운 듯했다. 과연 흰모래가 파도치듯 펼쳐진 사막이 석양빛에 붉게 물든 광경은 말로 형용할 수 없을 만큼 아름다웠다.

이 신비스러운 사막은 페루 남부 안데스산맥 서쪽에서 볼리비아 서쪽 끝 지역을 지나 칠레 중북부까지 약 1,000km의 태평양 연안을 덮고 있는 세계에서 가장 건조한 아타카마 사막Atacama Desert이다. 이 사막은 연 강수량이 15mm도 안 되며, 페루와 칠레 국경지역 일부에는 거의 비가 내리지 않는다고 한다.

이런 건조현상으로 이 지역 6,000m의 고봉에 눈이 쌓이지 않는다. 경우에 따라서는 수십 년간 비 한 방울 내리지 않아 혹독한 가뭄을 겪기도 한다.

❶ 페루 아레키파 인근의 세계에서 가장 건조한 아타카마 사막 ❷ 페루와 칠레 국경지대의 아타카마 사막과 태평양 ❸ 페루 아레키파의 미스티산

그런데 최근의 기후 변화로 남극 대서양에서 발달한 전선이 북상하면서 산악지대에 많은 눈이 내려 볼리비아의 건조지대에 때아닌 홍수가 발생한 적도 있단다.

지독한 건조사막지대 상공을 날면서 이런저런 생각을 하는 사이, 멀리 태평양이 보이자 착륙 준비 안내 방송이 들려왔다. 공항은 사방이 모래로 둘러싸인 사막 한가운데 있었다. 공항 로비를 나서자 승객을 태우려는 운전기사들로 북적댔다. 이곳에 내리는 많은 사람들이 국경을 넘어 칠레로 가는지, 나를 만난 운전기사도 칠레 국경도시 아리카Arica까지 가지 않느냐며 값을 흥정했다. 하여 30달러를 주기로 하고 30km 되는 아리카까지 가기로 했다.

안데스에서 흘러내리는 물을 이용하여 재배하는 타크나 지역의 목화, 사탕수수, 포도 등을 보지도 못하고 페루를 급히 떠나는 모양새가 되었다. 그런데 이 국경지역은 예전부터 페루, 칠레, 볼리바아 3국간의 분쟁이 있었던 곳으로 페루군의 전투기념비가 세워져 있다.

130여 년 전에 볼리비아와 페루가 비밀협정을 맺고 칠레를 적대시하게 된다. 그리고 볼리비아 정부가 광산업자들에게 강제로 세금을 부과하자, 이들이 칠레 정부에 호소한 것이 도화선이 되어 소위 태평양전쟁이 발발했다. 그러나 1879~1883년간 벌어진 이 전쟁에서 칠레가 페루 리마를 점령하면서 전쟁은 종식되고, 칠레는 이곳까지 영토를 북쪽으로 확장했다.

이때 볼리비아는 태평양에 접해 있던 영토를 빼앗겨 내륙국이 되고 말았다. 국경을 접하고 있는 나라들의 영토를 둘러싼 힘겨루기는 동서고금을 통해 흔한 일이다. 그러나 분명한 것은 전쟁에서 지면 그 결과는 너무 참혹하다는 것이다.

처음 거대한 해안사막지대의 한가운데를 달리다 보니 기분이 묘했다.이 도로는 북미 알래스카 페어뱅크스에서 아르헨티나 남단까지 잇는 약

48,000km의 남북아메리카대륙을 종단하는 도로 팬아메리칸 하이웨이pan-American Highway, PAH다. 이 하이웨이의 일부 구간을 달린다는 것 역시 야릇한 느낌을 주었다.

페루와 칠레 국경 경비초소와 출입국관리 시설물도 사막 한가운데 있었다. 사람들이 출국 수속을 밟기 위해 길게 줄지어 있었는데 나를 태워다 준 운전기사는 관리 직원들과 안면이 있는지 그들에게 다가가더니 금방 출국 수속을 해 주었다. 고마운 일이었다.

이어 칠레 입국 수속이었다. 이번에는 새치기는 없었다. 운전기사와 나는 같이 입국심사를 받았다. 대한민국 여권은 무비자로 입국이 가능했기에 금방 입국이 허용되었다. 짐 검사를 받을 때 여기저기 다니면서 사 모은 종자들이 배낭 속에 있어 마음에 걸렸다. 역시 배낭을 열어 보라고 했다. 간식용 볶은 콩을 옥수수 등 수집한 종자 위에 올려놓았기에 그들은 알 수 없었다. 겉만 보고 통과시켜 주었다. 종자 유출에 대한 경계가 예전과 달리 엄격한 면이 있었다.

이렇게 입국 수속을 마치자 운전기사는 칠레 중부의 산티아고에 가는 버스터미널까지 안내해 주었다. 그러고는 잽싸게 움직여 한 자리밖에 남지 않은 좌석을 마련해 주었다. 그와 약속한 돈에다 팁을 얹어 주자, 그는 좋은 여행이 되길 기원한다며 나를 힘차게 포옹하고는 다시 국경을 넘어 페루로 돌아갔다.

지구 남쪽 끝과 닿은 칠레

:: 아타카마 사막에서의 검문검색과 FTA

칠레Chile로 들어섰다. 여기서부터 산티아고까지 약 2,000km, 버스로 대략 30시간 걸린다. 참으로 긴 여정이다. 칠레는 안데스와 태평양 사이에 폭 175km, 길이가 무려 4,630km로 가늘고 길게 남북으로 뻗어 있는 세계에서 가장 긴 나라다. 좁고 길다고 작은 나라는 아니다. 면적은 한반도의 3.5배, 인구도 2천만 명에 1인당 국민소득 1만5천 달러로, 중미의 멕시코를 제외하고 남미대륙에서는 유일하게 OECD 회원국이다.

그리고 칠레는 세계에서 가장 강한 FTA 왕국이다. 현재 우리나라는 관세 철폐에 주요 초점을 맞춘 특혜무역협정인 자유무역협정FTA을 52개국과 발효시켜 칠레와 멕시코에 이어 세계에서 세 번째 강국으로 등극했다. 그런데 52개국 중 2004년 최초로 FTA를 맺은 나라가 바로 칠레다. 다시 말해 칠레는 우리나라 국제무역 자유화를 통한 통상 확대를 위한 첫 시험무대였다.

한 · 칠레 FTA 협상이 진행 중일 때, 농업 강국 칠레와의 협상을 반대하는 시위가 엄청났었다. 반면에 정부와 산업계는 칠레를 중남미대륙의 진출을 위한 전진기지로 삼아 수출 확대 기회로 삼으려고 했다. 당시 농업경제학도들은 FTA 협상을 둘러싸고 찬반으로 나뉘었다. 나는 전체적인 국부를 늘려야 한다는 차원에서, 농업이 입은 손실을 보조정책을 통해 메워주는 정책 발굴을 전제로 FTA 협정을 반대하지 않았다.

결과적으로 농업계에서 우려했던 농축산물 부분에서의 피해는 예상보다 크지 않은 반면, 비농업부문에서의 성장은 컸다. 이를 계기로 한국은 10년 만에 세계 무역 10대국 반열에 진입했다. 그래서일까, 다른 사람은 몰라도 나는 칠레 하면 제일 먼저 떠오르는 것이 바로 FTA다. 그리고 서울신문에 칼럼을 연재하는 동안 남미에서 경험한 '농업과 국제화'라는 제목으로 글을 쓰기도 했다.

버스는 어둠 속의 아타카마 사막을 거침없이 달렸다. 새벽 1시가 넘어 잠을 청하는데, 승객들의 웅성거리는 소리가 들렸다. 앞에 앉은 젊은 여성이 모두 차에서 내려야 한다고 했다. 그리고 버스 밑 짐칸에 넣어 둔 짐을 모두 꺼내 검사대에 올려놓아야 했다. 모래사막 한가운데에서 오도가도 못하는 상황이었다. 경찰의 여권 검문과 짐 검색이 시작됐다. 모든 가방을 열고 철저히 검사했다. 잘 훈련된 덩치 큰 탐지견 두 마리가 냄새를 맡으면서 검사대 위를 오르내렸다. 그리고 승객들 사이를 헤집고 다니며 킁킁거렸다. 한밤중의 사막은 살벌한 분위기였다. 인접국에서 유입되는 마약과 불법 농산물 유입을 막기 위한 검색이었다. 경찰이 두 승객의 짐 속에서 농산물을 찾아내어 압수하는 바람에 출발이 지연되었다. 무려 두 시간 후에 검문이 끝나고서야 버스는 다시 남쪽으로 달렸다.

다리도 펴지 못한 채 불편한 자세로 잠을 청했다. 그런데 검문소가 또 나타났다. 잠결에 나는 산티아고에 도착한 줄로 착각했다. 이번에도 짐칸에 있는 짐을 전부 꺼내 검사대 위에 올려놓았다. 마약견까지 동원한 철저하

페루-칠레 국경에서 산티아고로 가는 버스

고 치밀한 검사였다. 여기서도 한 시간 이상 조사가 진행되었다.

이렇게 한밤중에 두 번의 검문검색을 당하면서 칠레는 칠레, 페루는 페루, 남미는 하나가 아닌 각자의 국익을 추구하는 독립된 국가임을 재인식했다. 왜냐하면 당시 국내에서 한 · 칠레 FTA 협정을 반대하는 것을 넘어 폐기를 주장하는 여론이 돌고 있었다. 즉 반대 여론 중에는 만일 한 · 칠레 FTA 협상이 타결되면 이는 칠레와 협정을 맺는 것이 아니라 남미 전체와 맺는 것이다. 그렇게 되면 칠레를 주축으로 남미대륙이 하나가 되어 우리 농업이 초토화될 것이란 루머가 떠돌았었다.

당시는 물론이고 지금도 칠레는 단일 국가로서는 세계에서 가장 많이 FTA를 체결한 나라다. 당시 우리나라는 첫 번째 FTA 협정이었지만 칠레는 이미 무려 50여 개국과 협정을 체결하고 있었다. 이와 같은 칠레의 개방 정책은 폐쇄적인 사회주의 체제와 달리 남미대륙에서도 가장 건실한 경제

구조를 가진 매우 안정적인 통상국가로 성장하게 된 원인이 되었다. 이후 칠레산 와인은 우리나라를 비롯한 아시아의 포도주 시장을 석권하다시피 했다. 그제서야 칠레가 왜 이토록 FTA에 나라의 명운을 걸고 있는지 알게 되었다.

미국 캘리포니아에서부터 칠레에 이르는 수천 킬로미터의 연안지방은 포도 재배에 알맞은 기후 조건으로 많은 농가가 포도 생산에 힘을 쏟고 있다. 중남미 농업지대를 둘러보면서 느낀 것은, 아르헨티나 등 여러 나라도 칠레 못지않게 포도 재배면적과 와인 공장 수에서 뒤지지 않지만, 이들 국가는 칠레의 적극적인 개방정책에 밀려 세계 시장에서 고전을 면치 못하고 있었던 것이다. 이런 점을 감안하면, 우리는 지금까지 국내 농업을 지켜야만 한다는 수세적인 입장만 취해 온 것을 뒤돌아봐야 한다.

이러한 입장은 우리 농업이 지니고 있는 여러 특수성 때문에 어쩔 수 없는 선택이긴 했다. 우리나라 수출 품목 가운데 수출 액수로 많은 분야는 반도체, 선박, 자동차, 석유제품 등이다. 이 수출품의 원료나 자원은 하나도 나지 않지만, 이러한 원료를 수입하여 가공한 뒤 역수출하여 수출 대국이 된 것을 모델로 삼아 농업에 대한 생각을 가다듬어야 한다.

그렇다면 우리 농업도 역공세를 펼 방도가 있지 않을까. 예를 들면 농산물 자체를 수출하기보다 국내외 농산물을 원료로 하는 가공산업을 포함한 농자재산업을 진흥시켜 부가가치를 높여 수출만 할 수 있다면 석유류 못지않은 농산물 수출국이 되지 않을까. 기왕에 나선 FTA 강국 이미지를 살리는 농업에서의 공세적인 정책 채택을 전제로 한 공략 방법을 모색할 수 있을 것으로 생각했다.

사막을 달리면서 철저한 검문검색을 하리라고는 생각지 못했는데 아무 탈 없이 차는 밤새 달리고 달렸다. 아침이 되고 점심 때가 되자 두 명의 운전기사는 번갈아 가며 버스에서 내려 미리 주문한 식사와 물을 승객들에게 제공해 주었다. 끝나지 않을 것같이 삭막하게 보이던 사막도 끝나 가는지 서서히 숲과 녹색의 목장과 포도밭이 눈에 띄게 늘어났다. 버스 안에는 화장실이 있긴 해도, 작은 도시와 마을을 지날 때 차를 세워 잠깐 볼일을 보곤 했다.

다시 어두워지기 시작할 무렵 마지막 식사라면서 닭튀김과 감자칩, 빵을 나누어 주며 5시간을 더 가야 한다는 말을 덧붙였다. 드디어 밤 11시가 되어서야 산티아고 버스터미널에 도착했다. 무려 30시간 이상 걸린 대장정이었다.

버스터미널은 어둠에 묻혀 있었다. 산티아고에는 나를 아는 이도 없고 정해 놓은 호텔도 없었지만, 페루를 떠나 새로운 곳에 왔다는 설렘이 더 컸다. 과거에 얽혀 있는 듯한 잉카로부터 벗어났다는 작은 해방감마저 느껴졌다. 터미널에서 가까운 호텔 문을 노크했다. 로비에는 임페리얼 호텔이라고 쓰여 있고 하룻밤에 20달러였다.

:: 산티아고의 추억

아침 일찍 일어나 호텔에서 얻은 관광지도를 보고 시내 중심가 산타루시아 언덕 Cerro Santa Lucia 근처에 있는 리베르타도르 호텔 Liberatador Hotel로 옮겼다. 볼 것들이 있는 시내 중심가에 있기도 했지만, 숙박료도 다른 호텔에 비해 월등히 싼 40달러였기 때문이다. 저렴한 호텔로만 다녀서 그런지는 몰라도 그동안 묵었던 호텔 중에서 시설이 가장 좋았다. 시내 한복판이니 웬만한 곳은 걸어서 다닐 수 있는 이점도 있었다.

여행사를 찾아가 아르헨티나로 가는 다음 날 아침 국제버스를 예약했다. 이구아수 폭포를 보고 브라질 상파울루로 가기 위해서였다. 이렇게 일정을 정하고 나니 비로소 산티아고가 보이고 칠레가 보이기 시작했다. 산티아고 시내 풍광도 그렇고 시민들이 풍기는 분위기는 다른 중남미 국가에서 보던 것과는 달리 여유롭고 스마트하다는 느낌을 받았다. 이는 아마도 중남미 여느 국가보다도 국민의 경제적 수준이 높기 때문이었을 것이다.

우선 세련된 상점들과 각종 생활용품, 음악 테이프 등을 파는 노점상이 즐비하게 늘어선 거리를 지나 아르마스Armas 광장으로 향했다. 중남미의 거의 모든 도시와 미국의 히스패닉계가 많이 거주하는 도시 중심지에 있었던 것처럼 이곳에도 아르마스 광장은 있었다. 때로는 마요르Mayor 광장으로 불리기도 한다는데, 영어로는 '무기'의 뜻을 가진 arms나 weapon과 깊은 사연이 있음을 어원을 추적해 보면 짐작할 수 있다.

한때 프랑스, 영국, 네덜란드와의 경쟁에서 우위에 섰던 스페인에 의해 평화가 유지되던 소위 팍스 히스파니카Pax Hispanica, paz espanola 시대에 도시가 건설되던 17세기 초였다. 이때 도시 정중앙을 스페인 정복자들은 아르마스란 이름을 붙였다. 그런데 스페인이 건설한 대부분의 도시들은 로마 군단이 정복지에서의 방어와 공격을 위해 세운 요새 또는 군사기지라는 의미의 라틴어 '카스트럼castrum'의 중심에 광장을 만든 것이 아르마스였다. 그 광장을 중심으로 정부 청사와 교회 그리고 정치문화적으로 중요한 건축물이 둘러싸고 있다.

군사적인 무기라는 뜻의 아르마스 광장이 도시 중앙에 위치하면서 당시 세계 최강국이었던 스페인은 팽창정책을 과시하면서 원주민들의 복종심을 이끌어내는 수단으로 이용하지 않았을까 추측할 수 있다. 사람들은 말한다. 세계 어느 도시라도 명명된 이름과 공간은 당시 상황을 표현하는 상징이다. 이러한 상징은 당시 사람들의 정신적 구심점으로서 역할을 기대했을 것이다. 강한 의미의 무기라는 뜻을 지닌 이름에 걸맞게 이곳에서 주말이면 군대 사열식 등의 의식을 보여 주었다는 것에서 그 진의를 추측할 수 있다. 그러니 라틴아메리카의 수많은 아름다운 광장에 담긴 군사적 의미의 아르마스라는 이름은 과거 정복시대의 유산으로 짙게 남아 있다.

역시 아르마스 광장과 인접한 거리에는 산티아고의 문화유산으로 가득했다. 대성당, 시청사, 국립역사박물관과 인근의 건물들을 둘러보면서 스페인 본국의 도시에 와 있는 듯한 착각을 불러일으켰다. 그리고 가까운 곳에 대통령궁으로 쓰이는 화려한 모네다 궁전Palacio de la Moneda도 보았다. 애초 이곳은 1805년 처음에는 조폐국으로 건립되었으나, 1846년부터 대통령궁으로 사용되기 시작했다. 그래서 궁전 이름이 스페인어의 '돈'이란 말인 '모네다'에서 왔다는 것이다.

그러다가 1973년 육군참모총장이던 피노체트Pinochet의 쿠데타에 의해 수세로 몰리던 당시 아옌데Salvador Allende 대통령은 이곳을 최후의 방어선으로 삼아 끝까지 사수하다가 사망하여 유명한 명소가 되었다. 그때 아옌데 대통령은 공중폭격으로 건물이 불타 문화재 일부가 소실되는 등의 심각한 상황에서도 절대로 항복은 없다고 버티다가 자살했다고 전해지고 있다. 이러한 정치적 배경을 소재로 〈산티아고에 비가 내린다〉는 영화가 만들어졌다.

그런데 프랑스에서 만든 이 영화의 제목 '산티아고에 비가 내린다IL PLEUT SUR SANTIAGO, It's raining on Santiago'는 말은 쿠데타를 일으킨 군부의 '진격하라'는 암호였다. 그래서 세계 최초로 국민에 의해 선출된 아옌데의 사회주의 정권은 미국의 지원을 받은 피노체트 장군에 의해 무너진다. 그날 일어난 일을 다큐멘터리 형식으로 만든 영화로 군의 작전암호를 제목으로 삼은 것은 남다른 의미를 전해 주고 있다. 그런데 쿠데타가 발생한 지 2년 뒤인 1975년에 이 영화가 제작된 배경에는 당시 프랑스에서 영향력이 컸던 진보적 좌파운동과 남미에서 진보적 성향을 띤 아옌데 정권이 바뀐 것과 연관지어 영화를 평가하는 지적도 있다.

동시에 프랑스 파리를 점령한 독일군이 퇴각하면서 파리의 모든 것을 폭파하라는 명령을 내린 히틀러가 그의 부하장군에게 폭파 여부를 확인하는 전화 '파리는 불타고 있는가IS PARIS BURNING'를 영화로 만든 것같이 이 영화 제목이 주는 의미를 되새기게 만들었다.

대통령궁과 시내 구경을 마치고 궁전 앞의 아옌데 대통령 동상을 뒤로 하였다. 격일로 아침 10시에 행해진다는 대통령궁 근위병들의 절도 있는 교대식은 보지 못해 아쉬웠다.

산티아고에서 꼭 봐야 한다는 옛 요새였던 해발 629m의 산타루시아 언덕Santa Lucia hill으로 걸음을 옮겼다. 산티아고에는 이 언덕 외에도 시내 어디서나 볼 수 있는 또 하나의 언덕인 표고 880m의 산크리스토발 언덕San Cristobal Hill을 찾는 사람들도 많다. 두 언덕을 다 오르기에는 시간이 부족하여 거리도 가깝고 역사적인 의미가 큰 산타루시아 언덕으로 방향을 잡았다.

한여름이라 햇볕이 제법 따가웠다. 이 언덕은 잉카제국을 정복한 프란시스코 피사로의 부하장교였던 발디비아Pedro de Valdivia가 1540년 12월 산티아고에 온 이래 인디오의 공격에 대비하여 쌓은 요새다. 그러나 그는 칠레 중남부에 살던 마푸체족에게 포로가 되어 죽임을 당하고 말았다. 그러나 오늘날 그를 기리는 동상이 산타루시아 언덕에는 물론 사람들의 왕래가 많은 명소에 서 있다.

언덕 입구에서부터 여러 동상과 아름다운 분수대, 그리고 예술가와 정치가, 군인 등을 기리는 조형물들이 늘어서 있다. 계단을 타고 천천히 정상을 향해 올랐다. 바위로 된 정상에 오르니 시야가 탁 트이면서 넓게 펼쳐진 광활한 시내 전경이 한눈에 들어왔다. 계획된 도시와 현대식 건물과 18세기 스페인 식민지 양식의 건축물 등이 잘 조화를 이루고 있었다. 성모 마리아상이 서 있는 산크리스토발 언덕 뒤로는 해발 6,000m가 넘는 고산준령이 길게 이어진 천혜의 명당이었다.

Saludfácil
489-4000
$300

MUSEO NACIONAL

韓国料理
한국식당
인심좋은 숙이네

정상의 붉은 벽돌로 견고하게 쌓은 이달고 요새Fort Hidalgo 근처 여기저기에는 이 요새가 지닌 역사적인 사실을 잊은 채 젊은 커플들이 진한 애정 행각을 벌이고 있었다. 당시의 생사와 족속의 운명을 건 470년 전의 싸움을 생각하기에는 너무 많은 시간이 흘렀음을 말해 주고 있는 듯했다.

서울의 상징인 남산 높이 270m와 춘천분지 한복판에 우뚝 솟아 진산이라 부르는 봉의산 305m보다 훨씬 높은 곳을 언덕이라 부르는 이유가 안데스의 거대한 산들이 줄지어 있기 때문일까 생각해 보았다. 설사 산티아고의 시내 평지 표고가 500m 내외라도 말이다. 하긴 네팔에서는 4,000m 이하는 모두 언덕이라 한다.

이제 올랐으니 내려갈 차례다. 조심스럽게 바위산의 좁은 계단을 타고 내려왔다. 역시 언덕 아래는 삶의 현장이었다. 언덕 정상과 시내 평지와의 차이는 불과 69m에 지나지 않지만, 삶의 모습은 고산의 정상과 깊은 계곡 차이보다 더 큰 생존경쟁의 현장이 눈앞에 있었다. 이런 흥청거림과는 다른 이 나라 최고의 지성이 모였다는 칠레대학 안내판이 앞에 보였다. 아는 교수는 없었지만 캠퍼스로 들어갔다. 이 대학 출신인 서울 주재 칠레대사관에 근무하는 농무관을 몇 번 만난 기억이 났다. 그는 언젠가 칠레로 초대하여 농업문제에 대한 토론을 벌이자고 했었다.

무조건 대학 안내실을 노크했다. 내 신분을 밝히고 약속은 없지만 농업

❶ 산티아고 번화가에서 구두를 닦는 노신사
❷ 산티아고 국립박물관
❸ 산티아고 산타루시아 언덕에서 내려다본 시가지
❹ 산티아고 산타루시아 언덕의 이달고 요새
❺ 산티아고 산타루시아 언덕 분수대
❻ 산티아고 리틀 코리아타운의 한국 식당

경제학 관련 교수를 만나보고 싶다고 했다. 그는 지금은 방학 중이라 교수들은 만나기 어렵다며 대학안내서를 주었다. 혼자서 캠퍼스 건물을 살펴보았다. 역시 대학은 마음의 안식처이자 명상을 위한 장소다. 나무 그늘 아래 벤치에 앉아서 오가는 학생들을 바라만 보아도 좋았다.

이렇게 시내 관광을 마치니 어느덧 저녁이었다. 한국인을 만나보고 싶었다. 보통 외국에 가서 우리 동포를 쉽게 만나는 방법은 교회나 한국 식당을 찾는 것이다. 무조건 택시를 타고 가까운 한국 식당에 가자고 했더니 금방 데려다 주었다. 번화가에서 벗어난 거리에는 한국 식당들과 다른 업종의 한글 간판도 눈에 띄었다. 산티아고의 리틀 코리아타운이 아닐까 하는 생각이 들었다.

모처럼 김치찌개를 주문했다. 6달러를 받던 쿠스코보다 2달러 싼 가격이었다. 동포들이 하나둘 식당으로 들어왔다. 모두 우리말로 사업 얘기 등을 나누는 것을 들으니 좋기만 했다. 나그네인 나에게도 반갑게 얘기를 건넸다. 식당 주인은 20년 전 한국에서 봉제공장을 이곳으로 이전해 왔다가 식당으로 전업했다고 한다. 그는 그간 겪은 일들을 풀어놓으며, 이제는 이곳에 뼈를 묻을 거라고 했다. 그러면서도 발전된 고국을 그리워하는 표정을 감추지 않았다.

그는 저녁 무렵에는 인적이 드문 곳에는 절대 가지 말라고 신신당부했다. 어쩌면 목숨을 잃을지도 모른다며 자신이 잘 아는 택시를 잡아 주었다. 택시 안에서 식당에서 들고 나온 칠레한인회지인 〈교민 NOTICIA〉를 펴들었다. '꼬리 무는 남북정상회담설, 특사 임박 관측도'란 기사가 1면에 실려 있었다. 그런데 나중에 이 설은 사실이 되어 이 해 10월 당시 노무현 대통령은 군사분계선을 도보로 넘어 평양을 방문하여 김정일 국방위원장과 회담을 열었다.

한인회지를 읽으며 시내로 들어왔다. 아르마 광장에는 그야말로 휴식

나온 시민들로 인산인해였다. 한쪽 구석에는 간단한 마술을 선보이며 커다란 가방 속의 물건을 구경 나온 사람들 코 밑에 들이대고 있었다.

:: 버스를 타고 안데스산맥을 넘어 아르헨티나로

간밤에 모처럼 잘 잤는지 몸이 개운했다. 짧은 칠레 여행을 마치고 떠나려니, 코끼리의 한쪽 다리도 제대로 못 본 아쉬움보다도 서운함이 더 컸다. 칠레 남단에 사는 펭귄, 칠레 최고의 와인을 생산하는 안데스 중부 계곡, 광활하고 아름다운 파타고니아 지방의 화산과 호수, 남태평양 이스터Easter섬의 거대 석상 모아이Moai 등 남겨진 땅이 너무 많기 때문이었다.

버스 출발은 아침 9시 30분이었다. 조금 일찍 호텔을 떠나 터미널로 가면서 잃어버린 배터리 충전용 꽂이를 구하려 했으나, 구멍에 맞는 것을 구하지 못하다가 작은 가전품 가게에서 구했다.

국경을 넘어 365km 떨어진 아르헨티나의 멘도사Mendoza에 잠시 쉬었다 가는 대형 2층 버스에 올랐다. 1층은 앞쪽으로 약간의 좌석이 있고, 뒤쪽으로는 짐칸이었다. 버스 안은 청결하고 간격도 충분했다. 앞서도 그랬지만, 두 명의 운전수가 교대로 운전을 했다. 그 중 젊은 친구는 간단한 중식과 음료수를 제공하고, 국경을 통과할 때 출입국 수속을 도와주고 승객들에게 서비스를 했다.

나라 모양은 길지만 폭은 불과 175km 정도로 좁은 칠레 횡단은 종단에 비해 너무 싱거울 정도였다. 우선 57번도를 따라 북쪽으로 올라가다가 로스 안데스Los Andes에서 60번 도로로 바꿔 타고 동쪽으로 방향을 틀자 바로 안데스산맥에 들어섰다는 느낌이 확 다가왔다. 그 사이 풍요로운 평원에는 와인 수출국답게 포도밭이 끝없이 이어지고, 또 다른 작물도 무성했다.

드디어 안데스를 넘는 29개의 꼬부랑 언덕길을 따라 고개 정상을 향해

❶ 안데스산맥에 오르기 전까지 광활하게 전개된 포도밭 ❷ 칠레 쪽 험준한 안데스산맥
❸ 안데스를 넘는 칠레 쪽 29개의 꼬부랑 언덕길 ❹ 칠레-아르헨티나 국경의 칠레 이민국

힘겹게 올라가기 시작했다. 뒤를 돌아다보면 꾸불꾸불한 길이 마치 아마존의 거대한 아나콘다가 물속을 헤엄쳐 가는 것 같아 가슴이 서늘했다. 아찔한 절벽 위와 산사태를 피하기 위해 설치한 피암 터널을 지나 천천히 오르고 올랐다. 괜히 버스를 탔나 하고 후회하는 마음이 들 정도였다. 드디어 만년설이 바로 앞에 보이는 곳에 버스가 올라섰다. 안데스산맥의 유명한

포르티요 스키리조트까지 왔다. 산티아고에서 차량으로 160km 거리에 있는 해발 2,880m에 위치한 호텔이다.

1949년에 오픈한 스키장 리프트는 해발 2,548~3,310m를 오르내리며 수직 낙하도 762m나 된다고 한다. 이는 평창 스키장 평균고도 700m와는 비교가 안 되었다. 1965년에는 눈사태로 무너지기도 했으나, 북반구의 유럽과 북미 스키인들이 여름 스키를 즐기는 곳 중의 하나가 되었다. 지금도 워낙 눈이 많이 내리는 곳이다. 겨울에 폭설이 내리면 도로가 통제되어 양국 간의 교통이 두절되기도 한다. 이렇듯 히말라야산맥의 산들을 제외하고 남반구는 물론 유럽과 아프리카 그리고 오세아니아 중에서 가장 높은 산인 6,961m의 아콩카와Aconcagua가 바로 곁에 붙어 있다는 사실이다.

높고 황량한 표고 2,960m의 칠레 이민국 건물 앞에 도착했다. 모두 버스에서 내려 출입국 수속을 밟기 위하여 길게 줄을 섰다. 여권에 출국허가 스탬프를 찍어 주면 다시 승차하여 표고 3,200m에 건설된 길이 3,080m의 크리스토 레덴토르 터널Cristo Redentor Tunnel를 지나 아르헨티나 이민국 사무소에서 입국 허가 스탬프를 받고 아르헨티나 영토에 들어왔음을 실감하였다. 짐이 있는 사람은 꼼꼼하게 검사를 받고 배낭 하나인 나는 웰컴이라는 말을 들었다.

안데스는 동쪽의 대평원과 태평양을 잇는 큰 장애물이기도 하지만, 한편 외부 세력의 공격을 막아 주는 자연 방어물이다. 그런데 지구촌의 교류가 커지자 안데스를 넘어 문화와 교역의 통행을 위한 교통로가 필요해졌다. 이에 지금의 터널로는 늘어난 인적 · 물적 양을 소화하기에는 포화상태에 이르렀다. 그래서 각국은 대서양과 태평양을 연결하려는 프로젝트를 구상하거나 진행하고 있다.

현재의 칠레와 아르헨티나를 잇는 터널 외에 고도를 1,000m 낮게 제2의 터널을 만드는 안데스 도로 신설과 동시에 철도 터널 구상이 현실로 옮겨

❶ 아르헨티나 이민국에서 입국 수속 중인 차량들
❷ 아르헨티나에 속한 안데스의 모습
❸ 안데스를 넘자 급작스레 비를 동반한 광풍이 몰아쳤다.

지려 하고 있다. 그 외에 브라질에서 볼리비아를 거쳐 칠레 북쪽을 잇는 노선, 그리고 브라질에서 안데스를 넘어 페루의 태평양안을 연결하는 대륙횡단 고속도로 공사가 착공되었다는 얘기를 들었다. 우리나라 태백산맥이 동해안과의 교류와 소통에 장애 요인이었던 것을 해소하기 위해 고속도로와 철도망을 건설한 프로젝트와 비슷한 것이다.

아르헨티나 이민국에서 입국 절차를 받고 있을 때 브라질에 산다는 한국 사람이 말을 걸어왔다. 다른 회사 버스에서 내린 그는 미리 자기를 알았으면 좀 더 좋은 조건으로 안내해 줄 수 있었을 텐데 하며 아쉬워했다. 서로 다른 회사 버스로 왔기에 긴 이야기를 나누지는 못했지만, 이런 외딴 곳에서 동포를 만날 수 있었던 것은 잠깐이지만 큰 위로가 되었다.

안데스 고개 국경을 통과하면서, 1904년 칠레와 아르헨티나의 오래된 국경 분쟁을 끝낸 후 영원한 평화를 기원하는 높이 7m의 안데스 구주 예수상Christ the Redeemer in Andes을 터널이 지나는 3,832m 국경에 세워 놓았음을 알았다.

아르헨티나로 들어서자 지금까지 경사가 급한 칠레 쪽의 안데스에 비해 아르헨티나로 이어지는 도로는 그런대로 완만했다. 칠레와는 또 다른 안데스의 멋진 경관이 펼쳐졌다.

버스가 고개를 내려가기 시작하자 바로 세계적으로 유명한 아콩카와 국립공원 입구가 보였다. 킬리만자로 등 6,000m까지 트레킹을 해 본 나는 예전부터 이 산 정상까지 걸어서 가보고 싶은 마음을 갖고 있었다. 그래서 곁을 지나가는 것만도 다행으로 여겼다. 인근에 아르헨티나 쪽의 스키 리조트와 자연적으로 만들어진 아취형의 푸엔테 델 잉카Puente del Inca라는 다리가 있다. 《종의 기원》을 쓴 영국의 찰스 다윈이 1835년에 이곳을 지났다고 하며, 중국 티베트의 황량한 산악 분위기와 비슷하여 이곳에서 영화 〈티베트에서의 7년〉을 촬영했다고 한다.

티베트 고원을 두 번 방문한 나는 키 작은 풀 한 포기 자라기 힘든 삭막하고 황량한 티베트와 이곳과는 유사한 점이 더 많다는 생각이 들었다. 위인들의 발자취가 남아 있는 지역을 지나고 있는데, 갑자기 검은 구름이 광풍과 비를 몰고 와 안데스 계곡을 덮쳤다. 계곡은 금방 캄캄해지고 작은 골짜기에서 물이 콸콸 쏟아져 내렸다. 순식간에 일어난 일이지만 자연의 위대한 힘을 보며 나약한 나를 다시 바라보았다.

대평원 팜파스의 나라,
남미의 백인 국가 아르헨티나

:: 팜파스 대평원의 한복판에 서서

그래도 광풍과 빗속을 뚫고 버스는 1차 목적지인 멘도사Mendoza를 향해 달렸다. 안데스를 육로로 넘어 세계에서 여덟 번째로 큰 나라이자 스페인어권에서 가장 큰 나라인 아르헨티나로 들어왔다. 그리고 말로만 듣던 포도밭과 올리브 그리고 밀밭이 끝없이 펼쳐진 팜파스Pampas 대평원이 눈앞에 전개되었다. 그야말로 사방이 지평선뿐이었다. 수평선은 꿈이자 희망으로 보였지만, 지평선은 안정과 풍요로운 느낌을 주었다.

점심 무렵에 멘도사에 도착했다. 크고 작은 마을을 지나오면서 라틴아메리카의 여러 나라와는 다른 느낌을 받았다. 중남미 여러 도시의 건물들은 스페인에서 옮겨 온 듯 닮았다고 해도, 거리를 걷는 사람들의 모습이 달랐다. 아르헨티나의 도시들은 유럽에 있는 도시와 비슷했다.

이 나라의 인종 구성은 다른 남미 국가 대부분이 백인과 인디오 여성 사이에서 출생한 메스티소가 50~90%인 것에 비해, 백인이 92~97%로 우루과이와 더불어 남미의 백인 국가라고 불리고 있다. 그런데 문제는 이렇게 절대 다수가 백인이다 보니 인종 우월감을 가지고 있다는 점이다. 특히 흑인 계통이나 동남아시아 사람들이 방문하면 인종 차별적인 모욕을 주어 이웃 나라로부터 눈총을 받을 정도다.

멘도사에 도착하자 버스기사는 여기서 4시간 정도 쉬었다가 오후 6시 30분에 다시 떠난다고 했다. 어떻게 시간을 보낼까 망설이는데, 비토르라는 영어를 할 줄 아는 택시기사를 만났다. 그는 멘도사의 명품을 소개할 기회가 생겼다고 좋아하면서 먼저 멘도사에서 유명한 와인공장부터 가보자고 했다. 그가 안내한 곳은 세계적으로 유명한 보데가 로페스Bodega Lopez 공장이었다. 이곳은 와인공장이라기보다 와인박물관이었다. 공장 입구부터 옛 농기구와 트랙터, 와인을 제조할 때 쓰는 크고 작은 기구들을 보기 좋게 전시해 놓았다.

포도는 인근 재배농가와 계약재배를 통해 생산량 전량을 구입한다고 한다. 1898년에 설립한 이 공장은 아르헨티나의 자랑이라면서, 멘도사 주는 이 나라 와인의 90% 이상을 생산한다고 했다. 그리고 와인 생산 라인과 저장고를 보여 주었다. 지하 와인 저장고는 깜짝 놀랄 정도로 엄청난 면적에 크고 작은 오크통과 대형 스텐레스 탱커들이 쌓여 있었다. 연 1,500만 리터를 생산한다니, 감탄사가 저절로 나왔다. 우리나라에서 수입하는 아르헨티나 산 와인은 거의 멘도사에서 나온 것이다.

와인 생산이 왕성한 이유는 반건조지대인 멘도사 주는 일조량이 많고, 안데스 만년설에서 흘러내린 물 공급이 충분하기 때문이다. 실내 구경을 하고 포도밭으로 나왔다. 끝이 보이지 않을 정도로 사방으로 길게 뻗어 나간 포도나무에 포도가 주렁주렁 달려 있었다. 이처럼 풍성한 열매를 맺게 해 주는 팜파스 대평원 한복판에 서 있으니 감회가 새로웠다.

농업경제학을 공부하면서 세계의 대곡창이라 할 수 있는 아시아의 고대문명을 낳은 델타 지역과 북미대륙의 대평원, 유럽과 아프리카 등지의 경작

멘도사 와인공장의 포도농원과 와인 저장고

지대에 이어 팜파스 현장을 언젠가 꼭 밟아 보겠다고 벼르고 있었기 때문이다. 찰스 다윈도 그 옛날 이 지역을 지났다고 하니 더 의미가 있었다.

사실 팜파스라는 말은 원주민의 말로 '초원'을 뜻하지만, 남미 중위도 지역의 해발 평균 160m 저지대의 비옥한 평야를 말한다. 즉 남미대륙의 대서양과 접한 동남쪽의 우루과이 전체와 아르헨티나 중북부 지방과 우루과이와 인접한 브라질 남쪽 지방에 걸쳐 약 75만km^2의 면적을 차지하는 광대한 지역으로 2,500만 명의 인구가 살고 있다.

일반적으로 연 강수량 500mm를 기준으로 그 이하는 건조 또는 반건조 지역으로, 그 이상은 반습윤 내지 습윤지대로 구분한다. 19세기부터 개간하기 시작한 팜파스는 대서양에 면한 동쪽은 습윤 팜파스, 내륙의 서쪽은 건조 팜파스에 속한다. 그런데 습윤 팜파스는 상업적 혼합농업과 육류 생산이 중심이고, 건조 팜파스에서는 밀 생산과 소와 양을 주로 사육하고 있다.

아르헨티나의 경우 팜파스에서 생산한 육류와 밀과 옥수수를 전 세계에 수출하는 농축산물 대수출국이다. 이러한 자연의 혜택으로 아르헨티나는 20세기 초기 팜파스 농업을 중심으로 세계 10대 경제부국으로 부상한 신흥

강국이다. 나라가 부강해지자 유럽의 이민자들이 몰려들기 시작했다. 당시 아르헨티나는 미국에 이어 두 번째로 유럽인이 많이 이민 온 나라였다.

특히 풍부한 토지에 노동력이 부족했던 아르헨티나에 경제사정이 좋지 않아 실업자가 많던 이탈리아 중남부 등지에서 1880~1914년 사이에 200만 명 이상이 대규모로 이주해 왔다. 그리고 20세기 중엽까지 유럽에서 약 600만 명의 이민자가 더 들어왔다. 그 결과 애초에 이곳에 거주하던 원주민의 터전이 사라지는 원인이 되었다.

이러한 당시의 이민 상황을 이탈리아의 아동문학가 에드몬도 데 아미치스Edmondo De Amicis는 《아펜니노산맥에서 안데스산맥까지》라는 책에서 1880년대 아르헨티나로 돈 벌러 떠난 이탈리아의 이민 가정사와 당시 시대상을 잘 표현했다. 이는 우리나라와 일본에서 어린이들의 사랑을 받은 에니메이션 〈엄마 찾아 삼만리〉라는 제목으로 방영되었다.

아시아계 최초의 아르헨티나인은 일본인 후손이었지만, 이후 한국인, 중국인, 베트남인 등이 뒤따라 이어져 현재 6만 명 이상으로 커졌다. 특히 한국계의 경우, 1971년 박정희 대통령의 이민 장려정책에 따라 아르헨티나는 남미에서 한국계가 가장 많이 사는 나라가 되었다.

여기에서 아펜니노산맥Apennine Mountains은 이탈리아반도를 남북으로 1,200km나 길게 흐르는 산맥이고, 역시 안데스산맥은 남북으로 남미대륙 7개국을 지나는 7,000km의 대산맥으로 앞에서 말한 책에서는 아르헨티나를 의미하는 것이었다. 그만큼 이탈리아인들은 아르헨티나에 관심이 많았다. 이 나라가 반세기 전만 해도 선진국의 하나였는데 현재 선진국 대열에서 뒤처진 이유를 군부 쿠데타 등에 의한 정치불안과 체제와 제도적인 측면에서 찾고 있다. 그러나 재도약을 위한 잠재력은 여전히 크다는 것을 알 수 있다.

보데가 로페스 와인공장을 나오자, 운전기사는 국가 독립 영웅으로 존경

받는 산마르틴의 이름을 따서 1896년에 건립한 산마르틴 공원San Martin Park으로 안내했다. 평일이어서 사람은 많지 않았다. 넓이가 393ha로 평수로 환산하면 무려 118만 평에 이르는 거대한 공원에 30여 개의 거대 조각상이 곳곳에 세워져 있었다. 말을 모르는 나는 그 조각상이 지닌 의미를 알 수 없어 아쉬웠다.

다시 떠날 시간이 되었다. 공원에서 나와 코르도바Cordoba행 버스에 올랐다. 시가지를 벗어나자 농산물을 운반하는 대형 차량과 도로변에는 온갖 농산물 관련 시설과 건물들이 있었다. 도시나 농촌지역이나 농업 냄새가 물씬 풍겼다. 가도가도 지평선만 보이고, 50~100마리 단위로 소떼가 모여 있는 모습을 수없이 지나쳤다. 들판에는 오직 농장만이 드문드문 보일 뿐이었다. 또 차 안에서 밤을 새울 모양이었다.

:: 코르도바 단상

밤새 달려 아침 8시 코르도바에 도착했다. 여기서 목표로 삼은 이구아수 폭포 가는 버스도 4시간 뒤에야 출발한다고 한다. 피로도 풀 겸 터미널 내 샤워장을 찾았다. 그런데 아무것도 없이 달랑 샤워기 하나 설치해 놓고 요금은 6,000원, 너무한다 싶었지만 몸이 근질근질하여 시원하게 샤워를 했다.

가벼운 기분으로 아르헨티나 최초로 1613년에 창립하여 400년의 역사를 지닌 코르도바국립대학National University of Cordoba을 찾았다. 유서 깊은 대학이어서 고색창연한 캠퍼스를 기대했는데 그렇지는 않았다. 넓은 캠퍼스에 잘 정리된 느낌 말고는 현대식 건물들이 낮게 자리잡고 있었다. 20세기 초까지만 해도 이 나라 최대의 대학이었는데, 부에노스아이레스대학Universidad de Buenos Aires, UBA에 자리를 내주었다. 학문적 평가는 라틴아메리카에서 상위 그룹을 유지하고 있었다.

캠퍼스를 나와 중심가인 센트로로 갔다. 1573년부터 시작된 도시답게 고색창연한 건물과 교회 등이 역사의 도시임을 말해 주는 듯했다. 화려하게 장식한 2층 시티투어 버스에 올랐다. 역사적인 건물이나 장소들을 하나씩 설명해 주어 도움이 되었다.

다시 장거리 버스를 타고 브라질과 국경을 맞대고 있는 푸에르토 이구아수Puerto Iguazu 시를 향해 출발했다. 중년의 버스기사는 코르도바에서 이구아수까지는 무려 1,400km이고 21시간 30분쯤 걸린다고 소개했다. 그러면서 불편한 것이 있으면 얘기해 달라는 말도 잊지 않았다.

내 옆자리에는 대입 준비를 하고 있다는 고3 여학생이 앉았다. 영어도 제법 했다. 아빠는 칠레 산티아고에 엄마는 아르헨티나 산타페에 살고 있어 엄마한테 가는 중이라고 한다. 그리고 코르도바국립대학에 진학하여 바이오 기술을 공부하고 싶다고 했다. 코르도바국립대학은 칠레대학에 비하여 등록금을 내지 않아도 되고, 입학이 쉽다는 것이다. 어른스럽게 말하는 여학생 얼굴엔 자신의 꿈을 이루겠다는 결심이 엿보였다. 내가 이구아수 폭포에 간다고 했더니 정보도 알려 주었다.

버스는 한밤중에 여학생을 산타페에 내려주고 계속 어둠 속을 달렸다. 그 많던 손님들은 중간에 하나씩 내리고 버스 안에는 이제 몇 명뿐이었다. 앞자리가 비어 나는 맨 앞으로 옮겼다. 내 옆에 앉은 엄마와 아들은 코르도바에서부터 계속 이야기를 했다.

버스여행을 하면서 적지 않은 사람들을 만났다. 꾸밈없이 자신의 처지와 생각을 솔직히 말해 주는 그들에게서 따뜻한 정감을 느끼지 않을 수 없었다. 그러면서 사회 밑바닥에 흐르는 그들의 생활상과 의식을 엿볼 수 있었다. 결혼과 이혼, 사랑과 미움 그리고 절망과 희망을 동시에 보았다. 인간이 끌어안고 가야 할 모든 것은 우리와 크게 다르지 않았다.

❶ 코르도바 시의 2층 관광버스
❷ 코르도바 시 중심가
❸ 아르헨티나 팜파스 대평원의 소형 곡물저장고
❹ 아르헨티나 팜파스 대평원의 건초
❺ 아르헨티나 팜파스 대평원의 대형 곡물저장고

:: 폭포 중의 폭포 이구아수의 영혼

버스는 폭포 중의 폭포 이구아수 폭포가 있는 푸에르토 이구아수 시에 예정보다 일찍 도착했다. 버스터미널에 있는 보관함에 배낭을 두고 바로 이구아수 폭포 구경에 나섰다. 국립공원 입장권을 사고 안으로 들어서니 폭포 입구까지 가는 미니열차가 기다리고 있었다. 한번에 200명은 탈 수 있을 정도로 길게 이어진 작은 미니열차였다. 평생에 한 번 볼까 말까 하는 진기한 폭포 구경을 앞두고 모두 들뜬 표정이었다.

열대우림 사이를 빠져 나가 드디어 폭포 입구에 다다르자 한꺼번에 일어나 우르르 내렸다. 데크를 따라 이구아수 폭포의 하이라이트라는 악마의 목구멍Devil's Throat 바로 위에 섰다. 상류에서 밀려 내려오던 강물이 U자형 입으로 들어와 좁은 목구멍으로 떨어지는 듯한 모양이어서 그런 별명이 붙여진 것은 아닐까.

폭포 아래로 떨어지는 굉음과 주위를 감싸는 물보라, 최대 82m 절벽 아래로 떨어지는 것도 모르고 밀려 내려오는 엄청난 강물과 2,700m에 걸쳐 275개나 되는 크고 작은 폭포 줄기를 감싸고 있는 열대 숲을 어떻게 표현해야 할지 난감했다. 다만 미국의 32대 대통령 프랭클린 루즈벨트Franklin D. Roosevelt와 부인 엘리너Eleanor 여사가 이곳을 방문하고 남겼다는 말이 떠올랐다.

엘리너 여사는 이 아름다운 이구아수 폭포를 보는 순간 "아, 나의 가련한 나이아가라여Oh, My poor Niagara"라고 한마디 남겼다고 한다. 이는 최고인 줄 알았던 북미 나이아가라 폭포보다 뛰어난 이곳의 경관에 감복한 말이었다. 그리고 "당신의 언어로 이구아수를 묘사하려 하지 마시오Do not try to describe it in your voice"라는 경구는 섣불리 이구아수의 진면목을 흐트리지 말라는 계시처럼 들렸다.

한편 1986년에 만든 영화 〈미션〉도 이곳에서 촬영하여 이구아수의 웅장한 광경을 전달하는 데 한몫했다. 폭포 절벽 골짜기에 사는 원주민 과라니Guarani족 마을에서 선교활동을 하면서 일어난 일들과 이곳의 장엄한 경관을 큰 스크린에 담아 전 세계 영화 애호가들에게 전달하여 신선한 감동을 주었다. 그러니 유네스코 인류자연유산으로 이름을 올리는 것은 너무나 자연스러운 일이다.

악마의 목구멍 위 데크에 서서 떨어지는 폭포수를 계속 내려다보았다. 갑자기 악마의 목구멍이 나를 빨아들일 것 같은 강한 흡인력에 놀라 뒤로 물러섰다. 천천히 뒤로 돌아 상하로 나누어진 순환로를 따라 돌기 시작했다. 어느 위치에서든 한순간도 놓치기 아까울 정도로 장관이 펼쳐졌다. 폭포가 바로 밑으로 떨어지는 것이 아니라, 떨어졌다가 평평한 바닥을 흐르다가 다시 밑으로 떨어지는 2단 폭포는 다른 거대 폭포에서 볼 수 없는 특이한 광경으로 사람들은 넋을 잃고 바라보았다. 이구아수는 원주민 과라니족의 말로 '거대한 물'이라고 한다더니 말 그대로였다.

이 폭포를 근거지로 삼았던 과라니족의 애절한 전설도 전해 온다. 그 옛날 이곳에 사는 과라니족의 나이삐라는 소녀와 따로비라는 소년의 애절한 사랑 이야기다. 둘은 깊이 사랑하고 있으나, 불행히도 소녀는 이곳을 지배하는 뱀에게 바쳐지는 인신 공양물로 뽑혔다. 두 연인은 배를 타고 도망하였으나 그들의 뜻대로 될 수 없었다. 화가 난 신은 강을 쪼개고 두 연인을 갈기갈기 찢어 275여 개나 되는 폭포수를 만들었다는 가슴 아픈 이야기다.

그런데 최근 과라니족의 사연은 18세기 이후 많은 과라니족이 학살되거나 스페인인과의 결혼으로 혼혈화되었는데, 이들은 지금도 차별과 빈곤 속에 어려운 삶을 이어가고 있다는 것이다. 뉴욕타임스 보도를 보면, 과라니족의 자살률이 브라질 평균의 12배에 달하는 등 죽음의 행렬이 이어진다는 것이다.

❶ 아르헨티나 쪽 이구아수 폭포 악마의 목구멍을 내려다보는 관광객 ❷ 이구아수 폭포의 물안개와 땀으로 범벅이 된 필자 ❸ 작은 농촌마을에 사는 아들을 위해 도시 구경을 다녀오는 엄마 ❹ 아르헨티나 쪽에서 본 아구아수 2단 폭포

이처럼 특정 사회의 자살률이 높은 것은 전례가 없다고 한다. 원인은 100여 년 전부터 과라니족이 살아가던 농지를 원주민이 아닌 농장주나 농민들에게 사용권을 넘겨왔기 때문이다. 결과적으로 과라니족은 다른 지역으로 쫓겨나거나 가난한 소작농으로 살아야 했다. 동시에 2등 국민으로 차별받는 일은 이들을 더 어렵게 만들었다. 이에 낙심한 원주민들은 미래가

없다며 스스로 목숨을 끊는 경우가 많아졌다는 사실이다.

특히 과라니족 청년들이 희망을 잃고 좌절감에 빠지는 것이 문제라고 한다. 그런데 이는 단순히 과라니족에만 해당되는 것이 아니라 호주나 미국 인디언 청년층도 평균 자살률이 훨씬 높다. 이는 주류사회의 차별과 원주민으로서 성공하지 못할 것이라는 불안감 때문이다. 따라서 소수자에 대한 선입견이나 차별 대신 이들을 포용하는 일과 원주민 문화에 대한 자부심을 심어 주는 것이 절실한 과제다.

이러한 장엄한 자연경관 뒤에 숨겨진 비애를 생각하면서, 다시 미니기차에 올랐다. 기차에 오르고 보니 대부분 일본 관광객들이었다. 이들을 안내하는 브라질 가이드의 유창한 일본어 실력에 놀랐다. 세세하고 구체적인 설명은 일본에서 공부한 나보다도 훨씬 뛰어났다. 알고 보니 그녀는 후쿠오카에서 10년 넘게 일하다가 왔다고 한다.

미래의 경제대국을 꿈꾸는 브라질

:: 브라질의 이구아수 폭포

버스터미널에 보관해 둔 짐을 찾아 아르헨티나 이구아수에서 브라질의 포즈두 이구아수로 넘어가기 위해 버스를 탔다. 출입국 절차는 간단했다. 출국 절차는 있는지 없는지 기억이 나지 않고, 브라질 입국심사관도 여권을 보는 등 마는 등 입국 허가 스탬프를 찍어 주었다. 마침내 남미대륙의 거의 반을 차지하는 850만km² 면적에 인구도 2억1천만이 넘는 브라질에 입국했다.

사실 이구아수 폭포는 현재 아르헨티나와 브라질에게는 하늘이 준 큰 관광자원이지만, 인접국 파라과이 입장에서는 가슴 아픈 곳이다. 과거 이구아수 폭포의 전 지역은 파라과이 영토였기 때문이다. 남미 역사상 가장 참혹한 전쟁의 하나로 알려진 1864~1870년 사이의 삼국동맹 전쟁에서 약 15만 명의 파라과이 군대는 20만 명의 아르헨티나, 브라질, 우루과이 3국 연합군에게 대패했다.

이때 파라과이는 이구아수 폭포 지역의 상당 부분을 두 나라에게 빼앗기고 말았다. 당시 파라과이는 전쟁 전의 인구 53만 명이 22만 명으로 감소되었다니 믿어지지 않았다. 특히 남성은 90%가 사망하여 단 2만8천 명만 남아, 파라과이는 멸망 직전까지 몰렸었던 뼈아픈 역사가 우리에게 주는 교훈이 작지 않다. 이후 파라과이에서 이구아수 폭포로 가기 위해서는 파라과이 쪽 관문인 시우다드 델 에스테Ciudad del Este로 가서 브라질의 포즈두 이구아수로 가거나 아르헨티나의 푸에르토 이구아수를 통해야만 한다.

브라질 쪽 이구아수 폭포는 아르헨티나 쪽보다 더 넓어 보여 대장관을 연출하고 있다. 2단으로 떨어지는 폭포의 1단 위에 길게 데크를 놓아 보다 가까이 폭포를 볼 수 있다. 아무래도 이구아수 폭포의 80%를 가지고 있는 아르헨티나에 비하여 20%만이 있는 브라질 쪽에서 느끼는 흥분은 크지 않았다. 하지만 먼저 브라질 쪽에서 폭포를 보았다면 느끼는 감정은 반대였을 거라는 생각이 들었다. 그러나 양쪽의 국립공원에서 장엄한 이구아수 폭포를 보았다는 것은 나로서는 잊지 못할 추억이 되었다.

그런데 브라질 쪽 이구아수 폭포 입구에는 세계에서 가장 매력적인 장소의 하나인 새공원이 있다. 이는 이구아수 국립공원 일대의 풍부한 열대우림 한가운데 자리잡고 있는 새를 위한 국제적으로 인정된 구조 및 보호센터다. 브라질 쪽의 포즈두 이구아수를 방문하는 이들에게 꼭 들러봐야 할 곳으로 추천하고 싶다.

1994년에 설립된 이곳에는 150종이 넘는 새들이 있다. 한국에는 없는 희귀종인 큰부리새Toucan 같은 열대 조류와 카이만 등의 악어를 비롯한 수많은 파충류 등을 보고 있으면 시간가는 줄 모른다. 특히 나는 아마존 열대우림과 판타날 대습지에 사는 조류나 파충류 그리고 나비류 등은 처음 보는 것들이었다. 기념품 가게에서 노란색, 파란색, 붉은색 작은 앵무새 나무조각 세 개를 샀다. 지금 우리 집 벽에 붙어 있는 이것들은 당시 이구아수 방문을 기억하게 해 준다.

이렇게 둘러보면서 이구아수강에 펼쳐진 대자연의 향연인 폭포수의 낙하 쇼와 이 일대에서 살고 있는 동식물들을 대충 이해하게 되었다. 새공원을 나오면서 폭포수 아래 보트를 탄 여행자들의 모습을 보면서, 비옷을 입고 폭포수 바로 밑에까지 갔던 나이아가라 폭포가 생각났다.

공원 입구에 있는 여행사에서 소개한 호텔에 여장을 풀고 대형 뷔페식당에서 삼바춤 공연을 한다는 얘기를 듣고 또 나섰다. 식당에는 그룹투어 관광객들이 앞자리를 다 차지해 어쩔 수 없이 무대가 잘 보이지 않는 맨 뒤 구석에 앉았다.

식사를 마치고 서서 구경을 하는데 종업원이 단체 관광객 중에 빠진 사람의 자리가 있다면서 앞자리로 안내해 주었다. 화려하게 무대를 수놓는 춤은 하루 종일 구경하느라 심신이 피곤한 사람들의 마음을 어루만져 주듯 흥을 돋웠다. 무대에서 내려와 관객들과 어울리는 무용수들과 함께 춤을 추는 관광객 역시 흥에 겨운 모습이었다.

삼바춤 공연이 끝나고 호텔 이름이 기억나지 않아 우왕좌왕하고 있는데 나를 태워다 준 운전기사가 나를 먼저 발견했다. 내가 동양인이었기에 잘 기억하고 있었던 것 같다. 운전기사의 투철한 책임감에 감사를 표했다.

비가 다시 내렸다. 낮 동안 멈췄던 비가 이제 더 이상 참을 수 없다는 듯이 쏟아져 내렸다.

:: 세계 최대의 이타이푸 댐에서

아침이 되자 밤새 내리던 비는 멈췄다. 아침 일찍 상파울루로 떠나기 전 브라질과 파라과이 국경을 따라 흐르는 파라나강의 이타이푸 댐Itaipu Dam을 견학하는 패키지 미니버스에 올랐다. 인공호수로 둘러싸인 춘천에 사는 나는 댐이라는 말만 들어도 귀가 쫑긋해진다.

❶ 브라질 이구아수 폭포의 새공원 입구
❷ 브라질 이구아수 폭포 1단에 설치된 전망대 데크
❸ 브라질 쪽의 이구아수 폭포 밑으로 접근하는 보트를 타기 위해 기다리는 관광객들
❹ 브라질 팜파스 대평원의 콩과 작물
❺ 브라질 대평원의 광활한 밀 재배 지역

30분도 안 되어 도착한 댐에는 이미 대형버스 30여 대가 도착해 있었다. 먼저 영상자료를 통해 댐에 대한 정보를 얻고 수문이 잘 보이는 언덕에 올랐다. 거대한 댐은 한눈에 들어오지 않았다. 중국 양쯔강의 삼협댐과 비교해 보아도 우열을 가리기가 쉽지 않았다.

18년의 공사 끝에 1991년에 완공된 댐은 높이 196m, 길이 7.76km, 저수량 190억m^3으로 세계 최대의 수력발전소다. 이는 국내 최대인 춘천 소양강 댐 저수량 29억m^3의 약 6.5배에 해당하고, 우리나라 수자원공사에서 관리하는 35개의 댐 총저수량 134억m^3의 1.4배에 해당하는 어마어마한 양이다. 그리고 전력 생산량 면에서는 중국 삼협댐을 앞지른다고 한다.

또한 아르헨티나와의 조약으로 하류의 거대한 20개 터빈 중 최대 18개를 사용한다. 2개의 터빈은 유지보수를 위해 작동을 멈추고 나머지 18개의 터빈에서 시간당 12,600mw의 전력을 생산하여 브라질 전체 전력의 17%, 파라과이 전체 전력의 78%를 담당하는데, 이는 세계 총 전력 사용량의 39일분에 해당된다. 그리고 건설 과정에서도 수많은 기록을 남겼다. 브라질만 해도 4만 명의 노동자를 위해 학교, 병원 등이 세워지고, 미국 토목학회에서는 이 댐을 20세기 7대 불가사의 중 하나로 선정했다.

이 댐의 완성은 경제발전 측면에서는 국가에 크게 기여했으나 사회환경적인 면에서는 적지 않은 문제를 야기시켰다. 우리나라에서도 그랬지만 댐건설로 인해 광범위한 면적이 물에 잠기면서 4만여 명의 수몰민은 강제로 낯선 지역으로 이주해야 했다. 자연환경적인 면에서도 많은 사람들의 사랑을 받던 이구아수 폭포에서 20km 떨어졌던 114m 높이의 과이라 폭포Guaira Falls 또는 세븐 폭포Seven Falls라 불리던 폭포가 물에 잠겨 사라지고 말았다. 동시에 129종의 새와 32종의 포유동물 그리고 9종의 파충류 등도 삶의 터전을 옮겨야 했다.

수몰지역의 역사문화적 가치가 있는 유적은 물에 잠기기 전에 수몰지역

이타이푸 댐

밖으로 옮기는 것이 상례다. 우리나라도 안동댐 건설로 하회마을을, 이집트 나일강의 아스완 댐 건설로 수천 년 전의 누비아 신전 등을 수몰지구 위로 옮긴 사례가 있다. 그러나 그 자체를 옮길 수 없는 거대한 폭포가 물속으로 사라지는 것을 보는 일은 마치 전선에서 죽어가는 전우를 곁에서 지켜봐야 하는 것 같은 안타까운 일이었을 것이다.

과이라 폭포는 나이아가라 폭포보다 유량이 많고 유속도 빨라 20km 이상 떨어진 곳에서도 굉음이 들렸다고 한다. 이 폭포가 이타이푸 댐 담수가 시작되면서 완전히 사라지자 댐을 건설한 한 간부는 "우리는 이 폭포를 파괴한 것이 아니라 이타이푸 댐 안으로 옮겼을 뿐이다. 아름다운 폭포수는 이타이푸 댐 14개 수문에서 나오는 강한 물살이 되어 그 몫을 해 줄 것이다"라고 억지 변을 토했다고 한다. 이렇게 파라나강의 '노래하는 돌섬'이라는 뜻의 작은 이타이푸 섬은 거대한 에너지를 낳는 이름으로 탈바꿈했던 것이다.

댐을 둘러보면서 우리나라 댐에 설치되지 않은 갑문식 댐 운용은 부럽

기만 했다. 갑문식은 댐 한쪽에 수문의 여닫이 기능이 있어 상하류로 배의 통행이 가능하다. 우리는 상하로 자유롭게 통행할 수 있는 갑문식이 설치되지 않았다.

이타이푸 댐이나 중국의 삼협댐 그리고 미국의 미시시피강 상류 미네소타 주에 있는 댐 등은 모두 댐과 갑문식 수문을 설치하여 배의 이동과 생태계의 흐름에 큰 도움을 주고 있다. 그래서 나는 강의 흐름을 막고 있는 댐에 배나 물고기 등이 자유롭게 오르내릴 수 있는 시스템을 갖추어야 한다는 얘기를 하고 있다. 댐 갑문을 만들든가, 크레인으로 배를 상하로 끌어올리든가, 터널을 뚫어서 물이 통하게 하자는 것이다. 그렇게 된다면 다목적 명소가 될 것이라고 생각한다.

이타이푸 댐 전망대에 올라 파라나강의 매혹적인 전경을 즐기면서 한강 유역의 우리나라 댐을 생각한 것은, 춘천이라는 물의 도시에 사는 사람의 진한 애정 표현이리라.

:: 상파울루에서 만난 이스라엘 청년과 재팬타운

세계 최대의 댐을 보고 나니 이구아수와 함께 좋은 구경을 잘 했구나 하는 생각이 들었다. 이제 상파울루행 버스를 탈 시간이 되었다. 이곳에서 무려 1,040km 떨어진 17시간 이상이 걸리는 거리다. 상파울루보다는 리우데자네이루를 갈까 하다 리우는 아마존강 유역을 답사할 때로 미루고 상파울루만 가기로 방향을 바꿨다.

버스에 오르니 창가 쪽에 몸이 불편해 보이는 오십 대 중년 남자가 앉아 있었다. 그는 내가 불편할까 봐 무척 신경을 썼는데, 오히려 나에게도 부담이 되었다. 버스는 아르헨티나의 팜파스 대평원과는 다른 구릉진 길을 달렸다. 시시각각 변하는 농촌 풍경은 장거리 여행의 지루함을 잊게 만들었다.

버스에서 또 하룻밤을 보내고 15시간 만에 포르투갈어로 사도 바오로 Apostle Paul에서 지명이 유래되었다는 상파울루에 도착했다. 1월 22일 월요일 낮 12시쯤이었다. 해발고도가 800m나 되고 대서양에서 70km 떨어진 내륙의 고지대라 그런지 이구아수와는 달리 시원하다기보다 서늘했다.

버스 뒷자리에 앉아 오던 청년이 말을 걸어 왔다. 그는 자신을 이스라엘인이라고 소개했는데, 남미에 와서 이렇게 정신이 번쩍 들 정도로 총기 있는 눈동자는 처음 보았다. 그는 3년간 군복무를 마치고 대학에 복학하기 전 브라질의 친척 집에서 5개월간 지내려 한다며, 내가 낯선 지역에 처음 왔다는 것을 알고 안전한 지역까지 안내해 주겠다고 나섰다.

지하철을 탔다. 전동차 내부를 찍으려고 사진기를 꺼내자 그는 위험한 일이라며 말리는 시늉을 했다. 그리고 아시안이 많은 곳이 안전하지 않을까 생각하여 나를 리베르다드Liberdade 지역의 재팬타운 입구에 있는 호텔 앞까지 바래다주었다. 정말 고마웠다. 나중에 알고 봤더니, 상파울루는 미국 뉴욕 등을 제외하고 남반구에서 유태인이 가장 많이 사는 곳이었다. 아무튼 그가 안내해 준 호텔은 값도 싸고 깨끗했다. 호텔 이름도 잇세이一成, Isei 일본식이었다.

배낭을 풀어놓고 밖으로 나왔다. 거리 입구에 일본의 전통문 도리이鳥居가 서 있고 이를 중심으로 일본 전통가옥과 가로등이 길게 줄지어 있었다. 생각보다 꽤 큰 재팬타운이었다.

일본인의 첫 이민은 12세기 초 필리핀으로 간 것인데, 일본 메이지 시대까지는 일반적인 현상은 아니었다. 1897년 일본인 35명의 멕시코 이민을 시작으로 남북미와 필리핀 이민이 본격화되었으며, 1899년에는 790명이 페루 이민을 떠났다. 그 후 전 세계에 360만 명이 퍼져 살고 있다. 그중에서 약 44%인 160만 명이 브라질에 살고 있다니 놀랄 만하다.

이곳에 일본인이 많이 거주하게 된 이유는 1868~1912년 사이에 이민이 활발했었기 때문이다. 이는 당시 가난한 일본인들이 미국 등지에서 경제적 기회를 찾고 있었던 것과 맞물려 있다. 그러나 제2차 세계대전 중 미국의 적대국이었던 일본인들이 억류 등의 이유로 미국 내의 일본인 공동체는 줄어들거나 사라졌다. 더욱이 최근 일본의 인구 감소, 상업화, 고급주택화 등으로 더욱 가속화되었다. 이러한 현상은 브라질에서도 나타나고 있다. 2000년대 들어 일본인 은퇴자가 부동산이나 가사도우미 인건비가 싼 말레이시아 등으로 옮겨 가고 있기 때문이다.

식료품을 파는 일본인 가게에 들어섰다. 주인은 동양인만 들어서면 일본어로 "어서오세요"라고 인사말을 건넸다. 나는 과일 몇 개를 사면서 한국 식당이 어디 있는지 물었다. 앞쪽으로 150m만 가면 된다는 말을 듣고 찾아갔더니 한글 간판이 보였다. 오랜만에 얼큰한 김치두부찌개를 맛있게 먹었다. 더욱 좋은 것은 동포들과 우리말을 나눈 것이었다.

그들은 한결같이 치안이 불안한 이 도시를 어떻게 혼자 다니느냐고 걱정들이 대단했다. 하지만 이들의 걱정을 뒤로하고 이 도시의 체취를 느껴보기 위해 두서너 곳 명소를 찾아보기로 했다. 고층 건물 사이를 걸으면서 상파울루의 거대한 위력이 느껴졌다. 아르헨티나 총인구와 맞먹는 4,500만 명이 살고 있으니 인구 밀도가 얼마나 조밀할지 알 수 있다. 거기에 1인당 소득이 39,600달러로 우리나라 2017년 평균 GDP 27,600달러보다 훨씬 높은 수준을 유지하고 있다. 브라질 26개 주 가운데 가장 앞선 지역이다.

그래서 상파울루를 브라질의 기관차, 괴물이라 부르고 있다. 19세기 처음으로 이민 온 이탈리아인들의 인구 비중은 줄어들고 지금은 세계 각국에서 온 일본인, 중국인, 독일인, 아르메니아인, 리투아니아인, 그리스인, 한국인, 시리아인, 폴란드인, 헝거리인의 공동체가 나름대로 위치를 차지하고 있다. 최근에는 페루인, 볼리비아인, 아이티인, 아프리카인이 증가하고 있으며, 또한 라틴아메리카에서 가장 큰 게이 공동체도 있다. 이처럼

❶ 상파울루 재팬타운

❷ 상파울루 재팬타운에 있는 한국 식당

❸ 상파울루 랜드마크인 상파울루 미술관

❹ 오늘날의 상파울루와 브라질의 토대를 만든 탐험대를 기념하는 반데이라스 기념상. 그러나 인디오 노예사냥 원정대라는 이미지도 강하다.

❺ 포르투갈 리스본의 발견기념비 조각상

상파울루는 많은 인종이 마치 하나의 도가니 속에 섞여 다종다양함이 어우러지는 도시가 되었다. 그래서 도로를 달리는 다양한 종류의 차만큼이나 서로 다른 피부색 인종이 거리를 활보하고 있다.

상파울루 미술관Sao Paulo Museum of Art, MASP 앞에 섰다. 이 건물은 상파울루의 랜드마크이자 제2차 세계대전 이후 처음으로 세운 브라질 현대 건축물의 심벌로 볼만했다. 브라질 최대 미디오 그룹 회장이자 정치가였던 샤토 브리앙Assis Chateaubriand과 미술품 수집가 마리아 바르디Pietro Maria Bardi가 공동으로 1947년에 설립하여 1968년에 새로 지었다. 이 미술관을 처음 설립하던 때 브라질은 제2차 세계대전 이전의 커피, 목화, 사탕수수 등의 농업 중심에서 제조업과 서비스산업 등의 새로운 산업으로 변신을 꾀하던 시기였다. 그리고 정치적으로도 쿠데타 등이 반복되면서도 민중주의적 민주주의가 발전되고 수도를 리우데자네이루에서 브라질리아로 이전하면서 전국을 통합할 수 있는 나라의 구심점을 마련하여 경제 발전의 기반을 다지는 시기였다.

건물 외관도 그러려니와 내용도 고흐, 마네, 모네, 고갱, 마티스, 피카소, 모딜리아니 등 유럽을 대표하는 고가 미술품과 유물 등 유럽 미술품을 가장 많이 소장하고 있다. 그리고 브라질 화가 작품, 아프리카, 아시아 등에서 수집한 그림, 유물 등 8천여 점을 소장한 국제적인 명성을 지닌 미술관이자 브라질 최대 미술도서관이다.

그동안 세계의 내로라할 만한 수많은 박물관과 미술관을 다녀왔다. 그때마다 각 전시관이 지닌 특징을 찾으려고 했었다. 크고 오랜 식민지 종주국의 박물관일수록 세계의 고대문명 발생지에서 그냥 약탈하다시피 가져온 소장품이 많은 반면, 후발 전시관은 제한된 지역의 작품이나 유물이 주류를 이루고 있다.

그럼에도 수많은 미술품과 유물이 소장되어 있는 것은 이 미술관의 노력이 어떠했는지 짐작할 수 있다. 특히 인상주의를 개척한 프랑스 화가 에드가 드가의 작품 수집에 심혈을 기울인 것으로 알려져 있다. 이러한 소장품을 보러 오는 사람이 연간 70만 명에 이른다니, 조만간 그간 투입했던 비용을 뽑고도 남을 것 같다. 브라질 국민들이 작품 감상을 통해 얻는 무형의 정신적 소득을 제외하고도 말이다.

미술관을 살펴보고 나오니, 바로 길 건너에 생각지도 않았던 녹지공간이 보였다. 트리아농 공원Trianon Park이었다. 1892년 도시계획의 하나로 만들었다는 이곳은 마치 뉴욕 센트럴 파크를 보는 듯했다. 공원 벤치에 앉아 잠시 쉬었다.

상파울루 미술관에서 세기의 걸작들을 감상하고, 공원에서 잠시 쉬다가 오늘의 마지막 일정인 반데이라스 기념상Monumento Bandeiras을 찾았다. 언젠가 이곳을 소개하는 사진을 보고 나서 오래전 포르투갈 리스본을 방문했을 때 본 발견기념비Discoveries Monument와 분위기가 비슷해 꼭 와 보고 싶었다.

당시 영국 케임브리지대학 객원교수로 있으면서 바스코 다 가마Vasco da Gama의 세계 일주를 기리는 벨렘 타워Belem Tower와 엔리케 왕자Henrique, o Navegador 사후 500주년을 추모하는 발견기념비가 나란히 서 있는 대서양을 찾았었다. 범선 모양의 발견기념비는 길이 46m, 폭 20m, 높이 52m나 되는 거대한 탑이었다. 뱃머리에 서 있는 항해자 엔리케 왕자를 필두로 동쪽과 서쪽으로 나누어 조각된 포르투갈의 아폰수 5세, 바스코 다 가마, 마젤란 등의 항해자와 작가, 여행가, 선교사, 시인, 화가와 여성으로는 주앙 1세 국왕의 왕비 필리파Philippa 등 항해시대에 활약했던 인물들의 신념에 찬 모습에 매료되었다. 이들이 이룬 업적이 후에 이처럼 거대한 결과를 낳으리라고는 생각하지 못했을 것이다.

그런데 반데이라스 기념상은 발견기념비와는 성격이 달라 움찔했다.

반데이라스는 17세기 지도에 없던 브라질 내륙 깊숙한 오지에 들어가 원주민을 노예로 삼으려는 노예사냥 원정대Portuguese slave-hunting expedition였다. 하지만 그들은 오늘날의 상파울루와 브라질의 토대를 만든 일단의 탐험대였다. 이들은 오지를 탐험하면서 정글 속의 원주민을 발견하고 농업과 목장의 기반을 마련했던 것이다.

문제는 이 과정 속에 원주민 인디오를 습격하고 노예로 만드는 등의 악질적인 행동을 서슴지 않았던 과거의 일도 기억하고 있었다. 이 반데이라스 기념상은 1954년에 이탈리아 조각가 빅토르Victor Brecheret가 완성한 거대 조각상으로 17세기 브라질 내륙 탐험을 기념하는 상파울루에서 꼭 봐야 할 것으로 인식되었다. 포르투갈 식민지 초기 역사의 그림자가 뿌리 깊이 박힌 현장이었다.

:: 상파울루 코리아타운과 남미 이민

반데이라스 기념상에서 택시를 타고 코리아타운으로 가자고 했더니 운전기사는 강도나 절도에 무척 신경을 쓰는 듯한 표정을 지으며 안에서 문을 잠갔다. 가능하면 차 안의 어떤 것도 밖에서 보이지 않도록 세심하게 신경을 쓰는 듯했다.

이전의 남미 어떤 나라보다도 분위기나 느낌이 좋지 않았다. 길가에 진을 치고 구걸하는 사람들도 눈에 많이 띄었다. 특히 성당 앞이나 조금이라도 으슥해 보이면 영락없이 걸인들이 몰려 있거나 누워 있는 모습에 슬그머니 겁이 났다. 하긴 호텔에서도 반드시 신분을 확인한 뒤에야 문을 열어 주었다. 이구아수 폭포 지역을 탐방할 때도 훤한 대낮에 호텔은 문을 잠그고 확인한 뒤에야 문을 열어 주는 등 자체방어를 철저히 하고 있었다. 다시 말해 자체방범과 강도에 대비하는 것이 생활화되어 있었다.

운전기사는 코리아타운이라는 봄 레티로Bom Retiro 지역에 내려 주었다. 사실 브라질 하면 이민이 연상되곤 했다. 아주 오래전에 《월간조선》에서 브라질로 농업 이민을 간 우리 교포의 생생한 기록을 감명 깊게 읽은 기억이 남아 있기 때문이다. 처음에 농업으로 이민갔던 동포들이 하나둘 농촌을 떠나 상파울루로 모이고 있다는 기사를 보았다.

길 양쪽에 한글 간판이 제법 많이 보였다. 이 거리는 일본인 공동체가 있는 리베르다드Liberdade 지역에 이어 두 번째로 큰 아시안의 거점이자 시 당국으로부터 행정적 · 재정적 지원을 받는 새로운 공동체 코리아타운이다. 이곳 한국인들은 의류소매업의 3분의 2를 관장하며 브라질 전역을 커버하고 있다. 나아가 대서양을 넘어 앙골라 등 아프리카 전역을 대상으로 의류소매업을 확장하고 있다. 이러한 한국인의 활동으로 2010년 1월, 상파울루 시의회는 봄 레티로를 공식적으로 한국문화 지역으로 인정했다. 이는 새로운 공동체에 대한 재정적 지원과 행정 제공이 있음을 의미한다.

먼저 '한국관'이라는 식당 간판이 눈에 들어왔다. 삼겹살에 두부찌개를 주문했다. 그런데 한국인들보다 더 많은 일본인과 중국인들이 불고기를 먹고 있었다. 식사를 하면서 이곳에서 발행되는 한글 신문을 읽었다. 신문에는 남미 공동시장인 메르코수르Mercosur를 둘러싼 문제, 브라질 항공사인 엠브라에르Embraser가 세계 여러 나라에서 중단거리 항공기 463대를 주문받았다는 기사를 보고서야 브라질의 항공기 산업의 존재를 이해할 수 있었다.

그리고 브라질 커피 가공업체들이 세계 2위의 커피 생산국인 베트남에서 커피 수입을 할 수 있도록 대정부 캠페인을 벌이고 있었다. 그런데 세계 1위의 브라질 커피 생산업체들은 브라질보다 10% 싼 베트남 커피가 유입되는 것을 반대한다는 기사도 있었다. 유독 눈길을 끈 기사는 상파울루주립대학USP 의과대학 소아과 유전학과장 김정애 교수가 이 대학에서 공식적

EMMA TEX

남미동아

DIÁRIO NAMMI DONG-A

제 4970 호

2007년 1월 20일 토요일

COTTON COLORS

Taewoo

차베스, 국가 이름도 바꾸기로

베네수엘라 국회, 거의 만장일치로 지지

Sexta-Feira 19 de Janeiro de 2007 No 1662

수표할인

환전(유로)

8156-3545

꽃 사랑화원

뉴스 남미로

가게세놓습니다

오복떡집

마중떡 전문

Tel.3311-9639 Tel/Fax:3315-9304 Cel.7171-8220

Fomina

Plissa. Estampa. Laser

AIRO

제갈문원 변호사

남미복음신문

Nammi Christian Journal

❶ 상파울루 코리아타운

❷ 상파울루 중심가

❸ 상파울루에서 간행되는 한인신문들

으로 교수자격을 인증하는 수여식이 있었다는 특집보도였다. 김 교수는 1972년 열두 살 때 부모를 따라 브라질에 이민 와서 브라질연방대학과 브라질리아의 바제병원을 거쳤다고 한다. 이민 2세가 주류사회에 진입하기가 무척 힘든데 감동적인 기사가 아닐 수 없었다.

2017년도 우리나라 재외동포는 총 743만 명으로 그중에서 약 45%는 중국과 일본에 살고 있고, 미국과 캐나다 등 북미 지역과 유럽에 각각 37%, 8.5% 살고 있다. 그리고 중남미 지역은 서인도 제도 섬나라를 포함한 33개국에 약 1.4%인 11만 명이 거주하고 있음도 알았다. 그중에서도 브라질, 아르헨티나, 멕시코에 각각 48.3%, 21.7%, 10.9%씩 살고 있고, 나머지는 30개국에 조금씩 흩어져 살고 있다. 특히 브라질은 공식적인 농업 이민의 역사가 있는 나라로 5만1천여 명의 교민이 살고 있다.

이러한 우리 교민들의 남미 이민사는 서울대 전경수 교수가 《브라질의 한국 이민》이라는 책에서 우리나라의 초근대사와 일정한 관계가 있음을 소상히 밝히고 있다.

:: 상파울루야, 다시 보자

1월 22일 월요일 아침, 이제 브라질을 떠나 콜롬비아와 쿠바로 향한다. 이틀 밤을 지낸 호텔 프런트의 직원들은 영어가 통하지 않았다. 아니 내가 포르투갈어를 모르는 것이 문제였다. 부랴부랴 배낭을 짊어지고 가까운 여행사로 갔다. 콜롬비아 보고타로 가는 항공편과 쿠바 입국 비자를 얻기 위해서였다.

여행사에서 쿠바영사관을 안내해 주었다. 거의 모든 대사관은 브리질리아에 주재하고 있기 때문이다. 콜롬비아는 도착비자를 받으면 되었지만, 쿠바 입국은 그렇지 않다고 알고 있었다. 이중 방호망으로 둘러싸인 쿠바영사관에서는 호텔 숙박권이 없으면 비자를 내줄 수 없다고 거절하였다. 그래서 일단 콜롬비아로 가서 다시 신청하기로 하고 상파울루 구아룰류스 국제공항Sao Paulo Guarulhos International Airport으로 가는 버스에 급히 올랐다. 쿠바에 입국하려면 황열병 예방주사 증명서가 필요하다는 여행사 말에 공항 검역소에 들러 예방주사를 맞고 노란색 증명서를 발급받았다. 사실 한국에서 출국할 때 미리 예방주사를 맞았는데 그만 증명서를 잃어버렸다.

비행기에 오르기 전 쓰다 남은 브라질 돈을 마저 쓰기 위해 브라질을 소개하는 사진책자를 두 권 샀다. 옆자리에 앉은 무뚝뚝하게 보이는 중년 남성이 말을 걸어왔다. 그는 일본 혼다 오토바이 회사에 다니는 일본인 3세 브라질인이었다. 정식으로 일본 학교에 다닌 적은 없는데, 부모의 철저한 가정교육으로 일본어가 유창했다.

그는 현재 브라질에 일본인이 190만 명 정도 살고 있으며, 이는 브라질 인구의 1%에 해당된다고 했다. 그리고 일본계 회사들이 대거 진출하여 큰 비중을 차지하고 있던 농업경영자는 많이 줄었다고 한다. 제2차 세계대전 이전에 브라질로 이민 온 일본인들은 일본계 회사와 손잡고 경제활동을 활발하게 하고 있음을 의미했다. 작년에만 브라질에서 오토바이를 160만 대 팔았고, 올해 목표량은 더 높게 잡고 있다고 했다. 브라질 내 오토바이 시장점유율은 혼다 60%, 야마하 30%, 기타 10%라고 한다.

웬만한 일본 기업들은 상파울루 근처에 공장 내지 조립공장을 운영하고 있는데, 이는 브라질을 라틴아메리카의 전진기지이자 남미의 제조업 공장이라 여기고 있기 때문이란다. 그러면서 브라질은 지역 간 계층 간 인종 간의 빈부격차가 심하여 평균소득은 1,700달러에 지나지 않는 것도 큰 문제라는 지적도 했다. 그리고 남미 몇 나라를 제외한 여러 나라들은 여전히 경제적으로 어려움을 안고 있어 발전에 한계가 있고, 더욱 어려운 것은 중남미 여러 나라들이 시장경제를 경시하는 좌파적 성향도 문제라고 했다. 내가 대학에 있다고 하자 갑자기 생각났는지 이곳 대학의 등록금은 연 700~800달러 정도라고 했다.

그는 내가 일본어를 할 수 있다는 것을 알고 갖고 있던 일본어판 상파울루 신문을 건넸다. 그렇지 않아도 일본인들의 관심이 궁금했는데, 그 신문에는 포르투갈어판도 있어 일본어가 서툰 2세, 3세, 4세와 포르투갈인들도 볼 수 있게 했다. 주요 뉴스로 남미공동시장과 유럽연합 간의 FTA 협정에 베네수엘라와 볼리비아의 자원국유화 움직임이 교섭에 장애 요인이라는 내용을 상세히 다루었다. 그리고 지속적인 아마존 유역 개발을 위한 프로그램의 하나인 아마존 삼림 난벌 통제를 위한 국제기금이 감소된다는 등 아마존의 환경문제에 대한 기사가 톱뉴스였다.

그중에서 특히 관심을 갖고 읽은 기사는 '브라질 일본 이민 100년 축제에 즈음하여'라는 기사였다. 브릭스BRIC's라 일컫는 인구 거대 국가들로 세계 경제에 큰 영향을 미치고 있는 브라질, 러시아, 인디아, 중국 등의 높은 경제성장과 이들이 꿈꾸는 2050년과 일본이라는 내용이었다. 이들 4개국 가운데 일본은 브라질에 대해서는 철광석, 냉동닭고기, 오렌지주스, 커피 등 농산물에 관심을 가질 뿐 새로운 상품과 비즈니스에 대한 관심은 브릭스 4개국 중 가장 낮았다.

일본인이 보는 브라질의 이미지는 아마존, 축구, 삼바 축제, 커피라는 것이다. 문제는 이러한 과거 이미지가 오늘날까지 변하지 않고 있다는 점에 주목하고 있다. 이래서는 브라질을 제대로 이해할 수 없다.

브라질에 이민 온 이탈리아, 독일, 일본인들은 기업을 자손이 이어받아 대기업으로 성장해 각계에 고루 퍼져 있다. 이렇듯 브라질은 각국에서 온 열심히 일하는 이민자들을 중심으로 발전해 왔다.

그리고 브라질은 풍부 속의 빈곤이란 점이다. 보통 아마존 유역을 빈곤

상파울루 공항을 떠난 비행기가 아마존강 유역 상공 위를 날고 있다.

한 지역으로 보고 있으나, 브라질의 빈곤은 아프리카나 아시아의 빈곤과는 기본적으로 다르다. 브라질의 빈곤은 인구밀도가 낮고 모든 자원이 풍부하다는 점이다. 아프리카나 아시아의 빈곤은 기아와 비위생적인 질병을 동반하는 절대적 빈곤이지만, 브라질의 풍부 속의 빈곤을 보면, 인생의 풍부함이란 과연 무엇일까라는 의문이 들 정도다. 그리고 아이들을 적게 낳고 고령화에 직면한 일본 사회에 브라질의 일본계 이민자들은 일본 내 노동시장에서 한몫 할 것이라는 내용도 포함되어 있다. 비록 브라질 속의 일본인들의 생각이지만, 우리가 보는 브라질과의 시각 차이는 별로 없어 보였다. 왜냐하면 우리는 이와 같은 문제의식을 같이 공유하고 있는 지구촌 사람이니 말이다.

신문을 재미있게 읽는 사이 비행기는 아마존강 유역의 중심도시 마나우스에 잠시 기착하였다. 애초 탑승자 반 정도가 내리고 콜롬비아로 가는 세 사람이 새로 탑승했다. 내 옆에서 여러 가지 정보를 준 일본인 3세도 내렸다. 나는 밖이 잘 내려다보이는 뒤쪽 창가로 자리를 옮겼다. 이륙하는 비행기 안에서 아마존강과 정글을 내려다보고 싶었다.

이륙한 비행기는 아마존강 유역 상공을 날았다. 그 광대한 정글 위에 비행기 그림자를 그리며 유유히 날고 있었다. 나는 희미하게 보이는 아마존강과 정글을 보며 "see you soon again" 하고 되뇌었다.

커피향이 좋은 콜롬비아

:: 콜롬비아에서 만난 선교사와 반군 이야기

어느 사이인가 불빛 하나 보이지 않는 밤이 되었다. 비행기 날개 위에 별빛이 반사되어 흩어질 뿐 비행기 아래는 밀림인지 산중인지 알 수가 없었다. 그래도 아침이면 찬란한 태양이 뜨겠지 하고 잠을 청했다.

집 떠나온 지 16일째 되는 1월 23일 화요일. 앞으로 열흘 정도 더 헤매고 다닐 예정이다. 간밤에 또 꿈을 꾸었다. 노무현 대통령이 춘천 퇴계동 우리 옛집에 와서 어떻게 하면 대통령직을 원만하게 수행할 수 있을까 하고 비서들과 회의를 했다. 나는 집이 너무 누추한 것 같아 춘천호가 내려다보이는 농장으로 자리를 옮기는 것이 어떠냐는 말씀을 드리다가 잠을 깼다. 또 얼마 전에는 박정희 대통령이 우리 농장을 찾아와 부동산 정책과 대북관계를 논하는 꿈을 꾸는 등 연이어 두 번이나 대통령을 만나는 꿈을 꾸었으니, 무슨 좋은 일이 있으려나 기대되었다.

이런저런 생각을 하면서 밖을 내려다보니 서서히 어둠이 걷히고 콜롬비아의 수도 보고타에 가까이 접근하고 있었다. 드디어 이른 새벽 보고타

엘도라도 국제공항El Dorado International Airport에 도착했다. 한반도의 5배나 되는 면적에 5천만 명이 사는 콜롬비아의 수도, 해발 2,650m의 고원분지에 있는 대도시 보고타다.

공항 밖으로 나오니 춘천 동부교회에서 파송한 이영하 선교사 부부가 미리 연락을 받고 마중나와 있었다. 나는 그에게 담임목사의 안부를 전할 임무를 띠고 있었다. 내가 콜롬비아에 간다고 하자 선배이기도 한 담임목사가 이 선교사에게 격려 말씀과 약간의 지원금을 전달해 달라는 부탁이 있었다.

공항은 무척 혼잡했다. 새벽 비행기 시간에 맞춰 공항에 나오느라 애쓴 두 분에게 미안했다. 그가 몰고 온 봉고 트럭을 타고 보고타에서 56km 떨어진 푸사가수가Fusagasuga 시로 향했다.

스페인 식민지였던 보고타도 스페인풍의 건물들이 고즈넉하게 자리 잡고 있었다. 우리는 도시를 벗어나 안데스의 산악길을 달렸다. 몇 군데 군경 합동 검문소도 통과했다.

얼마 전까지만 해도 이 지역을 지배하는 세력은 밤과 낮이 달랐다고 한다. 낮에는 정부군이 장악하고 밤에는 반군이 지배하는 바람에 선량한 주민들은 괴로운 나날을 보내야 했다. 이 선교사만 하더라도 한밤중에 무장한 반군들이 들이닥쳐 세금(?)을 강제로 헌납하고서야 물러났다고 한다. 수도에서 멀지 않은 곳에서조차 치안이 확보되지 않은 것도 놀랍거니와, 이러한 위험을 무릅쓰고 선교활동을 하고 있는 선교사의 용기도 참으로 대단했다.

이 선교사는 최근 반군활동은 급격히 줄어들긴 했어도, 아직 콜롬비아 아마존 정글의 남동부와 안데스산맥의 깊은 산중에는 여전히 불안하다고 했다. 최근에는 미국 정부의 지원 등으로 정부군과 반군 사이의 내전은 끝나고 정전이 되면서 콜롬비아는 평화시대를 맞고 있는데, 일부 지역에서는 마약단체와 반군의 공격을 받고 있다는 것이다.

1592년 안데스산맥 계곡 속에 스페인 신부가 세운 푸사가수가 시가 보이는 산마루까지 왔다. 언덕 중턱에 100가구 500여 명이 오순도순 모여 사는 티에르라 네그라Tierra Negra 마을 가까이 자리 잡은 이 선교사 부부가 활동하는 교회가 보였다. 여기에서 선교훈련을 받고 있던 현지인 학생들이 반갑게 맞아 주었다. 뒤쪽으로 건축 중인 건물과 이미 지은 건물 등이 어우러진 모습에는 그간 이들의 흘린 땀의 흔적이 곳곳에 배어 있었다.

:: 우리 동포가 경영하는 라코레아나 농장

이 선교사가 바로 이웃에 있는 한국인 농장 주인에게 농대 교수가 온다는 말을 해 두었다며 가자고 했다. 그러잖아도 한국인이 하는 농장 구경을 하고 싶었다. 우리는 멀지 않은 계곡 산비탈을 따라 내려갔다. 70여 호에 400여 명이 거주하는 구아비오 마을 뒤 해발 1,500~1,600m 언덕에 라코레아나La Koreana 농장이라고 쓴 안내판이 보였다.

1989년에 병아리 감별사로 콜롬비아에 왔다가 1992년 이곳에 아예 농장을 개설한 사십 대 후반의 경북 문경이 고향인 박창섭 사장이 기다리고 있었다. 그는 병아리 감별사의 특기를 살려 작물을 재배하는 것이 아니라 한국의 메추리를 감별하여 암놈을 콜롬비아 전국에 분양하고 있다고 한다. 메추리 새끼를 분양받은 콜롬비아 농민은 새끼를 키우면서 낳은 알을 판다는 것이다. 그런데 메추리알은 계란보다 작아서 먹기에 좋아 주문에 미처 응하지 못하고 있다고 한다.

종업원들에게 콜롬비아의 평균 1인당 국민소득인 약 5,900달러의 60%에 해당하는 월 300달러 임금을 주지만, 일자리가 없는 농촌지역에서는 선호한단다. 처음에는 한국에서 메추리 종계 암놈 5천 마리를 들여다가 사업을 시작했으며, 매주 5천 마리 새끼를 감별하여 연간 26만 마리 암수를 가려낸다고 한다. 그런데 메추리 병아리를 감별하면 수놈이 55% 정도 나오는데, 이는 크게 쓸모가 없어 대개 사료나 비료용으로 살처분한다. 그리고 메추리 외에 돼지와 젖소, 닭을 키워 얻는 수입도 쏠쏠하다며 여유 있게 웃어 보였다.

2년마다 콜롬비아 독립기념일에 열리는 농업박람회에 출품하여 호평을 받아 사업 전망은 아주 밝다고 한다. 그러면서도 몇 가지 걱정을 하고 있었다. 그도 이 선교사처럼 반군 게릴라의 급작스런 침입으로 금품을 털린 적이 있다면서, 안전문제를 꺼냈다. 다행히 정부의 강력한 대응으로 점차 강제 탈취는 없어지고 있지만 늘 걱정되는 부분이라고 했다. 또한 도로 사정이 나쁘고 환율로 인한 사료값 상승도 마음에 걸린다고 했다.

그는 돈을 더 벌어 이곳에 큰 커피농장을 개장하고 싶다고 했다. 또 이곳에서 하고 싶은 일은 결혼이라고 한다. 오십이 다 되도록 결혼을 못했다니 깜짝 놀랐다. 우리는 농장시설을 둘러보고 송어양식장으로 발걸음을 옮겼다. 그러면서 나는 1970년부터 해외에 진출하기 시작한 병아리 감별사를 처음 만난 영국에서의 기억을 떠올렸다.

그들은 한국인 특유의 섬세한 손놀림으로 정확하고 빠르게 암수를 감별하여 높은 소득을 올리는 것을 보고 감탄한 적이 있다. 그 후 세계 병아리 감별사에서 한국인이 차지하는 비중이 60%나 된다고 하니, 그저 놀랍기만 했다. 그런데 최근 병아리가 되기 전 알 속에서 암수를 구분하는 기술이 개발되었다는 뉴스에 동물보호단체는 환영의 뜻을 보냈다. 이는 수평아리 도살 금지가 확산되기를 바라는 쪽이며, 이들과 달리 감별사들은 직업이 사라질 것이라는 점에서 조심스러워했다.

농장을 구경하고 우리는 푸사가수가 시내로 들어왔다. 시 중심지에는 역시 오래된 성당이 자리 잡고 있고, 성당 앞 광장에는 수백 마리 비둘기 떼가 사람 주위를 맴돌고 있었다. 그런데 한쪽에는 비둘기에게 먹이를 주지

❶ 라코레아나 농장 전경

❷ 라코레아나 농장에서 전국으로 분양되어 가는 메추리 새끼들

❸ 양계장

❹ 푸사가수가 성당과 광장의 조각상

❺ 푸사가수가 커피농장의 커피나무

말라는 경고 글이 쓰여 있었다.

우리는 광장을 지나 커피 가공공장으로 갔다. 입구부터 향긋한 커피향이 코를 자극했다. 직접 커피를 재배하는 농장이지만, 커피를 수집하여 시장에 내기 직전의 커피를 가공하고 있었다. 이렇게 커피농장과 가공공장을 둘러보면서도 조금 전에 박창섭 병아리 감별사의 꿈이 이곳에다 커피농장을 건설하고 싶다는 말이 귓전을 울렸다. 여기서 커피 몇 봉지를 사들고 이 선교사의 숙소 겸 교회로 돌아오니 하루해가 저물어 가고 있었다.

:: 뚱보 그림으로 가득한 보고타 보테로 미술관

다음 날 아침 일찍 이영하 선교사 부부와 보고타 구경에 나섰다. 먼저 쿠바로 가는 항공기표와 비자를 얻어야 했다. 보고타 시내에서 선교사로 활동하는 신학교를 방문했다. 어디서나 크든 작든 어떤 건물이나 사무실에 들어갈 때 보안검색이 철저했다. 신원을 확인하고 신학교 내로 들어갔다. 신학교라야 예배당, 강의실 2~3개, 사무실, 침실 등이 고작이지만, 목회자 양성을 위한 한국 교회 후원으로 운영되는 학교였다.

선교사인 김우택 교장은 이곳 보고타에서 20여 년 살아와 이곳 사정을 누구보다도 잘 알고 있었다. 그래서 그의 도움으로 내일 쿠바 항공기 티켓을 쉽게 구했다. 걱정하던 쿠바 입국비자는 필요없다고 한다. 한국과 쿠바 간 국교는 없지만, 한국인은 항공기 티켓과 여행자카드를 구입하면 쉽게 입국이 가능하다고 한다. 쿠바공항에 내리면 여권에 입국 허가 스탬프를 찍어 주는 것이 아니라 별도 여행허가증을 내준다는 것이다. 그 여행허가증이면 석 달 동안은 얼마든지 돌아다닐 수 있다. 이것도 모르고 상파울루 여행사나 쿠바영사관에서는 호텔예약서가 있느니 없느니 하며 사람을 힘들게 했다.

비행기표를 구하고 나니 마음이 홀가분했다. 우리는 한국관이라는 식당으로 점심을 먹으러 갔다. 그런데 식당 주인이 김 교장에게 그냥 식사를 대접하려 했다면서 오늘이 바로 그날이라며 대접이 융숭했다. 괜한 신세를 졌나 싶어 미안하기 그지없었다. 모처럼 맛있는 김치를 먹었다.

오찬을 나눈 뒤 김 교장과 헤어져 바로 보고타 관광에 나섰다. 중남미대륙을 하나로 묶어 연방국가가 된 미국과 대등한 힘을 가지려고 노력했던 볼리바르 장군의 뜻을 기리는 볼리바르 광장Plaza de Bolivar 그의 동상 앞에 섰다. 그는 스페인에 대해 개별적으로 독립운동을 하던 세력을 통합하여 미국과 같은 남미대륙을 연방국가로 만들 구상을 갖고 있었다. 실제로 스페인 지배로부터 벗어나자 1819~1831년 동안 그란콜롬비아Gran Colombia라는 이름으로 오늘날의 콜롬비아, 베네수엘라, 에콰도르, 파나마 그리고 코스타리카, 페루, 브라질, 가이아나의 영토 일부분을 포함하는 대콜롬비아 연방국을 세워 대통령이 되었다.

그러나 막상 스페인의 지배로부터 벗어나자 볼리바르를 중심으로 하는 연방주의자와 각국으로 나누어 독립하자는 분리주의자들 사이에 내분이 일어났다. 동시에 미국과 영국 등이 남미대륙에 강력한 통합국가가 생기는 것을 바라지 않았다. 결국 볼리바르가 사망하자 그란콜롬비아는 해체되었다. 이러한 대구상을 실천에 옮기려 했던 볼리바르는 동상으로 남아 아직도 그 꿈을 버리지 않고 서 있는 듯했다. 만일 그때 그의 생각대로 중남미가 하나가 되었다면 역사책을 다시 기록할 뻔했다. 역사는 만일이라는 가정은 없다고 하지만 말이다.

이어 국회의사당, 대통령궁 등을 둘러보면서 역사가 살아 움직임을 느꼈다. 그런데 이곳을 가보지 않고는 콜롬비아를 보았다고 말하지 말라는 스페인 식민시대의 역사 중심지 칸델라리아La Candelaria 지구의 황금박물관Gold Museum, Bogota, Museo del Oro en Bogota을 찾았을 때는 역사가 살아 움직이는 것이 아니라 시간이 과거에 멈춰 있는 듯한 느낌이었다. 5만여 점이나 되는 금세공품과 금장신구들을 보면서 시간이 정지되어 있다는 것을 실감하였다. 특히 사람들이 경탄하는 파스카의 황금 뗏목Pasca Golden Raft은 시간만 멈추게 하는 것이 아니라 사람의 숨소리도 멈추게 할 기세였다. 이처럼 보고타의 황금박물관은 페루 리마의 황금박물관보다 소장품의 숫자나 내용면에서 한 수 위였다.

이 미술관에 가보지 않았다면 보고타를 안다고 말하지도 말고 미술에 대해 논하지도 말라는 보테로 미술관Botero Museum, Museo Botero을 노크했다. 얌전한 대저택 모양의 미술관에도 많은 사람들이 북적이고 있었다. 전시장에 들어서는 순간 사람이나 동물이나 신체의 어느 한 부분을 막론하고 온통 그림들이 살찌거나 뚱보를 소재로 삼은 기발한 착상에 입이 벌어졌다.

미술에 대해 아무것도 모르는 문외한이긴 하지만, 미술전시회를 비교적 많이 다녀본 나는 보테로의 작품을 보고는 천재적인 작가의 상상력에 잠자던 뇌가 살아나는 느낌을 받았다. 쉬우면서도 쉽지 않고, 어려운 듯하면서도 어렵지 않은 그의 착상과 화법으로 그린 그림과 조각작품들은 야릇하고 신기했다.

아직도 생존해 있는 콜롬비아의 화가이자 조각계의 거장인 페르난도 보테로Fernando Botero는 2009년 서울 전시회장에서 왜 뚱뚱한 작품을 그리느냐는 질문을 받고, 나는 뚱뚱한 사람들을 그리지 않는다고 말한 그 자체가 듣는 이로 하여금 도발적이라는 말임을 알아차렸다. 그리고 그는 "뚱뚱한 사람을 보고 그리는 게 아니라, 인물을 바라보는 시각 자체가 다른 것이다. 풍경화든 정물화든 동물을 그리든 무엇이든지 간에. 내가 표현하려는 것은 감각적 볼륨이고 형태와 컬러가 나를 흥분시킨다"는 말을 남겼다. 이 말 역시 나를 흥분시키는 데 충분했다.

❶ 푸사가수가 투우 경기장 ❷ 보고타 시내를 어슬렁거리는 노새
❸ 보테로 미술관의 뚱보 여인 그림 ❹ 스페인 식민지 시대의 역사문화가 간직된 칸델라리아 거리

하여간 나는 같은 사물을 보되, 보이는 대로가 아닌 해학적이거나 풍자적인 그림으로 작가가 진정으로 말하고자 하는 의미를 읽을 수 있을 것 같았다. 그러한 점에서 그림을 처음 보는 순간 바로 해학으로 개인이나 사회의 어떤 사건이나 문제가 지닌 것을 입체적으로 표현한 피카소가 떠올랐다. 그림을 그리는 방법은 달랐을지 모르나 표현하고자 하는 속내는 비슷

하다는 생각을 했다. 보고타에 와서 가장 오래도록 남을 만한 것은 그의 미술관에서 그의 그림을 보았다는 것이다.

그리고 다시 센트로로 나와 고풍스런 다양한 건축물 곁을 지났다. 국회의사당, 대성당, 대통령궁 등과 스페인풍 건축물 주변에는 비둘기들로 넘쳐났다. 아마도 중남미 어느 도시보다 숫자가 많은 듯했다. 그래서 당국에서는 비둘기 개체를 줄이기 위해 먹이 속에 독약을 넣는 일도 있었다고 한다. 곳곳에 비둘기에게 먹이를 주지 말라는 대형 현수막이 걸려 있었다.

대통령궁 주변에는 경찰과 군인들로 가득했다. 오늘 보고타 주재 외교관들의 미팅이 있었다고 한다. 지나면서 대통령궁 사진을 몇 장 찍었더니, 사복경찰인 듯한 사람이 다가와 더 이상 찍지 말라는 사인을 보냈다.

경찰의 제지를 본 이 선교사가 빨리 시내를 벗어나는 게 좋겠다고 해 미련없이 보고타 시를 뒤로 했다. 20년 정도 보고타에서 살아온 사람이 이곳 분위기를 잘 알고 있었기 때문이다. 그런데 귀가 도중 교통단속에 걸려 220,000페소를 물었다. 너무나 아까운 돈이었다. 미처 신호등을 잘못 보았다고 봐달라고 했지만 경찰관은 꿈쩍도 하지 않았다. 미안한 마음에 내가 지불하겠다고 나섰지만, 이 선교사는 현금으로 벌금을 물었다.

이런 과정을 겪으면서 도중에 원형 투우 경기장 앞을 지나다가 잠시 멈췄다. 라틴 아메리카의 전통적인 투기이자 오락인 투우는 2010년 스페인 카탈루냐에서 금지되면서, 콜롬비아도 이에 동참하는 듯했다. 그러나 2014년 콜롬비아 헌법재판소는 문화적인 유산이므로 금지할 수 없다고 판결했다. 2017년 보고타에서 투우경기가 열렸으나 동물권리보호론자들의 엄청난 반대에 직면하기도 했다. 한편 2017년 스페인 법원에서 국가 유산인 투우를 카탈루냐 등과 같은 지자체에서 금지할 수 없다는 판결이 있었다. 투우 시즌이 아니어서 적막감이 감도는 경기장이었지만, 투우 경기장의 흥분된 함성과 반대시위 소리가 동시에 들리는 듯했다.

시가와 설탕의 나라 쿠바

:: 파나마를 거쳐 쿠바로 들어가는 길

1월 25일 목요일 새벽 4시에 일어나 떠날 채비로 분주했다. 4시가 조금 지나자 감별사인 박 사장이 우리 일행을 태워 주기 위해 트럭을 몰고 왔다. 이 선교사 부부는 둘째 딸 결혼 때문에 LA를 거쳐 귀국할 예정이고, 나는 파나마를 경유하여 쿠바 아바나로 들어가기로 했다. 그런데 내 비행기는 8시 30분이고, 이 선교사 비행기는 오후 2시로 나를 보내고도 한참을 기다려야 했다.

박 사장의 트럭은 앞 좌석에 운전자 포함 세 사람만 탈 수 있었다. 내가 뒤쪽 짐칸에 타려 했으나, 이 선교사가 먼저 짐칸으로 올라갔다. 미안한 마음이 가득했다. 고도가 높아서 새벽 공기는 한기마저 느끼게 했다. 보통의 경우 트럭 뒤에 실은 짐이 보이지 않도록 잘 감싸지 않고 달리면 신호등에 걸려 멈췄을 때 잽싸게 훔쳐 가거나 강탈해 가는 일이 잦다고 한다. 가는 도중 경찰 검문이 몇 번 있었다. 그럴 때마다 왜 짐칸에 탔느냐고 물었다. 사정 이야기를 하고 그냥 통과할 수 있었다.

보고타 시내에 들어서자 출근 차량으로 도로 사정은 말이 아니었다. 거기에다 차량 매연은 정말 참기 힘들 지경이었다. 공항도 비좁은 공간에 사람들로 북새통이었다. 짐 검사는 철저했다. 살살 웃으면서 짐을 뒤지는 여직원의 모습은 밉지 않았다. 그녀는 튜브 고추장은 무엇이며, 쥐치포는 무엇이며, 옥수수 조각은 무엇이며, 볶은 콩은 무엇이냐며 손에 잡히는 대로 물어보았다. 배낭 밑바닥까지 코를 대고 냄새를 맡았다.

나는 풀어헤친 짐을 다시 챙기느라고 한참 끙끙거렸다. 이제 이 선교사와 헤어질 시간이었다. 그는 출국 심사 코너로 들어가려는 찰라 삶은 오리알과 햄버거 그리고 물을 준비했다며 내 손에 쥐어 주었다. 고마웠다. 그 후 시간이 지나서 이 선교사가 춘천에 왔을 때 보답으로 하루 종일 안내해 주었다. 석별의 정을 나누고 안으로 들어가니 출국 심사 대열이 장사진이다. 출국 심사대가 부족하여 임시로 만든 긴 책상 위에 노트북을 갖다 놓고 일을 볼 정도였다. 최근 공항 이용객이 엄청 증가했음을 알 수 있었다.

출국 수속을 마치고 나서도 비행기 탑승 전에 X레이 투과기 검색이 또다시 이루어졌다. 항공 테러를 막기 위한 대책으로 모두 잘 따랐다. 탑승 시간이 임박했는데도 밀려 있는 사람들 숫자는 좀처럼 줄어들지 않았다. 다급해진 항공사 직원들이 승객 사이를 오가며 파나마 가는 승객은 손을 들라고 외쳤다. 손을 번쩍 들었더니 맨 앞에 서게 해 줘 비행기에 올랐다.

겨우 한숨을 돌리고 공항까지 배웅해 준 이 선교사와 그동안 많은 나라를 다니면서 신세진 사람들을 생각했다. 잘 알려진 대로 우리나라는 1만4천여 명의 선교사를 해외에 파송하여 미국에 이어 두 번째로 많은 파송 국가다. 그런데 이를 인구 대비로 따져보면 단연 세계에서 가장 많이 복음을 전하는 1등 복음 전파 국가다. 그래서 지구촌 어딜 가든지 선교사를 쉽게 만날 수 있다.

특히 나는 연구 대상이 농업과 농촌인지라 그간 수많은 나라의 농촌을 답사하면서 자연스럽게 선교사를 만나 도움을 받기도 하고 주기도 했다. 그들은 현지어에 능통할 뿐 아니라 현지 사정도 잘 파악하고 있어 초행길인 나에게 큰 도움을 주었다. 이들의 현지 활동은 단순히 선교라는 차원을 넘어 많은 일들을 하고 있었다.

사회주의국가에서는 공식적인 선교활동이 금지되어 지하 선교활동을 하면서, 행여 추방당하지 않을까 하는 조바심 속에서 지내고 있었다. 실제로 라오스의 경우, 성경책을 나누어 주는 것 자체가 선교활동으로 간주되어 추방되는 예도 있었다. 또 아프리카에서는 이미 수백 년 전부터 깊게 뿌리내린 이슬람교도와의 보이지 않는 대립 속에 있기도 했다. 이곳 중남미에서는 좌익과 우익정권으로 번갈아 교체되면서 발생하는 사회적 불안정으로 늘 불안한 마음으로 기도해야 하는 일들이 많다.

후진국에서 활동하는 경우 선교도 선교지만 선진국과 달리 그들의 가난을 줄이고 삶의 질을 높여 주는 일도 앞장서야 한다. 어찌되었든 이렇게 많은 선교사가 해외에서 활동할 수 있는 것도 우리의 경제 규모가 그만큼 커졌기 때문에 가능한 일이다. 만일 우리 경제력의 파이가 남에게 줄 정도로 크지 않다면, 그 많은 선교 비용을 어떻게 감당할 수 있겠는가. 그래서 만나는 선교사마다 한국 경제 발전을 위해서도 기도해 달라고 부탁하곤 한다. 경제 규모가 작아진다면 해외 선교활동 자체도 위축될 수밖에 없기 때문이다.

우리나라가 IMF 때 농촌조사를 하러 아프리카 탄자니아를 간 일이 있다. 그때 선교사들은 본국의 경제사정이 급격히 나빠지자 선교활동비를 송금받지 못하여 선교활동은 고사하고 자신들의 끼니와 아이들 교육비 마련에 전전긍긍하고 있었다. 정부에서 각 선교단체에 나라의 외환이 고갈되었으니 송금을 자제해 달라는 공문을 보낼 정도였으니 말이다. 이는 국가의 경제력이 바로 선교의 힘이라는 것이다.

이런 생각을 하는 동안 비행기는 이륙했다. 이제 중남미에서 브라질, 아르헨티나, 멕시코, 페루에 이어 다섯째로 큰 나라이자 남미에서 유일하게 태평양과 대서양의 카리브해를 동시에 접하고 있는 나라와 짧은 만남을 끝낼 시간이다. 남미대륙의 넓은 이마 끝에서 가늘고 긴 중미의 개미허리를 따라 북상했다. 비행기 안에서 밖을 내려다보아도 짙은 구름으로 간간이 땅을 볼 수 있을 뿐이었다.

:: 파나마 운하

파나마 토쿠멘 국제공항Tocumen International Airport에 도착하여 이곳에서 환승하려면 2시간을 보내야 한다. 4시간 정도의 여유만 있어도 공항 밖으로 나가 구경할 수 있을 텐데 아쉬웠다. 그래도 공항은 상하의 나라답게 따뜻한 느낌을 주었다. 수많은 항공기의 경유지여서 보고타 공항보다도 크고 편의시설도 안락했다. 특히 삼성과 LG 광고판이 유난히 눈에 띄었다.

공항 면세점이나 부대시설들이 파나마에 온 것을 느끼게 해 주었다. 특히 파나마 운하는 이 나라의 상징이다. 어디에서나 쉽게 파나마 운하를 만날 수 있다. 여기서 파나마 운하 그림과 사진책 한 권을 샀다.

파나마 운하Canal de Panama는 태평양과 대서양을 잇는 길이 82km 되는 운하다. 1914년 8월 15일 완공되어, 1999년 운하 소유권이 미국 정부에서 파나마 정부로 이관되었다. 그리고 2016년 6월에 확장공사도 완료되었다. 이 운하가 개통되기 전에는 남미 해안을 길게 우회하여 대서양과 태평양을 오가야 했다. 그런데 이 운하의 개통으로 뉴욕에서 샌프란시스코까지 항해하는 데 예전의 22,500km에서 9,500km로 두 배 이상 거리가 단축되었다. 미국 아시아 함대 사령관 J. 로저스와 특명전권공사 F. F. 로가 호위함 3척과 포함 2척, 대포 85문, 병력 1,230명을 이끌고 우리나라에 와서 일으킨 1871년의 신미양요 때 대서양의 미 해군기지를 떠나 남미 마젤란 해협을 통과하고 태평양을 건너왔던 것을 생각하면, 이 운하가 지닌 역할을 짐작할 수 있다.

파나마 운하가 처음 구상된 것은 18세기 초부터였다. 그리고 1849년 캘리포니아 골드러시 붐이 일면서 미 서부로 가는 빠르고 안전한 길을 찾고 있었다. 당시 미대륙을 횡단하는 것은 인디언 지역과 험준한 록키산맥을 피해 택한 것이 대서양과 태평양을 잇는 가장 짧은 거리인 파나마였다. 이리하여 만들어진 것이 미국 자금으로 1855년에 완성한 파나마 철도였다.

그러나 이 철도에 만족할 수 없었던 프랑스는 1880년 운하 건설을 시작했다. 공사 중 모기에 의한 말라리아나 황열병 같은 열대병과 산사태 같은 자연재해 등으로 매월 평균 200여 명이 사망하여 모두 21,900명의 노동자가 사망하는 등 결국 실패하고 말았다. 이러한 난공사를 물려받은 미국이 1900년 초 다시 시도해 1914년 8월 15일 약 81km의 운하를 완성했다.

역시 미국도 해발 3,475m 볼칸 바루Volcan Baru산이 있는 파나마의 구릉과 언덕이 많은 곳에서 난공사로 프랑스와 미국이 운하를 마무리할 때까지 무려 27,500명의 노동자가 사망했다. 이렇게 높은 지대를 통과해야 하기 때문에 파나마 운하 자체는 해수면보다 수십 미터 높을 수밖에 없다. 그래서 선박들이 도크에 들어온 뒤 물을 채워 더 높은 위치의 도크로 올리고, 운하 중간에 위치한 가툰 호수를 거쳐 다시 도크로 들어가 물을 빼고 내려간 뒤 바다로 들어가는 시스템이다.

이런 엄청난 인적 희생이 있었으나 막상 운하가 개통되자 국제해운 통로로서의 큰 몫을 차지하게 되었다. 한번 통과하는 데 보통 8~10시간 정도 소요되며, 매년 평균 1만5천 척이 이 운하를 통과하고 있다. 갑문의 크기는 1908년 미 해군의 요청으로 최대 폭 33.53m로 건설되었다.

지금까지 가장 많은 통행료를 지불한 선박은 259m 되는 디즈니 매직

❶

②

❸

크루즈 라이너로 331,200달러를 지불했다고 한다. 가장 적은 통행료는 미국 모험가 리처드 핼리버튼이 1928년 파나마 운하를 수영으로 통과하면서 낸 39센트였다는 재미있는 기록이 전해지고 있다.

그리고 평균 통행료는 약 54,000달러로 파나마의 총수출액보다 5배 이상 수입을 올리고 있다. 2016년 6월에는 기존 운하 폭 32m에서 49m 폭으로 확장한 새로운 운하를 개통하여 신운하 시대를 열었다. 이는 과거 최대 만재 배수량 9만 톤에서 12만 톤까지 선박도 통과할 수 있게 되어 놀랄 만한 해운 능력을 키웠다. 구입한 운하 사진첩으로 운하 전경을 보면서 불가능을 가능하게 만든 인간의 도전에 감탄하지 않을 수 없었다

:: 사회주의 국가 쿠바에 들어가다

쿠바로 가는 비행기에 다시 올랐다. 비행기 아래로는 아름다운 카리브해가 펼쳐져 있었다. 바다는 잔잔했고 비행기 엔진 소리만이 적막을 흔들어 깨웠다. 비구름을 뚫고 쿠바의 아바나Havana에 도착했다. 호세 마르티 국제공항Jose Marti International Airport은 19세기 스페인에 맞섰던 쿠바 독립 영웅이자 시인 호세 마르티 이름을 딴 것이다. 공항 입국 심사대 앞에 섰다. 심사관은 며칠 묵을 예정인지, 왜 왔는지 간단한 질문을 하더니, 여권에 입국 허가 스탬프를 찍지 않고 보고타에서 20달러를 주고 산 여행자 카드에 입국 허가 스탬프를 찍어 주었다.

우리나라와 미수교국인 사회주의 국가 쿠바에 들어설 때 다소 긴장했다. 쿠바는 시리아, 마케도니아, 코소보와 함께 우리나라의 4개 미수교국

❶ 파나마 토쿠멘 국제공항 탑승구에 아바나행 출발시간이 나와 있다.
❷ 파나마 운하를 통과하는 여객선 ❸ 파나마 토쿠멘 공항에서 구입한 파나마 운하 기념품

중 하나다. 1959년 쿠바 사회주의혁명 이후 단교한 이래 지금까지 우리나라와는 공식 외교관계는 없다. 그런데 한국 여권을 들고 들어올 수 있다니, 세상이 참 많이 변했구나 하는 생각마저 들었다.

공항 로비에 나서자 여행사 직원들이 필요한 것 없느냐고 묻기에 호텔 예약을 부탁했다. 1박에 65페소라고 했다. 나중에 알았는데, 여행사를 통하지 않고 개인적으로 가면 200페소로 3배 이상 비싼 요금을 요구했다. 지금까지 경험으로 보아 여행사를 이용하면 값싸게 이용할 수 있다.

환전소에서 1유로 1.56페소 환율로 환산해 전환페소로 바꿨는데, 1달러는 불리한 80센트였다. 이는 당시 미국과 쿠바와 미수교 상태로 적대적인 미국 달러에 불이익을 주기 위하여 유로나 캐나다 달러 등에 비해 달러 환전수수료를 10% 크게 올려놓았던 것이다.

이는 2004년 쿠바중앙은행의 달러 통용 금지 결정으로 쿠바에서는 미국 달러를 쓰지 못하게 했다. 쿠바인들이 통용하는 쿠바페소가 별도로 있다. 그런데 만나본 쿠바인들은 가치가 더 큰 전환페소를 선호했다. 이처럼 내국인과 외국인이 쓰는 돈이 따로 있는 줄은 미처 몰랐다.

공항 로비 여행사에서 소개한 차로 시내 중심가에 있는 쿠바에서 가장 큰 호텔 중 하나이자 아바나를 상징하는 25층 건물인 아바나 리브르 호텔 Habana Libre Hotel로 갔다. 시내로 들어오는 동안 여전히 비가 내리는 가운데 거리 풍경은 차분했다. 남국 특유의 가로수인 팜나무 사이로 낡은 건물들이 보이기는 했지만, 있는 그대로 꾸밈없이 볼 수 있다는 것은 마음에 들었다.

호텔에 도착하여 샤워를 마치고 로비로 나갔다. 로비에 걸린 사진과 그림들을 보고서야 이 호텔이 쿠바의 현대사와 함께해 온 역사적인 호텔임을 알았다. 이 호텔에서 일어났거나 방문한 사람들의 면면을 보니, 과거 어떤 역할을 했는지 알 수 있었다.

1958년 미국 힐튼호텔 체인으로 오픈하여 1959년 쿠바의 사회주의혁명으로 1960년에 국유화되면서 호텔 아바나 리브르로 이름이 바뀌었다. 1996년부터는 스페인의 호텔체인 솔 멜리아 호텔그룹이 경영을 맡고 있다. 그 사이 이 호텔은 사회주의와 제3세계 지도자들의 회의장소로 이용되는 등 사회주의 운동 중심지의 하나가 되었다.

이 호텔에 머물렀던 사람들은 당대의 지도자들이었다. 피델 카스트로Fidel Castro 쿠바평의회 의장, 체 게바라Che Guevara 공산주의 혁명가이자 의사이자 쿠바의 게릴라 지도자, 발렌티나 테레시코바Valentina Tereshkova 러시아 세계 최초 여성 우주인, 살바도르 아옌데Salvador Allende 전 칠레 대통령, 엘리자베스 테일러Elizabeth Liz Taylor 영화배우, 사라 몬티엘Sara Montiel 스페인 여가수, 마리오 모레노Mario Moreno 칠레 축구선수 등 당대의 사람들로부터 존경을 받아온 사람들이다. 그리고 호텔 표어 중에 '오늘의 일이 역사적인 관심사일 수 있음을 명심하라'는 말은 나 같은 사람도 앞으로 무슨 일을 할지 모르니 스스로 가볍게 여기지 말라는 의미로 받아들였다.

아주 넓고 시원한 로비에 걸린 사진 등을 보는 데도 시간이 걸렸다. 이미 어딜 가기에는 늦은 시간이어서 가까운 거리를 배회하기로 했다. 마침 멀지 않은 곳에 아바나대학이 보였다. 콜로니얼 양식으로 지은 웅장한 건물들은 오래된 유럽 대학이나 미국 동부의 고풍스런 모습을 지닌 대학 분위기와 비슷했다. 피델 카스트로도 이 대학 출신이라니, 이 나라 주요 지도자들이 이 대학에서 공부했음을 짐작할 수 있다.

마침 이 대학 법학과 출신인 젊은 변호사를 대학 본관으로 올라가는 계단에서 우연히 만났다. 내가 한국인이라고 하자 그는 흔쾌히 같이 캠퍼스를 거닐며 이런저런 얘기를 나누게 되었다. 그는 이 나라의 현행법과 변화하는 국민들 사이에 갭이 있음을 내비쳤다. 특히 사회주의혁명으로 모든 재산을 국유화하고 집단화한 것에 대한 한계를 은유적으로 비판했다. 뜻밖

내쇼날 쿠바 호텔에서 관람한 살사춤

에 만난 변호사로부터 쿠바의 고민이 무엇인지 감이 잡히는 듯했다. 그리고 그는 우리나라에 관한 일반적인 것을 물었다. 그의 관심은 주로 경제적인 문제였다.

그와 얘기를 나누다 보니 어두워지기 시작했다. 호텔로 돌아오면서 피자 가게에 들렀다. 피자 맛도 일품이었지만 내쇼날 쿠바 호텔에서 중미의 전통 춤인 살사Salsa 쇼가 있다는 것을 알았다. 이런 기회를 놓칠 내가 아니었다. 입장료 35페소를 내고 공연이 시작되기를 기다렸다. 화려한 의상과 춤과 노래로 두 시간여 공연이 이어졌다. 쿠바 리듬에 로큰롤, 소울, 재즈가 섞인 라틴 음악에 맞춰 추는 살사춤이 뜨거운 열정과 깊은 애환이 깃든 남미 음악 삼바나 탱고와 무엇이 다른지 구분하기 어려웠지만, 어떤 춤이든 흥을 돋우고 한을 삭이는 예술이라는 것을 느꼈다.

:: 비날레스 계곡 시가 담배공장 여인의 애원

어제 호텔에 도착하면서 예약해 둔 패키지 관광버스가 아침 7시 30분 호텔 앞에 대기하고 있었다. 아바나에서 서쪽으로 120km 떨어진 유네스코 세계문화유산으로 지정된 시에라 데 로스 오르가노스Sierra de los Organos산맥의 비날레스 계곡Vinales Valley을 탐방하는 것이다.

버스는 시내 호텔을 돌면서 손님을 더 태우고 서쪽으로 달렸다. 가면서 작은 말이 끄는 마차가 농촌의 주요 운반수단이자 교통수단임을 보고, 우리나라 1960~1970년대로 돌아간 느낌이었다. 하지만 고속도로를 빠져 나와 구릉을 따라 전개되는 한적한 전원 풍경은 바쁘게 살아온 우리를 포함한 서구 현대인들의 마음을 치유해 주는 듯했다.

인구 3만도 안 되는 작은 농촌도시인 비날레스 계곡 입구 전망대에 들어섰다. 사탕수수와 담배 밭이 널려 있는 들판 건너 독특한 카르스트 지형이 감탄을 자아내게 했다. 여유롭게 둥근 모양의 산세는 중국 계림이나 베트남 하롱베이에 뒤지지 않았다. 동굴 안을 흐르는 강을 따라 작은 보트를 타고 형형색색 신이 빚은 듯한 기이한 동굴 속으로 들어갔다. 수백만 년 걸려 형성된 석회암 동굴 안을 걷지 않고 배를 타고 다녀온 경험은 처음이었다.

천연 석회동굴이 많은 비날레스 계곡은 예전에 사탕수수 농장에서 혹독한 노동에 시달리던 흑인 노예들이 도망쳐 나와 숨어 지내기 좋은 장소였다. 출구에는 어렵게 도망쳐 나온 노예들이 살던 거주지 모습을 그대로 재현해 놓아 당시 그들의 삶을 짐작할 수 있었다.

점심시간이 되어서야 같이 온 사람들과 얼굴을 마주 보고 대화를 나눴다. 대부분 미국인들이고 캐나다, 호주, 브라질, 프랑스에서 온 사람이 한두 명 섞여 있었다. 그들은 한국에서 온 나를 보며 자신의 삼성 핸드폰을 보이며 친근감을 나타냈다. 그 가운데 미국인들은 쿠바에 대한 강한 연민을 갖고 있는 듯했다.

남북전쟁과 태평양까지 이르는 서부 개척을 정리한 미국은 그 여세를 몰아 1898년 4월부터 8월까지 4개월간 쿠바, 필리핀, 푸에르토리코, 괌 등 스페인의 해외 영토를 둘러싸고 미서전쟁美西戰爭, Spanish-American War를 벌였다. 여기서 승리한 미국은 쿠바와 필리핀 등의 지배권을 확보했다. 그러다가 1902년 쿠바의 독립을 승인해 준 역사적인 사건을 기억하고 있기 때문이 아닐까 싶다.

미국은 쿠바의 독립을 인정했으나, 쿠바 동남쪽 끝 관타나모Guantanamo 해군기지는 아직도 미국이 지배하는 치외법권 지역으로 남아 있다. 이렇듯 미국의 영향력 아래 있는 이곳으로 탈출하는 자국인을 막기 위해 쿠바는 미국과의 국경선 지역인 관타나모 경계선에 대량의 선인장을 심고 지뢰를 매설했다. 그래서 사람들은 선인장 장막이라 부르며 공산국가의 모순을 지적했다. 더욱이 쿠바와 미국 최남단인 키웨스트와의 거리는 불과 169km다.

식당 앞에는 기념품 가게들이 늘어서 있다. 놀란 것은 작은 기념품이라도 베레모에 시가를 입에 문 공산게릴라 체 게바라의 얼굴이 그려져 있다. 이 체 게바라 초상화가 아바나 내무부의 벽에 크게 붙어 있어 쿠바 사람들 머릿속에 가득 차 있는 듯한 강한 인상을 받았다.

체 게바라 초상화는 남미 여행 중 간혹 보이기는 했지만 쿠바처럼 일반화되지는 않은 듯했다. 마치 베트남에서 어딜 가나 호치민 초상화와 동상을 만나고 있는 것 같았다. 어느 나라든 정신적 지주가 되는 인물 사진을 거리나 건물에 붙이곤 한다.

비날레스 계곡의 풍경을 만끽하고 우리가 간 곳은 시가 공장이었다. 입구에는 여러 명의 경비원이 지키고 있고 안에는 길게 늘어앉은 100여 명의 여자 노동자들이 손으로 말린 담뱃잎을 돌돌 굴려가며 말고 있었다. 얇고

❶ 비날레스 계곡의 '두 명의 자매'라는 벽화
❷ 비날레스 계곡의 아름다운 풍경
❸ 비날레스 계곡 기념품 가게에서 본 '시가 피는 여인'을 그린 그림

작은 시가, 길고 가느다란 시가, 크고 통통한 시가 등 다양한 모양은 담배잎 크기에 따라 정해지는 것 같았다.

우리나라 담배공장에서 수없이 쏟아지는 인스턴트 담배라고 부르기도 하는 궐련과는 전혀 다른 생산 모습이었다. 이러한 과정을 거친 시가는 점화 방법, 흡연 방식, 보관 방법 등이 유별나며 흡연 예의를 중시한다고 한다. 특히 시가는 맛과 향을 음미하며 이 향과 잘 어울리는 와인이나 코냑을 곁들이면 일품이라고 설명했다. 그런데 담배를 피지 않는 나로서는 아무리 맛과 향을 강조해도 실감이 나지 않았다. 다만, 담배 생산에 관련된 역사나 사람들의 생활 자체에 관심이 많았다.

버스에 타고 있던 우리가 일시에 공장 안으로 들어가자 일을 하던 여성 노동자들이 우리를 힐끔힐끔 쳐다보았다. 그녀들은 감독자가 등을 보이면 일하던 손을 멈추고 동전을 입으로 가져가는 시늉을 하며 돈을 주기를 바랐다. 그러다가 감독이 방향을 바꾸면 다른 쪽의 여인들도 간절히 바라는 눈초리로 같은 시늉을 했다. 감독은 이를 모르는 양 우리에게 미소를 보이며 작업장 통로를 따라 오가고 있었다.

관광객 중 거기에 응하는 사람은 없었다. 아니 주려고 해도 방법이 마땅치 않았다. 우리는 그들의 삶을 생각하며 다양한 시가가 진열되어 있는 시가 판매장으로 나왔다. 그런데 시가가 그렇게 비싼 줄은 몰랐다. 길고 통통한 시가는 우리 돈 10만 원을 넘기도 했다. 판매장의 아가씨가 시가를 하나라도 더 팔기 위해 말을 걸어왔다.

나는 작고 가는 원통에 들어 있는 시가 두 개와 《쿠바의 100가지 질문과 답》이라는 책을 샀다. 판매장 아가씨는 공장 직원은 아니지만 50만 원 정도 급료를 받고 있고, 공장 안에서 일하는 노동자들은 대충 30만 원 내외일 거라고 했다.

가이드는 3시간이 걸리는 귀갓길을 감안하여 이곳의 대표적인 볼거리인 '두 명의 자매Dos Hermanas'라는 벽화를 보러 간다며 서둘렀다. 모고테Mogote라 불리는 거대한 바위 절벽 위에 길이 180m, 높이 120m 되는 대형 그림이 있었다. 이 벽화는 1960년대 초 이 지역을 찾은 피델 카스트로가 혁명을 기념하기 위해 그린 것으로 화가 레오비길도 곤살레스Leovigildo Gonzales의 지휘를 받아 인근 농부들을 동원해 5년 만에 완성했다고 한다.

이 그림에는 공룡시대부터 인간이 지구에 출현하고 지구가 진화하는 과정 등을 상징하는 인간, 공룡, 달팽이 등이 그려져 있다. 그림을 보면서 카스트로 수상이 말하고자 했던 것이 무엇을까 생각해 보았다. 혁명의 진화과정을 말하려는 것이 아니었을까?

:: 카리브해의 헤밍웨이, 카스트로 그리고 체 게바라

또 하루를 시작하는 태양이 카리브해 위에 떠올랐다. 맑고 푸른 카리브해에 손을 담그고 싶었다. 아침 6시가 되기도 전에 카메라를 메고 걸어서 10분쯤 거리에 있는 바닷가로 향했다. 거리를 청소하는 사람들만 보일 뿐 아직 잠이 덜 깬 이른 아침이었다. 출렁이는 검푸른 파도를 타고 멀리 컨테이너를 가득 실은 배들이 아바나 항구로 들어오고 있었다.

가끔 울리는 뱃고동 소리의 여운이 귓전을 떠나지 않았다. 노벨문학상을 받은 미국의 존 스타인벡이 기적 소리나 뱃고동 소리만 들어도 멀리 떠나고 싶은 충동을 느낀다고 했던 것처럼, 나 역시 뱃고동 소리에 더 멀리 가고 싶은 충동이 일었다.

이 지역에 살던 카리브족의 이름이 바다 이름이 되었다. 왼쪽 멕시코만과 오른쪽 대서양 사이의 넓은 해역을 카리브해 또는 카리브 지방이라 부르며, 여기에 있는 수많은 섬들을 카리브제도라고 한다. 이 제도에 쿠바, 자메이카, 도미니카공화국 등 여러 나라가 있다. 이보다 확장된 의미로 서인도 제도West Indies라는 말을 쓰기도 한다.

이 지역은 1492년 콜럼버스가 첫발을 내디딘 이후의 대항해 시대에는 스페인, 영국, 프랑스 등의 식민지 쟁탈 현장이 되었다. 그 후 노예무역을 주도했던 식민지 시대부터 유럽과 아메리카를 이어주는 해상교통의 요지로 열강들이 죽자 살자 눈독을 들이며 진출한 곳이었다. 이런 역사적 배경 아래 이 해역은 많은 해적이 출몰하던 신화 같은 얘기의 주요 무대가 되었다.

더욱이 쿠바가 공산화된 1959년 이후부터는 미국과 대립관계를 이어

오다가 케네디 대통령은 러시아의 미사일을 쿠바에 설치하는 문제로 쿠바 해상봉쇄령을 내리는 등 제3차 세계대전 직전까지 가기도 한 해역이다.

이 카리브제도에 면적이 남한보다 약간 큰 11만km²에 인구도 1,200만이나 되는 가장 큰 섬을 차지하는 아메리카 유일의 사회주의국가 쿠바의 움직임은 늘 주목의 대상이었다. 미국 입장에서는 그들의 뒷마당이라고 하지만, 과거부터 유럽과 라틴아메리카를 연결하는 교통의 십자로라고 할 수 있다. 다만 쿠바가 남북미대륙에서 처음으로 공산정권이 수립되면서 쿠바를 '카리브에 떠오르는 붉은 섬'이라고까지 부르며 서방국가들은 경계의 대상으로 삼았던 것이다.

그 후 사실 쿠바는 체 게바라가 적극 참여한 혁명으로 카스트로가 집권한 이래 지금까지 공산주의 국가로서 미국의 경제 봉쇄에 대항하여 자립경제체제로 버텨왔다. 이렇게 1961년 자본주의체제에서 공산주의체제로 바꾼 쿠바는 소련이 무너지는 1991년까지 러시아의 적극 지원 아래 중남미 국가들의 사회주의혁명의 전초기지 역할을 담당해 왔다.

이제는 세월이 흘러 예전에 불리던 카리브해의 진주 쿠바라는 정감 있는 이름으로 세계인들에게 다가가고 있다. 이는 다름 아닌 국교도 수교도 안 된 이 나라에 한국 사람이 카리브해의 아름다움을 얘기하고 있는 것이 그 증거가 아닌가. 쿠바는 미국과 공식 외교 수립을 했으나 우리나라와는 아직 실현되지 않아 아쉽기만 하다.

새벽 바닷가 산책을 마친 나는 호텔로 돌아와, 9시에 떠나는 반나절 관광버스를 기다렸다. 약속시간보다 늦은 9시 30분에 사람들을 잔뜩 태운 30인승 버스가 왔다. 여자 가이드는 나를 맨 앞자리에 앉혔다. 이번에는 모두 스페인어권 남미대륙에서 온 사람들이어서 영어 설명이 필요한 사람은 나뿐이었기 때문이다.

혁명광장 한가운데 우뚝 솟은 독립 영웅 호세 마르티 기념비를 한바퀴 돌았다. 그리고 내무부 건물 벽 전면에 걸린 체 게바라의 초상화 앞을 지났다. 지금까지 본 개인 초상화 중에서 가장 큰 것이었다. 중국공산당의 크면 클수록 좋다는 것이 여기서도 통한 것 같다. 거기에는 '영원한 승리의 그날까지Hasta la Victoria Siempre' 라는 말이 새겨져 있었다.

사실 체 게바라는 쿠바인이 아니라 아르헨티나인데, 언어적으로는 라틴 아메리카 어느 나라에 있든지 그들은 하나라는 생각이 들었다. 그는 의학 공부를 마치고 몇 차례 남미를 일주하면서 그들이 안고 있는 역사와 현실 문제에 부딪친다. 그리고 1955년에 피델 카스트로를 만나면서 본격적으로 사회주의혁명에 동참했다. 우여곡절을 겪으면서도 미국의 침공을 막는 등 1959년 쿠바혁명에 성공하면서 쿠바 시민이 되어 정부 요직을 맡아 쿠바 정권의 기초를 세우는 데 주도적 역할을 했다.

그 후 1965년 소련과의 갈등으로 공직을 떠나 아프리카 콩고로 떠난다. 그는 그곳에서 게릴라를 훈련시키는 활동을 펼치지만, 혁명연합이 무너지면서 성과 없이 쿠바로 돌아왔다. 하지만 끝까지 영원한 혁명을 다짐해 왔던 그는 1966년 볼리비아로 갔으며, 이듬해 10월 정부군과의 전투에서 총상을 입고 생포당한 다음 날 총살되었다.

그의 유해는 사망한 지 30년 뒤인 1997년에 발굴되어 쿠바 산타클라라에 매장됐다. 그가 큰딸에게 남긴 "네 자유와 권리는 딱 네가 저항한 만큼 찾는다"는 말은 미국 워싱톤 한국전 기념공원에 새겨진 "자유는 공짜가 아니다"라는 말과 일맥상통한다.

혁명광장을 돌아 유네스코 문화유산으로 지정된 올드 아바나Old Habana에 왔다. 1519년 아바나 만의 자연항에 뿌리 내린 오래된 시가지를 처음 본 사람은 이곳의 매력에 충분히 빠질 만하다고 생각했다. 오랫동안 이곳을 지배했던 스페인풍의 건축물과 흔적들이 너무나 선명하게 남아 있다. 푸른 바다가 더욱 그렇게 만들었는지도 모르겠다.

한 나라의 문명이 이처럼 대량으로 보급되었다는 생각에 그저 놀랄 수밖에 없었다. 우리나라의 일제 식민지 잔재 지우기처럼 그들은 그들의 식민지 잔재 지우기란 시공간적으로나 인종적으로나 언어적으로 도대체 불가능한 일이었다. 500년이면 일이 이렇게 되는구나를 절실히 느꼈다. 본래 이 땅의 주인들이 어디서 무얼 하는지 안 보이니 말이다. 체 게바라도 이 땅의 진정한 후예가 아니었다.

바다와 더불어 스페인의 정취가 넘치는 대로변의 아파트에 걸린 빨래가 이 나라의 경제 실정을 설명해 주는 것은 다른 별세계의 일처럼 보였다. 그럼에도 올드 아바나는 볼수록 머물수록 정감이 넘쳤다.

아바나 하면 빼놓을 수 없는 사람이 있다. 바로 헤밍웨이다. 그는 1928년 쿠바를 처음 방문했으며, 1939년에 정착해서 1960년까지 살았다. 그리고 카스트로와 세기적인 만남도 있었다. 그것보다 관광객들이 관심을 갖는 곳은 1982년 유네스코 세계문화유산에 등재된 올드 아바나의 헤밍웨이가 찾던 술집 두 곳과 그의 저택이다. 나도 예외일 수 없었다.

헤밍웨이가 즐겨 찾던 술집이나 그의 흔적이 닿은 곳이면 비비고 들어갈 틈이 없었다. 술집 밖에도 마찬가지였다. 들어가 앉을 틈은 없었지만 사람들 사이를 비비고 들어가 겨우 안을 살짝 들여다보았다. 10평 정도 될까 말까 한 평범한 선술집이었다. 두 남녀가 구석에 앉아 연주하는 베사메무쵸 besame mucho 멜로디가 밖으로 흘러나왔다.

헤밍웨이가 왜 아바나를 떠나지 못하고 머물렀는지 이해가 갔다. 고풍스러운 도시의 푸른 낭만의 바다, 입술을 적셔 주는 술 그리고 정열적인 음악과 따뜻한 인간들의 사랑이 그를 떠나지 못하게 했던 것이다. 그리고 카리브해 건너편 미국 키웨스트의 집을 왕래하면서 이곳의 정취를 즐기던 그의 모습과 이곳을 배경을 쓴 소설 《바다와 노인》 등이 더욱 생각났다.

시내 관광은 2시쯤 끝났으나 나는 바닷가에 있는 요새 중에서 카스티요

데 로스 트레스 레예스 델 모로Castillo de los Tres Reyes del Morro 요새를 보러 갔다. 16세기 노예들이 구축하여 30년이나 걸려 완성된 요새 성벽 위에 구경이 200mm는 될 성싶은 18세기의 대포들이 바다로 들어오는 적을 향해 발사할 기세로 도열해 있었다.

실제로 이 요새는 아바나를 방어하는 주요 방어물이었으나, 1762년 44,000명으로 구성된 영국군의 침입으로 44일간 격렬한 전투를 벌인 결과 점령당하고 말았다. 이러한 역사적 사실을 기억하기 위한 작은 기념관과 탑도 보였다. 지금 이 요새는 아바나의 상징으로 주요 명소가 되어, 이를 배경으로 사진이나 그림이 그려지고 영화의 배경으로 활용되기도 한다.

성벽 위를 걸으며 바다를 바라보는 것도 색다른 묘미가 있었다. 1845년 성벽 끝 쪽에 세워진 25m의 모로 등대는 이 요새의 또 하나의 상징으로 석양빛에 물든 모습은 가히 일품이었다. 그런데 최근 새로운 등대 장비를 갖추고 이용되고 있다니 시대를 넘어 배턴을 이어가고 있는 듯하다. 성벽 주위를 돌다가 망루에 오르니 멕시코에서 온 모녀가 바다를 내려다보고 있었다. 거기에는 사람들이 스노쿨링을 즐기고 있었다. 그리고 주위의 다른 요새들의 모습도 선명하게 보였다.

주위의 다른 요새들을 구경하는 대신 올드타운 거리로 다시 들어가 내키는 대로 걸었다. 국교 수교를 위해 아바나를 방문했던 오바마 미국 대통령 부부도 이 거리를 걸었다고 한다. 거리에서 제일 많이 눈에 띄는 것은 체 게바라와 카스트로 얼굴이다. 두 얼굴은 자본주의 한복판의 상품이 되어 있었다. 이미 상품화된 남미의 아이콘이었다. 관광객들은 그들의 얼굴이 그려진 옷, 그릇, 책, 모자 등을 샀다. 특히 체 게바라의 얼굴이 더 눈에 띄었다. 아마도 관광객이 사들고 간 먼 곳까지 그의 사상이 확산되길 바라고 있는 듯했다.

300년 전부터 건설되기 시작한 거리를 걸으며, 이방인에게 아는 체하며

❶ 시내버스로 개조한 대형 트레일러

❷ 호텔에서 내려다본 아바나 시가지. 멀리 혁명광장 가운데 독립 영웅 호세 마르티를 기리는 기념비가 솟아 있다.

❸ 모로 요새 등대에서 내려다본 스노쿨링 모습

❹ 거리에서 팔고 있는 체 게바라와 카스트로 초상화

❺ 아바나 시내에서 중고 러시아제 승용차도 운치 있지만 코코택시 모양도 신기하다.

❶ 아바나 시내 아파트에 내걸린 빨래들
❷ 아바나 올드타운 헤밍웨이의 단골 선술집에 걸린 헤밍웨이 초상화
❸ 아바나 올드타운 헤밍웨이의 단골 선술집
❹ 아바나 올드타운 광장에서 영화를 촬영하던 여배우
❺ 아바나 올드타운 거리에서 시가를 피우는 여인

❶ 올드 타운의 거리 카페 ❷ 쿠바 국회의사당 앞에서 손님을 기다리는 마차 ❸ 쿠바 국회의사당
❹ 올드 아바나 중심가에서 연주하는 거리 악단

말을 걸어오는 이들의 모습에 정이 갔다. 거리 광장에는 50cm나 되는 긴 시가를 입에 문 남녀들이 모여 연기를 내뿜으며 손짓을 했다. 그 옆에서 영화 촬영을 하는 여배우들의 연기 모습을 넋을 잃고 바라보았다. 이들이 자리를 옮겨갈 때까지 한참 서 있었다.

길을 잘 몰라 툭툭이를 타고 호텔로 돌아와 프런트에 맡겨 둔 배낭을 메고 미국에서 온 배낭족이 묵었던 민박집으로 전화를 했다. 숙소를 민박집으로 바꾸었다. 호텔에서 불과 10분 거리에 있는 민박집 여주인이 호텔 로비까지 마중을 나와 주었는데, 자기네 집은 이미 손님이 찼고, 친구 집을 소개해 주겠다고 했다. 호텔에서 3블록 떨어진 아담한 2층집이었다.

그 집은 하룻밤에 우리 돈 3만 원 정도인 30페소에 식사는 한 끼마다 3페소를 받았다. 침대도 깨끗하고 값도 싸고 새로운 경험을 한다는 점에서 마음도 편했다. 방 하나는 내가 쓰고, 다른 하나는 캘리포니아에서 온 미국인 한 쌍이 이미 들어와 있었다. 이들은 외출중이어서 나는 주인 아주머니와 이런저런 이야기를 나누었다.

그녀는 쿠바인이 사용하는 1페소와 외국인이 사용하는 1페소의 가치 차이는 24배라고 하면서 돈을 쓸 때 이 점을 주의하라고 했다. 두 돈의 가치 차이를 모르는 것을 이용하여 속이는 사람들이 왕왕 나타난다는 것이다. 쿠바를 떠날 때까지 며칠 더 묵기에 불편함이 없을 정도로 나에게는 안성맞춤이었다.

:: 쿠바 농촌 돌아보기

1월 28일 일요일 아침. 어제 예약해 놓은 택시가 왔다. 낡고 낡은 러시아제 차였다. 하긴 아바나 시내를 오가는 택시는 대부분 구소련에서 들여온 오래된 차다. 그러나 낭만적인 구식 모델에 자꾸 눈이 갔다.

오늘 가봐야 할 곳은 산호세San José에 있는 아바나농과대학Agrarian University of Havana 부근의 평범한 농촌마을이다. 사실 쿠바에 온 진짜 이유는 유명 관광지 탐방보다 유기농업의 대국 쿠바 농촌을 직접 방문하여 살펴보고 싶었기 때문이다. 이는 그동안 세계 각지의 농촌을 찾아다니며 현지 농촌의 실상을 파악하기 위한 개인적인 작업이기도 하다.

택시는 시내를 벗어나 40km 정도 떨어진 농촌 지역으로 향했다. 차선이 그려져 있지 않아 차선이 몇 개인지도 모르겠다. 얼추 6차선 이상은 되어 보이는 넓은 도로였지만, 중앙선마저 그려져 있지 않아 차는 마음대로 차선을 넘나들었다. 왕래하는 차량이 많지 않아 굳이 차선이 없어도 교통 장애는 일어날 것 같지 않았다. 이처럼 넓은 도로에 이따금 지나가는 차들은 시꺼먼 연기를 내뿜었다. 도중에 길가에 서서 남의 차를 얻어 타려는 히치하이커들의 간절한 손짓이 이어질 뿐이었다. 운전기사 라모 씨는 군인들까지 차를 태워 달라는 사인을 외면했다.

1시간 이상 걸린다던 산호세에 40분 만에 도착했다. 얼마 전 코이카 농촌개발전문가로 라오스에 머무르고 있을 때, 유기농업 전문가로 라오스에 와 있던 교수를 찾아볼까 하여 아바나농대를 찾았다. 미처 연락을 하지 못한 상태라 만나기는 힘들었다. 더구나 일요일이어서 정문을 지키는 경비원이 권총을 차고 무슨 일로 왔느냐고 물었다.

이때 마침 낡은 트랙터를 몰고 오던 육십 대쯤 되어 보이는 사람이 이야기를 듣더니, 자기가 안내해 주겠다고 나섰다. 그는 이 대학 농학과 교수였다. 뜻밖에 고마운 사람을 만났다. 나는 그에게 유기농업을 하는 농가와 대학 실습포장을 보고 싶다고 했다.

먼저 대학 내에 있는 사탕수수밭으로 갔다. 끝이 안 보일 정도로 넓은 실습포장이었다. 주변에 놓인 트랙터는 낡고 낡아 제대로 작동이 될지 의문이었는데, 수리해서 쓴다고 했다. 대학의 실습포장이 이렇게 열악한 줄은 몰랐다. 그리고 대학 밖의 일반농가로 향했다. 이곳 역시 사정은 마찬가지였다. 소 인공수정을 하는 농가를 찾았다. 20여 마리 소들이 인공수정을 하기 위해 좁은 틀 안에서 차례를 기다리고 있었다. 축산농가에는 소와 돼지 50여 마리를 키우고 있는데, 이 가축들에게서 나오는 분뇨는 작은 도랑을 통해 아무런 정화시설 없이 방출되고 있었다.

이어서 유기농업을 한다는 농장 세 곳을 찾았다. 첫 번째 농가는 12ha 정도 바나나와 옥수수 등을 재배하는 곳이고, 두 번째는 고구마와 토마토를 재배하고, 세 번째 농가는 돼지를 250여 마리 키우는 축산농가였다. 이들은 서로 보완적인 유기 유축농업을 하고 있었다. 낡은 농기계를 이용하면서도 비료와 농약을 거의 사용하지 않는 그야말로 무농약 유기농업을 했다.

토마토밭 끝자락에는 이웃 축산농가에서 가져온 분뇨 위에 풀을 쌓아 퇴구비로 숙성시키고 있었다. 이렇게 쌓아 놓은 퇴구비를 찾아온 닭들은 그 속에 있는 벌레들을 쪼아 먹었다. 그야말로 지역순환형 유기농업 모습이다. 토마토를 재배하는 콧수염을 멋있게 기른 농부가 유기농업으로 재배한 토마토를 먹어 보라고 권했다. 우리나라 비닐하우스에서 온갖 관리를 받으며 키운 토마토처럼 예쁘고 매끈하지 않았지만 맛은 크게 차이가 없는 것 같았다.

나는 그에게 다른 비유기농가에 비하여 생산성이 어떠냐고 물었다. 그는 비료나 농약을 구하기도 쉽지 않지만 비싸서 사 쓰기도 부담스럽다면서 유기농업은 선택이 아니라 할 수밖에 없는 일이라고 했다. 교수도 그랬다. 낡은 트랙터가 지닌 의미를 아느냐고….

견학을 마치고 나오는 도중에 교수가 한 군데 더 보여 줄 데가 있다면서 이곳에서 조금 떨어진 곳으로 안내했다. 콘크리트로 만든 수백 개의 장방형 칸막이로 된 대규모 지렁이 양식장이었다. 여기서 지렁이를 키워 각 농가에 보급한다고 했다. 지렁이를 분양받은 농가는 지렁이를 땅 속에 넣어 토양 조건을 좋게 만든다. 그리고 가축이나 물고기의 천연사료로 이용하며, 여기에서 나온 분뇨를 다시 토양에 환원시키는 지역순환형 유기농업을 촉진시키는 것이라 했다. 참으로 유익한 현장이었다. 쿠바 유기농업의 중요한 시설이었기 때문이다. 이렇게나마 세계적이라는 쿠바 유기농업에 대한 실상을 보고 나니 마음이 개운했다. 아마도 현장을 보지 않았으면 상상밖에 할 수 없었을 것이다.

쿠바가 유기농업의 왕국이 된 것은 자발적인 선택이 아니라 국제 정세에 따른 사회주의국가인 쿠바가 어쩔 수 없이 가야 했던 길이었다. 1989년 동구권과 1990년 소련의 몰락으로 소련을 중심으로 하던 동구 공산권의 경제협력기구인 코메콘Comecon이 붕괴되면서 쿠바 무역은 제로 수준으로 떨어졌다. 즉 쿠바의 설탕을 국제 시세보다 4배나 비싼 가격으로 사주고, 원유와 식량 그리고 공산품 등은 저렴하게 쿠바에 판매하던 코메콘의 붕괴는 쿠바의 경제위기와 극심한 식량난으로 이어졌다. 따라서 식량 수입은 이전의 43%에 지나지 않았고, 원유와 비료, 농약, 농기계 부품의 수입 중단은 농업의 파탄을 불러왔다.

그래서 소련권 붕괴 이후 대량의 아사자가 나올 정도로 심각한 위기에 몰렸다. 국민의 영양섭취 칼로리는 3할이나 떨어져 영양실조로 5만 명의 실명자가 나왔다. 진료시설과 의약품도 부족하여 국가 존망의 위기에 직면한 정부는 크게 손을 쓸 수 없었다. 소련권으로부터 수입량의 8할을 잃어버리고 석유와 식량도 부족하고 식량을 생산할 화학비료도 없었다. 교통기관도 마비되고, 공장은 폐쇄되고, 쓰레기 처리와 급수 등의 공공서비스 시스템도 무너졌다.

수도 아바나에서조차 하루에 정전이 12~16시간이나 계속되고 신문을 발행할 수 없을 정도로 종이 부족 현상도 심각하였다. 1959년 쿠바 공산혁명 이래 미국으로부터 철저한 무역 봉쇄를 받아온 쿠바는 설탕, 담배, 커피를 수출하였다. 그러나 비료나 농약을 비롯하여 비누나 종이 등 생활필수품에서 전기제품, 자동차 등은 사회주의 국가에서 수입하는 철저한 사회주의권 내의 국제분업 체제를 취해 왔었다. 이렇듯 그간 무역을 구소련에만 70% 의존한 까닭에 무역량은 85%나 감소하였다.

1989년 식료자급률은 겨우 43%로 밀 100%, 가축사료 97%, 두류 90%,

쌀 43% 등을 수입하고 있는데, 국제무역의 균형이 깨지자 나라 전체가 전복될 만큼 위기에 처했다. 결국은 이 때문에 1989년부터 1991년에 걸쳐 사회주의권이 붕괴하자 쿠바는 미증유의 경제 붕괴와 식량 위기에 직면할 수밖에 없었다. 소련으로부터 100만 톤 이상의 화학비료와 3만 톤의 농약, 약 200만 톤의 가축사료를 수입해 왔지만, 이 모두 크게 감소했다. 석유 수입량도 줄어들어 트랙터 대부분은 운행이 정지되고 말았다.

1994년 1인당 칼로리 섭취량은 1,863kcal로 식량 위기 이전의 64%까지 낮아졌다. 노인들은 하루에 한 끼만 먹고 나머지 두 끼는 손자들에게 나누어 주었다. 임산부들은 대부분 빈혈증을 일으켰고, 시민들도 배가 고파 일찍 잠들어야 했다. 따라서 배급으로 얻을 수 없을 경우 암시장에 의지할 수 있으면 다행이었다.

:: 카스트로의 식량 위기와 유기농업의 허와 실

혁명지도자 카스트로는 식량 문제가 최우선이라고 선언하고, 1991년 9월 나라를 전시경제체제로 전환했다. 1962년 미국과의 미사일 위기를 넘긴 카스트로가 혁명 이래 최대 위기를 맞는 순간이었다. 식량 문제를 해결하기 위해 석유와 비료 그리고 농약 없는 농업을 고안해야 했다. 아울러 기계화와 대규모화한 국영 대농장 중심의 농업체제를 근본적으로 개혁해야 했다. 그 결과가 이미 세계적으로 알려진 쿠바의 유기농업과 도시농업이며 협동농장을 중심으로 하는 농업 개혁이 시작되었다.

이처럼 쿠바는 소련 붕괴 이후 강화된 미국의 경제 봉쇄로 사정이 무척 어렵게 되었다. 국가의 기능이 모두 마비될 정도였다. 특히 국민의 생명줄인 식량자급률은 30% 이하로 떨어져 비상대책을 세우지 않을 수 없었다. 당시 쿠바는 화학비료, 제초제, 농약, 대규모 농기계와 화석연료에 의존한 대규모 현대 농법이 주였다. 이런 와중에 미국의 쿠바 봉쇄는 경제뿐만 아니라 쿠바 농업을 위기로 몰아넣었다.

이를 해결하기 위해 단기적 처방으로 나온 것이 비상사태를 선포하고 식량 배급제 실시였다. 장기적으로 종자, 농사기술, 농업재생산 등 농업 전반에 걸친 자급자족 계획을 꾀하는 동시에 지역순환형 유기농업으로 전환하였다. 즉 외부의존적이며 석유의존적인 녹색혁명형 화학농법을 과감히 버리고 자국 내의 부존자원을 최대한 활용하는 지역물질 순환을 전제로 하는 유기농법으로의 전환이었다. 이러한 피나는 노력으로 10년 만에 90% 이상의 식량자급을 이루었다고 하니 정말 놀랄 일이었다.

이는 카스트로 수상이 유기농업은 사회주의라고 외치며, 관민 모두 유기농업과 지속가능한 농업에 힘을 쏟아 마치 나라 전체를 환경보전형 농업 박람회장과 같은 상태로 만들었다. 즉 생산자의 의욕, 관리의 열의, 균형잡힌 연구체계와 정책 등을 종합하여 평가하는 등 세계 최대의 유기농업 대국이라는 이름을 얻게 되었다. 예를 들어 유럽의 유기농업이 행해지는 농지 비율은 오스트리아 8.6%, 이탈리아 7.1%, 판란드 6.7%, 덴마크 6.2%, 독일 3.7%, 프랑스 1.7%, 영국 3.3%인데 쿠바는 27%에 이른다. 쿠바의 총면적 1,100만ha 중 농경지 면적은 370만ha 정도다. 그중에서 100만ha가 유기농업 면적으로 27%에서 유기농업이 행해지고 있다.

쿠바는 유기농업이 가능한 가족농을 권장하고 있다. 나아가 대형 국영농장도 가족농으로 전환하도록 유도한다. 도시에서도 자급이 가능하도록 도시농업을 권장하고 있다. 그래서 아파트 베란다에서 엽채류, 과체류 과일 등을 재배하고 가축을 사육하는 일마저 생겨났다. 농민들의 소득을 높이는 길은 농산물 가격을 보장해 주는 것이 아니라, 보다 싼 비용으로 유기농산물을 생산하는 것이라고 믿고 적극 추진하였다.

유기농업의 기초는 좋은 토양 만들기다. 여기에는 퇴비가 중요한 역할을 한다. 여기서 고안된 것이 지렁이 퇴비 플랜이었다. 지렁이는 유기성 폐기물과 소똥을 먹으며 1m³당 24,000마리를 증식하는 기술을 개발했다. 이렇게 키운 지렁이는 닭이나 물고기 사료로 쓰고 남는 것은 구비와 유기물을 만드는 토양에 투입되었다.

그리고 닭이나 물고기에서 나온 분뇨는 다시 토양으로 보냈다. 바이오 퇴비 만들기는 물론 석유 부족으로 인한 우경牛耕의 부활과 혼작 등이 장려되었다. 따라서 함부로 가축을 도살하는 것을 엄하게 금했다. 농약은 카리브해에 자생하는 수목에서 추출한 바이오농약 천연 살충제를 개발하는 등 유기농업을 할 수 있는 기반을 쌓아 나갔다. 이러한 노력으로 얻은 성과는 식량자급 달성, 수출용 환금작물인 담배 · 오렌지 · 커피 등의 생산은 이전의 수준을 회복하였다. 이는 농약과 비료를 대량으로 활용하는 화학화, 대형 농기계를 이용하는 기계화 등을 내세우는 근대 농업에서 가족농 중심의 유기농업으로 전환한 획기적인 전환이었다.

그러나 큰 성과에도 불구하고 많은 새로운 문제를 낳았다. 우선 자급형 도시농업의 활성화는 농촌에서 생산한 농산물 시장이 없어졌다는 것이다. 이는 농업의 상업화를 통한 농촌 내의 민부를 축적할 통로가 막히는 결과를 초래하여 농촌의 농업 발달을 기대하기 어렵게 되었다는 점이다. 그리고 수출용 환금작물을 위한 유기농업의 한계를 보이고 있다는 것이다.

무엇보다 얘기하고 싶은 것은 쿠바 유기농업의 성공적인 발전이야말로 반세계화의 좋은 모델로 제시하면서 선진국의 농업은 자연환경 파괴적이고 생태 파괴적인 것으로만 강조되었다. 이는 쿠바의 도덕성을 지나치게 부각시켜 국민의 낮은 생활상을 덮기에는 부족한 면이 있다. 국민의 생활수준 향상과 자연환경 보전과의 조화를 이루는 것은 중요한 일이다. 쿠바의 경우 식량 자급을 어느 정도 이루었으나, 주민의 삶의 질을 높이는 데는 아직 갈 길이 멀다는 것을 느꼈다.

그러나 1900년대 소련 붕괴와 미국의 경제 봉쇄가 없었다면 현재와 유기농 체제에 의한 쿠바 농업의 자급농업을 세우지 못했을 것이라며, 미국에 고맙다는 여유를 보이는 교수의 말은 쿠바혁명 이후 농업 기반 조성을 위해 지속적으로 노력해 온 자부심으로 들렸다. 그런데 여기서 깊이 생각해 보아야 할 일은, 언제 다시 산업화가 진행되어 유기농업을 위한 노동력이 부족해지면 농업 형태가 변할 것이라는 점이다. 이렇게 돌아본 쿠바의 낮은 생활수준을 유기농업으로는 풀 수 없는 과제임은 분명해 보였다.

:: 카리브해의 진주 쿠바를 떠나면서

다시 시내로 들어와 혁명박물관을 찾았다. 무뚝뚝한 안내인들을 보면서, 혁명은 성공했으나 그 이후 택한 사회주의 정책으로 인민들에게 실질적인 생활수준을 높이는 데 큰 효과를 내지 못했음을 알 수 있었다. 정치적인 혁명이 새로운 생활혁명으로 이어지지 못한 현실을 보았다.

시장의 농산물 코너에도 농산물이 구석에 조금 놓여 있을 뿐이고, 추가 달린 저울을 사용하여 토마토와 고구마를 파는 모습을 보며 시장이라는 것이 있는지 궁금할 정도였다. 동서로 1,200km나 되고 남북으로 폭이 70~200km인 나라, 남한보다도 큰 나라인 쿠바를 간단히 평가할 일은 아니지만, 인민들의 생활수준은 갈 길이 멀다는 생각이 들었다.

이제 이 나라를 떠날 시간이 되었다. 민박집 할머니는 친절한 분이었다. 돌아다니는데 피곤할 거라며 시원한 음료수와 과일을 내놓았다. 방 두 개를 운영하면서 매월 330페소를 정부에 내놓아야 하는데, 이는 자신이 버는 돈의 80% 이상이라고 한다. 나머지 돈으로 생활하자니 여간 힘든 것이 아니라고 하소연했다. 그녀는 자신은 아바나대학 출신으로 쿠바의 지난 역사를 잘 알고 있는 듯 조심스럽게 정부에 대한 불만을 토로했다.

❶ 쿠바 아바나농대 교수가 몰고 온 낡은 트랙터
❷ 쿠바 농촌에서 쓰이는 운반용 겸승용 마차
❸ 지렁이 양식용 콘크리트 용기
❹ 쿠바 아바나농대 건물
❺ 유기농 토마토를 보여 주는 쿠바 농민

❶ 쿠바 아바나에서 묵었던 2층 민박집 ❷ 쿠바 아바나의 호세 마르티 국제공항 로비

새벽 4시에 저절로 잠이 깼다. 5시면 공항으로 떠나야 하기 때문이다. 할머니 방에서도 자명종이 울렸다. 잠시 후 할머니가 떠날 준비를 하라고 조용히 노크를 하고 택시회사에 전화하여 5시에 공항으로 출발할 수 있게 해 주었다. 그리고 준비해 놓은 빵과 꿀, 과일을 먹고 가라고 재촉했다.

쿠바를 떠나자니 시원섭섭했다. 특히 외국인에게는 물가도 비싸고, 경직된 사회체제가 주는 스트레스도 있었지만…. 주택가를 조용히 빠져 나왔다. 공항 가는 길도 적막했다. 공항에는 멕시코 칸쿤으로 가는 손님과 다른 한두 개 노선을 이용하려는 승객들 뿐, 가게들도 문이 닫혀 있었다.

출국 수속을 마치고 탑승 로비로 가니, 경북 울진에서 고교 교사를 한다는 부부가 어린 딸을 데리고 멕시코와 쿠바를 보기 위해 왔다고 하여 반갑게 인사를 나누었다.

비행기가 이륙했다. 비행기 날개 아래 구름이 솜처럼 깔렸다. 드디어 멕시코의 휴양도시 칸쿤이 보이기 시작했다. 지금까지의 남미 기행이 주마등처럼 스쳐지나갔다. 칸쿤 등을 포함한 북미대륙 횡단기는 나의 세계농업문명 기행답사 2권에 상세히 그려져 있다.

참고문헌

강석영, 칠레사, 한국외국어대학출판부, 서울, 2003.

고승제, 한국이민사연구, 장문각, 서울, 1973.

고혜선, 메스티소의 나라들 : 중남미 문화의 이해, 단국대학교출판부, 용인, 2011.

고혜선, 페루의 어제와 오늘, 단국대학교출판부, 서울, 2013.

구경모, 과이라공화국, 또 하나의 파라과이, 이담 · 한국학술정보(주), 파주, 2011.

국토연구원 편, 세계의 도시, 한울, 2002.

기무라 히데오 · 다카노 준/남지연 역, 잉카의 세계를 알다, AK, 서울, 2016.

김건화, 신이 내린 땅, 인간이 만든 나라 브라질, 미래의 창, 서울, 2010.

김기현, 라틴아메리카의 아시아계, 한울, 서울, 2017

김영철, 브라질의 역사, 이담 · 한국학술정보(주), 파주, 2011.

댄 모건/최윤희 역, 세계의 곡물재벌들, 시인사, 서울, 1981.

라스 카사스 신부 엮음/박광순 역, 콜럼버스 항해록, 범우사, 서울, 2000.

레비-스트로스/박옥줄 역, 슬픈 열대, 한길사, 서울, 1998.

로런트 듀보이스/박윤덕 역, 아이티혁명사 : 식민지 독립전쟁과 노예해방, 삼천리, 2014.

리처드 고트/황건 역, 민중의 호민관 차베스, 당대, 서울, 2006.

마이크 곤살레스/이수현 역, 체 게바라와 쿠바혁명, 책갈피, 서울, 1992.

벤자민 킨 · 키즈 헤인즈/김원중 · 이성훈 역, 라틴 아메리카의 역사(상)(하), 그린비, 서울, 2014

엠비씨 문화방송 · 대생기업 · 페루 황금박물관 주최, 잉카황금 유물전, 63빌딩 특별전시장, 1999.

서울대학교 라틴아메리카연구소, 라틴아메리카의 형성 : 교환과 혼종(상), 한울, 서울, 2014.

서울대학교 라틴아메리카연구소 기획/림수진 편, 21세기중앙아메리카의 단면들 : 내전과 독재의 상흔, 한울아카데미, 파주, 2015.

서울대학교 라틴아메리카연구소 기획/박원복 · 양은미 편, 브라질 : 변화하는 사회와 새로운 과제들, 한울아카데미, 파주, 2014.

서울대학교 라틴아메리카연구소 기획/김기현 역저, 쿠바 : 경제적 사회적 변화와 사회주의의 미래, 한울아카데미, 파주, 2014.

서울대학교 라틴아메리카연구소 기획/박윤주 편역, 아르헨티나, 칠레, 우루과이 : 남미의 대안, 한울아카데미, 파주, 2013.

서울대학교 서어서문학과, 차이를 넘어 공존으로 : 스페인어권 세계의 문화읽기, 서울대학교 출판문화원, 서울, 2010.

송규봉, 세상을 읽는 생각의 프레임 지도, 21세기북스, 파주, 2011.

송기도, 콜럼버스에서 룰라까지, 개마고원, 서울, 2003.
송영복, 라틴아메리카 강의노트, 상지사, 서울, 2007.
송호근, 강화도-심행일기, 나남, 파주, 2017
에드몬도 데 아미치스/이현경 옮김, 김환영 그림, 사랑의 학교 1,2,3(쿠오레 Cuore(1886년), 창비아동문고 154, 155, 156, 서울, 1997.
월터 D. 미뇰로/김은중 역, 라틴아메리카, 만들어진 대륙 : 식민적 상처와 탈 식민적 전환, 그린비, 서울, 2010.
유재현, 담배와 설탕 그리고 혁명, 도서출판 강, 서울, 2006.
이광윤, 브라질 흑인의 역사와 문화, 산지니, 부산. 2015.
이병철, 한권으로 보는 탐험사 100장면 : 바이킹에서 라인홀트 메스너까지, 가람기획, 서울, 1997.
이성형, 라틴 아메리카의 역사와 사상, 까치, 서울, 1999.
이수응, 잉카의 소리, 잉카마야출판사, 서울, 2004.
장 메이에/지현 역, 흑인노예와 노예상인, 시공사, 서울, 1998.
전경수, 브라질의 한국이민, 서울대학교 출판부, 서울, 1991.
전운성, 북미대륙-퍼스트 네이션의 위대한 문명의 땅, 이지출판, 서울, 2016.
전운성, 인도차이나반도 남행, 이지출판, 서울, 2017.
전운성, 가난하나 위대한 문명의 땅, 논형, 서울, 2009.
정경원 · 서경태 · 신정환, 라틴 아메리카 문화의 이해, 학문사, 서울, 2000.
조현묵, 감자 : 내 몸을 살린다, 한언, 서울, 2006.
조현묵, 잉카견문록, 청어, 서울, 2010.
존 찰스 채스턴/박구병 이성형 최해성 황보영조 역, 아메리카노: 라틴아메리카의 독립투쟁, 도서출판 길, 서울, 2011.
존 헤밍/최파일 역, 아마존 : 정복과 착취, 경외와 공존의 5백년, 미지북스, 서울, 2013.
차경미, 라틴아메리카 흑인만들기, 산지니, 부산, 2017.
천샤오추에/양성희 역, 쿠바 : 잔혹의 역사 매혹의 문화, 북돋움, 서울, 2007.
최연충, 다시 떠오르는 엘도라도 라틴아메리카, 이지출판, 서울, 2017.
최영경 · 전운성, 목마른 지구촌, 탐구당, 서울, 2014.
최영경 · 전운성, 지구촌의 마지노선 2015, 강원대학교출판부, 춘천, 2009.
최영경 · 전운성, 포스트 2015 위기의 지구촌 구하기, 강원대학교출판부, 춘천, 2012.
카를로스 푸엔테스/서성철 역, 라틴아메리카의 역사, 까치, 2007.
케네스 포메란츠 · 스티븐 토픽/박광식 역, 설탕, 커피 그리고 폭력, 심산, 서울, 2009.
킴 매쿼리/최유나 역, 잉카 최후의 날, 도서출판 옥당, 서울, 2009.
토머스 E. 스키드모어 · 피터 H. 스미스 · 제임스N.그린/우석균 · 김동환 외 역,

현대 라틴아메리카, 그린비, 서울, 2014.
피터 그레이/장동현 역, 아일랜드 대기근, 시공사, 서울, 1998.
필리프 자켕/송숙자 역, 아메리카 인디언, 시공사, 서울, 1999.
허헌 · 최승희 · 나혜석 · 박인덕 · 손기정 · 최영숙 외/성현경 편, 경성 에리트의 만국유람기, 현실문화연구, 서울, 2015.
헨리 홉하우스/윤후남 역, 역사를 바꾼 씨앗 5가지, 세종, 서울, 1997.

Antonio M. Simplicio, Sao Paulo, Laselva, Sao Paulo, 2004.
Eco Natural, Iguassu Falls-Brasil, Parana, 2006.
Felix Richter, Brasil : Colecao Colorfotos do Brasil, Ceu Azul, Rio de Janeiro, 2012.
Fernando Elorrieta Salazar & Edgar Elorrieta Salazar, Cusco and the Sacred Valley of the Incas, Ausonia S A, Lima, 2006.
Frederick C Matthews, American Merchant ships 1850-1900, Series II, Dover Publications, Inc. New York, 1987.
Guide Pratiche, The Mayans-Illustrated Historical Profile-, Grafiche Chicca, 2005.
Jose Marti, Cuba, Bonechi, Habana, 2006
Leonide Principe, Amazonia : cores e sentimentos=Amazon colors and feelings, CIP, Sao Paulo, 2003.
Luisa Vetter Parodi, Gold of Ancient Peru, Serinsa, Lima, 2006.
Lonely Planet, South America, Singapore, 2013.
Martin Fiegl & Felix Richter, Amazonia 110 Colorfotos, Ceu Azul, Rio de Janeiro, 2015.
Redcliffe Salaman, The History and Social Influence of the Potato, Cambridge University Press, Cambridge, 1985.

야마모토 노리오(山本紀夫), 감자와 잉카제국(일본어판), 동경대학출판회, 동경, 2004.
사토 도시오(佐藤俊夫), 건조지농업론(일본어판), 구주대학출판회, 후쿠오카, 2002.
세계정세탐구회, 세계분쟁지도(일본어판), 각천SSC신서, 동경, 2010.
다이에 후쿠오카 백화점, 카리브해의 해적보물전 : 콜럼버스 신대륙 발견 500년(1492~1992)(일본어판), 후쿠오카, 1992.
아라사키 세이분, 남미대륙 55년의 도정(道程)(일본어판), 오키나와타임즈사, 오키나와, 2015.

찾아보기

ㅂ

ㅅ

ㅇ

ㅈ

ㅊ

ㅋ

ㅎ

아마존강 횡단
남미대륙 기행